改訂にあたって

　令和6年度の税制改正の中では、第2編に掲載した個人の事業用資産についての相続税の納税猶予及び免除（措法70の6の10）、及び非上場株式等についての相続税の納税猶予及び免除の特例（措法70の7の6）の規定について、それぞれ「承継計画の確認」の提出期限が令和8年3月31日まで2年延長される改正が行われました。

　従いまして、第1編の小規模宅地等についての相続税の課税価格の計算の特例（措法69の4）については、法令通達共に改正されたところがありませんでした。

　また、関連規定として、第2編に掲載した上記以外の、特定計画山林の特例（措法69の5）、山林についての相続税の納税猶予及び免除（措法70の6の6）、非上場株式等についての相続税の納税猶予及び免除（措法70の7の2）並びに相続税における配偶者居住権等の評価額（相法23の2）、についても法律の改正はありませんでした。

　このような状況の中で、今回の改訂では上記改正された内容について改訂したほか、一部の記載についての表現をより的確に訂正し、次の通り令和6年1月1日以降の相続等、贈与に適用されるタワーマンションの評価方法とそこに適用される小規模宅地等特例の適用計算と最近の裁決事例等を参考にして次の内容の2事例追加して、事例の数を66としました。
1　タワーマンションの評価方法と小規模宅地等特例の適用計算
2　貸家（共同住宅）に空室がある場合の小規模宅地等特例の適用の可否

　以上の内容で2024年度版（令和6年度版：平成7年初版より32版）をお届けいたしますので是非日常の実務にご活用ください。

　令和6年6月

赤坂光則

はしがきにかえて（初版）

　小規模宅地等の相続税の課税価格の特例の規定は、昭和58年の税制改正で新設されました。そのときの内容は200㎡までの宅地について、それが事業用であれば60％（40％評価減）で評価し、居住用であれば70％（30％評価減）で、ただし、事業用・居住用併用の場合の居住用部分は80％（20％評価減）で評価するというものでした。

　以後何回となく改正が行われ、この度の改正で平成6年より200㎡までの宅地は、事業用・居住用とも原則50％の評価となり、「特定の要件」を具備した場合、すなわち特定事業用及び特定居住用等については、20％の評価（80％評価減）が認められるようになりました。

　このように、特定事業用及び特定居住用等という「特定の要件」を備えることにより80％の評価減がうけられるため、通常の評価では相続税の納付が必要となる場合でもこの特定事業用及び特定居住用等に該当することにより相続税の納付がなくなったり、大幅に減少するということになりました。

　本書はこのような小規模宅地等の特例について、この「特定の要件」の適用形態を体系的に整理して複雑な規定内容をわかりやすく、辞書をひく要領で適用状況がわかるようにしたものであります。

　これを事例で紹介しましょう（注：評価減割合等は初版当時のものです。）。

　配偶者に先立たれ、子供は3人とも独立してそれぞれ別に住宅を所有して生活している次のようなケースでは小規模宅地等の特例で50％の評価減となり、この場合の相続税は2,190万円となります。

被相続人の居住用（一人住まい）宅地

通常の相続税評価額（200㎡）　　　　　　　４　億　円

相続人は子供３人

小規模宅地等の評価減（50％）　　　　　　▲２　億　円

　　差　引　　　　　　　　　　　　　　　２　億　円

基礎控除（5,000万円＋1,000万円×３）　　　8,000万円

相続税額　　　　　　　　　　　　　　　　2,190万円

　上記のケースで子供のうち１人が①親と同居して、②その子供がこの宅地を取得し、③相続税の申告期限まで引き続き居住し、かつ④その宅地を保有したとすれば、小規模宅地等の評価減は80％となり、次のように相続税は０となります。

②同居者が相続取得
③申告期限まで居住
④申告期限まで保有

被相続人の居住用（子供と同居）宅地

通常の相続税評価額（200㎡）　　　　　　　４　億　円

相続人は子供３人

小規模宅地等の評価減（80％）　　　　　▲３億２千万円

　　差　引　　　　　　　　　　　　　　　8,000万円

基礎控除（5,000万円＋3,000万円）　　　　8,000万円

相続税額　　　　　　　　　　　　　　　　　0万円

　以上のように①から④までの条件がこの場合の「特定の要件」となり、80％評価減の対象となります。

　このように「特定の要件」を備えるか否かで相続税額が大幅に違います。したがって、本書を有効に利用することにより、一層有効な相続税対策をすることができます。

　最後に本書刊行に当たって税務研究会出版局の金丸正次、加藤ルミ子両氏のご指導に深く感謝を申し上げます。

　平成７年４月

　　　　　　　　　　　　　　　　　　　　　著者　赤　坂　光　則

――一目でわかる**小規模宅地特例100**――目　次

第1編　小規模宅地の特例

【Ⅲ　特定同族会社の事業用】

【Ⅳ　郵便局舎用】

目　　次

目　　次

---凡　例---

措法・・・・・・・・・・租税特別措置法

措令・・・・・・・・・・租税特別措置法施行令

措規・・・・・・・・・・租税特別措置法施行規則

措通・・・・・・・・・・「租税特別措置法（相続税法の特例関係）の取扱いについて」通達

円滑化規・・・・・・中小企業における経営の承継の円滑化に関する法律施行規則

（使用例）

措法69の４③一イ；「租税特別措置法第69条の４第３項第一号イ」

※　本書の内容は令和６年４月１日現在の法令・通達に基づいています。

〈本書で用いることば〉

略　　　語	意　味　内　容
宅地等	土地又は土地の上に存する権利
相続税の申告期限	相続税法第27条の規定による相続税の申告期限
事業	貸付事業等を含む事業
一般事業	貸付事業等を除く事業
貸付事業等	不動産貸付業、駐車場業、自転車駐車場業及び準事業
準事業	事業と称するに至らない不動産の貸付又はこれに類する行為で相当の対価を得て継続的に行うもの
特定事業用等宅地等	特定事業用宅地等、国営事業用宅地等及び特定同族会社事業用宅地等
特定居住用宅地等	特定居住用宅地等のみ
貸付事業用宅地等	貸付事業用（不動産貸付業、駐車場業、自転車駐車場業及び準事業）宅地等
被相続人等	被相続人及びその者と生計を一にする親族
相続等	相続及び遺贈（個人）
生計一親族	被相続人と生計を一にする親族
生計別親族	被相続人と生計を別にする親族
配偶者	被相続人の配偶者
その者の配偶者	被相続人の居住用宅地を取得した被相続人の親族の配偶者
特定同族会社	相続開始直前に被相続人等が有する株式総数又は出資の金額の合計が当該株式又は出資に係る法人の発行済株式の10分の5超である法人
無償	無償又は相当の対価に至らない程度（例えば固定資産税程度）の対価の授受がある場合を含む
有償	相当の対価を得て継続的に貸し付ける場合
建物等	建物及び構築物
特定贈与	相続時精算課税の選択をした贈与
相続時精算課税	相続税法第21条の9から第21条の18に規定する課税制度

改正の沿革

(1) **昭和50年**　個別通達発遣（昭和50年6月20日付直資5-17）

・「事業又は居住の用に供されていた宅地の評価について」

・被相続人の事業又は居住の用（貸付用を除く）

・財産評価基本通達の80％（20％評価減）を評価額（時価）とした。

・対象地積は200㎡

(2) **昭和58年**　租税特別措置法において制度創設（措法70）

・「小規模宅地等についての相続税の課税価格の計算の特例」制度となる。

・被相続人及び被相続人と生計一親族の事業又は居住の用（準事業及び貸付用含む）

・対象地積は200㎡

・減額割合：事業用宅地等　　40％

　　　　　　　居住用宅地等　　30％（ただし事業用との併用は20％）

・相続税の申告書の提出

(3) **昭和63年**　事業的規模が対象となる（措法69の3）

・特定郵便局の敷地が対象となる。

・事業と称するに至らない不動産の貸付等が除外された（5棟10室）。

　（相続開始前3年以内取得の土地建物等の課税価格の特例創設（旧措法69の4））

・減額割合：事業用宅地等　　60％

　　　　　　　居住用宅地等　　50％

(4) **平成4年**　減額割合の引き上げ（措法69の3）

・減額割合：事業用宅地等　　70％

　　　　　　　居住用宅地等　　60％

(5) **平成6年**　特定対象の減額割合の引き上げと未分割の除外（措法69の3）

・事業と称するに至らない不動産の貸付等が対象となる。

・減額割合：特定事業用宅地等　　　　　　80％（特定要件）

　　　　　　　特定同族会社事業用宅地等　　80％（特定要件）

　　　　　　　国営事業用宅地等　　　　　　80％（特定要件）

　　　　　　　特定居住用宅地等　　　　　　80％（特定要件）

　　　　　　　その他の小規模宅地等　　　　50％

・未分割の小規模宅地等の適用除外

(6)　**平成11年**　特定事業用等の適用対象限度面積の拡大（措法69の3）

・適用対象限度面積：特定事業用等宅地等　200㎡→330㎡

特定居住用等宅地等　200㎡→200㎡

(7)　**平成13年**　適用対象限度面積の引き上げ（措法69の4）

・適用対象限度面積：特定事業用等宅地等　330㎡→400㎡

特定居住用宅地等　　200㎡→240㎡

特定特例対象宅地等　200㎡→200㎡

(8)　**平成14年**　特定事業用資産の特例の創設（措法69の5）と小規模宅地等の特例のいずれかの選択適用（措法69の4）

(9)　**平成15年**　特定事業用資産の改正（拡充）で小規模宅地等の特例との併用適用（措法69の5）。

・特定同族会社の要件：所有者の緩和と所有割合の改正（50％以上→50％超）

・特定事業用資産たる特定同族会社株式：

発行済株式総額　10億円未満→20億円未満

発行済株式総数　3分の1→3分の2

(10)　**平成16年**　特定事業用資産の内、特定（受贈）同族会社株式等の軽減対象上限の3億円から10億円への引き上げ（措法69の5②十二）

(11)　**平成19年**　平成19年10月1日　郵政民営化法施行により、国の事業用宅地が廃止され、郵便局舎用宅地等の特例（郵政民営化法180）創設

(12)　**平成21年①**　取引相場のない株式等に係る相続税の納税猶予制度創設（措法70の7の2）との併用適用（平成20年10月1日以降相続）

(13)　**平成21年②**　特定同族会社株式等に係る課税価格の計算の特例（措法69の5；10％減額特例）は平成21年3月31日廃止

(14)　**平成21年③**　新「措法69の5」は「特定計画山林に係る課税価格の計算の特例」となり引き続き小規模宅地等の特例との併用適用可

(15)　**平成22年**　平成22年4月1日以降の相続開始より、継続要件等が加わり小規模宅地等の特例の対象を、特定事業用宅地等、特定居住用宅地等及び特定同族会社事業用宅地等並びに貸付事業用宅地等となる

(16)　**平成24年**　山林についての相続税の納税猶予制度創設（措法70の7の2）

（平成24年4月1日以降相続）

⑰　**平成25年**

　(イ)　平成26年1月1日以降の相続遺贈より

　　・　二世帯型住居の適用の明確化（成文化）

　　・　老人ホームの取り扱いの適用の明確化（成文化）

　(ロ)　平成27年1月1日以降の相続遺贈より

　　・　特定居住用宅地等の対象面積の拡大

　　・　特定事業用等宅地等と特定居住用宅地等の完全併用

⑱　**平成27年**　（措令40の2、措規23の2）

　(イ)　平成27年4月1日以降の相続遺贈より

　　・　被相続人の居住の用に供することができない事由に、厚生労働大臣が定める基準に該当する介護保険法の第一号被保険者が追加

　(ロ)　平成28年1月1日以降の相続遺贈より

　　・　添付書類の改正～マイナンバー制度の施行による添付書類の改正

⑲　**平成29年**　（措規23の2④）

　・　相続税の納税義務者の改正

⑳　**平成30年**　（措法69の4③二ロ、④、措令40の2②）

　(イ)　持ち家に居住していない者に係る特定居住用宅地等の特例の対象者の範囲から、次に掲げる者を除外する。

　　①　相続開始前3年以内に、その者の3親等内の親族又はその者と特別の関係のある法人が所有する国内にある家屋に居住したことがある者

　　②　相続開始時において居住の用に供していた家屋を過去に所有していたことがある者

　(ロ)　貸付事業用宅地等の範囲から、相続開始前3年以内に貸付事業の用に供された宅地等（相続開始前3年を超えて事業的規模で貸付事業を行っている者が当該貸付事業の用に供しているものを除く。）を除外する。

　(ハ)　介護医療院に入所したことにより被相続人の居住の用に供されなくなった家屋の敷地の用に供されていた宅地等について、相続の開始の直前において被相続人の居住の用に供されていたものとして本特例を適用する。

　（注）　上記の改正は、平成30年4月1日以後に相続又は遺贈により取得する財産に係

る相続税について適用する。ただし、上記(ロ)の改正は、同日前から貸付事業の用
に供されている宅地等については、適用しない。

(21)　**平成31年①**　個人事業者の事業用資産についての相続税の納税猶予及び免除制度の
創設（措法70の6の10）と小規模宅地の特例との選択適用（平成31年1月1日以降相
続）。

(22)　**平成31年②**　配偶者居住権の創設（民法1028）と相続における配偶者居住権等の評
価額の創設（相法23の2）（令和2年4月1日以降相続）。

(23)　**平成31年③**　特定事業用資産に係る小規模宅地等についての相続税の課税価格の計
算の特例の見直し（平成31年4月1日以降相続）。

小規模宅地等についての相続税の課税価格の計算の特例について、特定事業用宅地
等の範囲から、相続開始前3年以内に事業の用に供された宅地等（当該宅地等の上で
事業に供されている減価償却資産の価額が、当該宅地等の相続時の価額の15％以上で
ある場合を除く。）を除外する（措法69の4③一）。

(24)　**令和2年**　特例受贈事業用資産に関する選択添付書類規定の追加（措令40の2⑤）

(25)　**令和3年**　個人の事業用資産（措法70の6の10）に事業用の乗用自動車（取得価額
500万円以下の部分に限る）を追加（措規23の8の8②二ハ）

平成11年度税制改正

　平成11年1月1日以降の相続開始より、相続税の小規模宅地等の特例の規定である租税特別措置法第69条の3が改正されました。

　改正の内容は次の3項目です。

1　特定事業用等宅地等の特例対象面積が200平方メートルから330平方メートルに拡がりました。

　　特定事業用等宅地等とは次のものを言います。

　　(1)　特定事業用宅地等

　　(2)　国営事業用宅地等

　　(3)　特定同族会社事業用宅地等

　平成10年までの相続については、小規模宅地等の特例の対象となる面積は、事業用、居住用を問わず200平方メートルまでとされていました。

　この度の改正で平成11年1月1日以降の相続開始分からは、このうち3つの特定事業用関係宅地分すなわち、特定事業用宅地等、国営事業用宅地等並びに特定同族会社事業用宅地等の対象面積が200平方メートルから330平方メートル（100坪）に拡大されました。

　したがって、これ以外の事業用宅地等や特定居住用宅地等を含む居住用宅地等（以下特定居住用等宅地等という。）については、従来どおり200平方メートルまでとなっており、改正されていません。

　これを図解すると次のようになります。

	事業用	居住用	国の事業用	同族会社事業用
特定宅地等(20％評価)	◎	○	◎	◎
その他の宅地等(50％評価)	○	○	○	○

◎：特定事業用等宅地等＝330㎡
○：　〃　居住用等　〃　＝200㎡

このために、この特定事業用等宅地等が330平方メートル未満で、特定居住用等宅地等がある場合には、200平方メートルに、その330平方メートルに対するその満たない面積の割合を乗じた面積にその特定事業用等宅地等の面積を加えた面積まで特例の対象宅地等となりました。

　同様に特定居住用等宅地等が200平方メートル未満で、特定事業用等宅地等がある場合には、330平方メートルに、200平方メートルに対するその満たない面積の割合を乗じた面積にその特定居住用等宅地等の面積を加えた面積まで特例の対象宅地等となりました。

　この限度面積要件を算式で示すと、次のようになります（措通69の3－10）。

（算　式）

(1)　特定事業用等宅地等を優先して選択する場合の特定居住用等宅地等の面積の限度

$$B = (330 - A) \times \frac{200}{330}$$

(2)　特定居住用等宅地等を優先して選択する場合の特定事業用等宅地等の面積の限度

$$A = (200 - B) \times \frac{330}{200}$$

A＝選択した特例対象宅地等のうち特定事業用等宅地等の合計面積
B＝選択した特例対象宅地等のうち特定住居用等宅地等の合計面積

　以上の改正に伴って、次の新たな取扱いが設けられました。

(1)　店舗兼住宅等用宅地等の適用方法の取扱い

　　相続開始前に被相続人から店舗兼住宅等の敷地について持分贈与を受け、贈与税の配偶者控除の適用にあたって居住用敷地の優先適用を受けていた場合、本来であればこの居住用宅地等部分を除いて小規模宅地の特例計算をすべきですが、相続開始時の現況によって小規模宅地等の特例を適用できることになりました（措通69の3－6）。

(2)　限度面積要件を満たさない場合はこの小規模宅地の特例は適用されないこと

　　すなわち、上記の限度面積を超えて適用した場合は相続税の小規模宅地の特例を受けることができないことになりました。

　　　　ただし、修正申告等により限度面積要件を満たせば適用を受けることができ
　　　ます（措通69の3－11）。

　(3)　この特例の適用対象となる宅地等を選択するために必要な添付書類（措法69の
　　　3①、措令40③）

　　　イ　対象宅地等の取得者が2人以上の場合

　　　　a　選択した特例対象宅地等の小規模宅地等の区分、その他の明細書

　　　　b　選択した特例対象宅地等のすべてが限度面積要件を満たす旨を記載した
　　　　　書類

　　　　c　選択した特例対象宅地等のすべての取得者の同意を証する書類

　　　ロ　上記イ以外の場合　上記イのa及びbの書類

2　1棟の建物の敷地の中に特定居住用宅地等がある場合、200平方メートルまでの
　敷地全てを特定居住用宅地等として80％評価減できる有利な取扱いがありました
　が、上記の改正で特定事業用等宅地等の対象面積が330平方メートルに拡がったこ
　とにより、かえって不利となることになりました。

　　そのため、1棟の建物の敷地の中に特定居住用宅地等とこの特定事業用等宅地等
　とがある場合には、特定事業用等宅地等の部分は床面積により按分して適用できる
　ことになりました。

　　したがって、特定事業用等宅地等以外の部分については従来どおり200平方メー
　トルに相当するまでの敷地について特定居住用宅地等として80％の評価減ができま
　す。

3　特定居住用宅地等の対象の中に、別居親族が取得した場合でも自宅を所有しない
　等特定の要件に該当する場合（通称家なき子）には80％評価減の特例を受けること
　ができますが、この特定の要件の中に、被相続人に配偶者又は同居の「親族」がい
　ないことが条件とされていました。この度の改正でこの同居の「親族」が「民法の
　規定する相続人（「法定相続人」＝相続を放棄した者を含む。）」となりました。

　　したがって、「親族」が同居していてもその「親族」が「法定相続人」すなわち
　民法に規定する相続人以外の親族であれば、特定居住用宅地等として80％評価減の
　特例を受けることができるようになりました（措通69の3－21）。

平成12年度の改正

　平成12年度税制改正において、相続税の納税義務者等の特例の創設（租税特別措置法第69条）に伴い、「小規模宅地等についての相続税の課税価格の計算の特例」に関する条文が次のとおり改められました。

　なお、内容に関する改正はありません。

　・租税特別措置法第69条の3→租税特別措置法第69条の4

　・租税特別措置法施行令第40条→租税特別措置法施行令第40条の2

平成13年度の税制改正

　平成13年1月1日以降の相続開始より、相続税の小規模宅地等の特例の規定である租税特別措置法第69条の4が改正されました。

　改正は租税特別措置法第69条の4第2項で、従来までの第一号から第三号までの規定が第一号から第四号までとなりました。その内容は次のとおり限度面積要件の拡大です。これに伴って特定事業用等宅地等と特定居住用宅地等及びその他の小規模宅地等（これを特定特例対象宅地等という。）がある場合の調整計算方法（いわゆる伸ばし計算、縮み計算）が定められました。

1　改正点；①　特定事業用等宅地等の適用面積　　　　330㎡→400㎡

　　　　　　②　特定居住用宅地等の適用面積　　　　　200㎡→240㎡

　　　　　　③　その他の宅地等の適用面積（特定特例対象宅地等）　200㎡→200㎡（改正なし）

小規模宅地等の種類と適用対象面積表

小規模宅地等の種類	改 正 前		改 正 後	
	適用対象面積	減額割合	適用対象面積	減額割合
特定事業用宅地等	330㎡	80%	400㎡	80%
特定同族会社事業用宅地等	330㎡	80%	400㎡	80%
国営事業用宅地等	330㎡	80%	400㎡	80%
特定居住用宅地等	200㎡	80%	240㎡	80%
その他の宅地等（特定特例対象宅地等）	200㎡	50%	200㎡	50%

2　適用対象限度面積の調整方法

　以上のように平成13年の相続等から適用される限度面積が400平方メートル以下の特定事業用等宅地等と、240平方メートル以下の特定居住用宅地等と、200平方メートル以下のその他の小規模宅地等（特定特例対象宅地等）の３段階となったことにより、どの特例対象宅地等を優先的に適用したら最も有利になるかという問題が発生しました。

　そこで次のように特例対象宅地等を区分してその調整計算方法を解説いたします。

　　　A＝特定事業用等宅地等　　　（≦400㎡）

　　　B＝特定居住用宅地等　　　　（≦240㎡）

　　　C＝特定特例対象宅地等　　　（≦200㎡）

(1)　特例の適用対象が特定事業用等宅地等(A)と特定居住用宅地等(B)の場合

　①　特定事業用等宅地等(A)を優先的に適用して、残りを特定居住用宅地等(B)とした場合の特定居住用宅地等(B)の適用できる限度面積計算方法

$$B = 240㎡ \times \left(1 - \frac{A}{400㎡} \right)$$

　②　特定居住用宅地等(B)を優先的に適用して、残りを特定事業用等宅地等(A)とした場合の特定事業用等宅地等(A)の適用できる限度面積計算方法

$$A = 400㎡ \times \left(1 - \frac{B}{240㎡} \right)$$

(2)　特例の適用対象が特定事業用等宅地等(A)と特定特例対象宅地等(C)の場合

　③　特定事業用等宅地等(A)を優先的に適用して、残りを特定特例対象宅地等(C)とした場合の特定特例対象宅地等(C)の適用できる限度面積計算方法

$$C = 200㎡ \times \left(1 - \frac{A}{400㎡} \right)$$

　④　特定特例対象宅地等(C)を優先的に適用して、残りを特定事業用等宅地等(A)とした場合の特定事業用等宅地等(A)の適用できる限度面積計算方法

$$A = 400㎡ \times \left(1 - \frac{C}{200㎡} \right)$$

(3)　特例の適用対象が特定居住用宅地等(B)と特定特例対象宅地等(C)の場合

　⑤　特定居住用宅地等(B)を優先的に適用して、残りを特定特例対象宅地等(C)とした場合の特定特例対象宅地等(C)の適用できる限度面積計算方法

$$C = 200㎡ \times \left(1 - \frac{B}{240㎡} \right)$$

　⑥　特定特例対象宅地等(C)を優先的に適用して、残りを特定居住用宅地等(B)とした場合の特定居住用宅地等(B)の適用できる限度面積計算方法

$$B = 240\text{㎡} \times \left(1 - \frac{C}{200\text{㎡}}\right)$$

(4) 特例の適用対象が特定事業用等宅地等(A)と特定居住用宅地等(B)及び特定特例対象宅地等(C)の場合

⑦ 特定事業用等宅地等(A)を優先的に適用して次に特定居住用宅地等(B)を適用し、残りを特定特例対象宅地等(C)とした場合の(B)と(C)の適用できる限度面積計算方法

$$B = 240\text{㎡} \times \left(1 - \frac{A}{400\text{㎡}}\right)$$

$$C = 200\text{㎡} \times \left\{1 - \left(\frac{A}{400\text{㎡}} + \frac{B}{240\text{㎡}}\right)\right\}$$

⑧ 特定事業用等宅地等(A)を優先的に適用して次に特定特例対象宅地等(C)を適用し、残りを特定居住用宅地等(B)とした場合の(C)と(B)の適用できる限度面積計算方法

$$C = 200\text{㎡} \times \left(\frac{1 - A}{400\text{㎡}}\right)$$

$$B = 240\text{㎡} \times \left\{1 - \left(\frac{A}{400\text{㎡}} + \frac{C}{200\text{㎡}}\right)\right\}$$

⑨ 特定居住用宅地等(B)を優先的に適用して次に特定事業用等宅地等(A)を適用し、残りを特定特例対象宅地等(C)とした場合の(A)と(C)の適用できる限度面積計算方法

$$A = 400\text{㎡} \times \left(1 - \frac{B}{240\text{㎡}}\right)$$

$$C = 200\text{㎡} \times \left\{1 - \left(\frac{B}{240\text{㎡}} + \frac{A}{400\text{㎡}}\right)\right\}$$

⑩ 特定居住用宅地等(B)を優先的に適用して次に特定特例対象宅地等(C)を適用し、残りを特定事業用等宅地等(A)とした場合の(C)と(A)の適用できる限度面積計算方法

$$C = 200\text{㎡} \times \left(1 - \frac{B}{240\text{㎡}}\right)$$

$$A = 400\text{㎡} \times \left\{1 - \left(\frac{B}{240\text{㎡}} + \frac{C}{200\text{㎡}}\right)\right\}$$

⑪ 特定特例対象宅地等(C)を優先的に適用して次に特定事業用等宅地等(A)を適用し、残りを特定居住用宅地等(B)とした場合の(A)と(B)の適用できる限度面積計算方法

$$A = 400\text{㎡} \times \left(1 - \frac{C}{200\text{㎡}}\right)$$

$$B = 240\text{m}^2 \times \left\{ 1 - \left(\frac{C}{200\text{m}^2} + \frac{A}{400\text{m}^2} \right) \right\}$$

⑫　特定特例対象宅地等(C)を優先的に適用して次に特定居住用宅地等(B)を適用し、
　残りを特定事業用等宅地等(A)とした場合の(B)と(A)の適用できる限度面積計算方法

$$B = 240\text{m}^2 \times \left(1 - \frac{C}{200\text{m}^2} \right)$$

$$A = 400\text{m}^2 \times \left\{ 1 - \left(\frac{C}{200\text{m}^2} + \frac{B}{240\text{m}^2} \right) \right\}$$

　このように平成13年より80％評価減の対象となる、特定事業用等宅地等が400平方
メートルに、特定居住用宅地等が240平方メートルにそれぞれ拡がり、その他の対象宅
地等の特定特例対象宅地等は従来どおり200平方メートルとなりました。このためそれ
ぞれの対象宅地を有する場合には、どの対象宅地を優先して選択するのが良いか判定し
なければなりません。そこで次に選択する場合の選択分岐点を示しましたので参考にし
てください。

小規模宅地等の選択分岐点

特定事業用等宅地等	特定居住用宅地等	特定特例対象宅地等
1.0000	1.6666	3.2000
0.6000	1.0000	1.9200
0.3125	0.5208	1.0000

　例えば、特定事業用等宅地等の1平方メートル当たりの価格に対して、特定居住用宅
地等の1平方メートル当たりの価格が1.6666倍（特定特例対象宅地等の場合は3.2倍）
を超える場合は特定居住用宅地等（特定特例対象宅地等）を優先して適用する方が有利
となることを意味しています。

平成14年度税制改正

1　特定事業用資産についての相続税の課税価格の計算の特例（措法69の5）が創設
（内容については別掲参照）されて、小規模宅地等についての相続税の課税価格の計算
の特例との選択適用になったことから、次の2点についての改正が行われました。
　(1)　特例対象宅地等の選択について。
　(2)　特例対象宅地等の分割要件等について。

2 特例対象宅地等の選択について（措令40の2③）

改正前は特例対象宅地等についての選択であったが、平成14年度の改正で特定事業用資産の特例との選択制となったことから、相続又は遺贈（相続等という）により特例対象宅地等を取得した者だけでなく、特定事業用資産（特例対象株式等と特例対象山林）を取得した者全員の合意によって選択することが必要となり、租税特別措置法施行令第40条の2第3項が次のように改正されました。（＿＿＿＿＿の部分が実質的に改正された）

（相続税の申告書に添付する必要書類）

① 選択しようとする特例対象宅地等についての小規模宅地等の区分その他の明細を記載した書類

② 選択しようとする特例対象宅地等の全てが、限度面積要件のうちいずれか一つの要件を満たすものである旨を記載した書類

③ 特例対象宅地等又は特例対象株式等若しくは特例対象山林を取得した全ての個人のこの選択についての同意を証する書類

ただし、その相続等により特例対象宅地等並びに特例対象株式等及び特例対象山林の全てを取得した個人が一人である場合には、改正前と同様に上記③の書類は不要とされています。

3 特例対象宅地等の分割要件等について（措法69の4⑤、措令40の2⑪⑫）

以上のように特例対象宅地等が相続等により取得した者によって、相続税の申告期限までに分割された場合においても、特例対象株式等や特例対象山林が分割されないため、これらの特例を適用するための合意が得られないこともあります。

このように特例対象株式等や特例対象山林が分割されないため、これらの特例の適用を受けられない場合であっても、次の場合には適用を受けることができることになりました。

① 相続税の申告期限から3年以内に分割された場合

② 相続税の申告期限から3年以内に分割されなかったとにつき、やむを得ない事情があり所轄税務署長の承認を受けた場合は、分割できることとなった日の翌日から4カ月以内に分割された場合

なお、このことによって既に申告した相続税が減少することになる場合は、そのことを知った日から4カ月以内に更正の請求をすることができます。

4　特定事業用資産についての相続税の課税価格の計算との重複適用の禁止

　次の①から③までに定める特例については、納税者の選択により、いずれか一つの特例しか選択できないこととされています（措法69の5④⑤）。

①　小規模宅地等についての相続税の課税価格の計算の特例（措法69の4）

②　特定同族会社株式等に係る特定事業用資産についての相続税の課税価格の計算の特例（措法69の5）

③　特定森林施業計画対象山林に係る特定事業用資産についての相続税の課税価格の計算の特例（措法69の5）

5　適用時期

　この特例の改正は、平成14年1月1日以後に相続又は遺贈により取得した小規模宅地等に係る相続税について適用されます。

＜参考＞　特例対象株式等の軽減額より、小規模宅地等を選択した方が有利になる場合の各宅地の価格表

特定対象株式等の軽減額	3,000万円の場合	2,000万円の場合	1,000万円の場合
特定事業用宅地 400㎡	3,750万円超 93,750円超/㎡	2,500万円超 62,500円超/㎡	1,250万円超 31,250円超/㎡
特定居住用宅地 240㎡	3,750万円超 156,250円超/㎡	2,500万円超 104,166円超/㎡	1,250万円超 52,083円超/㎡
特定特例対象宅地 200㎡	6,000万円超 300,000円超/㎡	4,000万円超 200,000円超/㎡	2,000万円超 100,000円超/㎡

平成15年度税制改正のポイント

1　小規模宅地等の特例（措法69の4）の改正

　相続時精算課税（相法21の9）の創設により特定事業用資産の特例（措法69の5）の改正が行われ、この特定事業用資産の特例と小規模宅地等の特例とは併用して適用できるようになったほか、特定同族会社についての要件が次のとおり緩和されました（平成15年1月1日以降の相続開始から適用）。

(1)　特定事業用資産の特例（措法69の5）との併用適用について

平成14年まで認められていなかった特定事業用資産の特例との併用適用が認められるようになりました。（措法69の5⑦）

　すなわち、小規模宅地等の特例の適用について限度面積に満たなかった場合、その満たない限度面積の割合に相当する特定事業用資産の特例対象金額について特定事業用資産の特例を受けることができるようになりました。

　受けられる特定事業用資産の特例の対象金額は次のとおり計算します。

$$\frac{400\text{㎡}-選択した小規模対象宅地の合計面積（400\text{㎡}換算）}{400\text{㎡}}\times\begin{pmatrix}選択特定事業用\\資産の価額\end{pmatrix}$$

＝適用できる選択特定事業用資産の価額

(2)　特定同族会社についての要件が次のとおり緩和

　特定同族会社事業用宅地等の対象になる特定同族会社の要件が、次のように緩和されました（措法69の4③四、措令40の2⑨⑩）。

①　所有者の緩和

＜改正前＞　被相続人及び被相続人と生計を一にする親族

＜改正後＞　被相続人及び被相続人の親族、その他被相続人との次の特別関係者

　　　a)　被相続人の配偶者でないが事実上婚姻関係にある者

　　　b)　被相続人の使用人

　　　c)　被相続人の親族、使用人以外の者で被相続人による生計維持者

　　　d)　以上の者と生計を一にするこれらの親族

　　　e)　被相続人及び以上の者が有する法人持ち分がその法人の50％超となる法人

　　　f)　被相続人及びe)の法人が有する他の法人の持ち分がその法人の50％超となる法人

　　　g)　被相続人及びe)又はf)の法人が有する他の法人の持ち分がその法人の50％超となる法人

　　　　なお、法人の持ち分には商法の規定する議決権に制限のある持ち分は含まない（措令40の2⑩）。

②　所有割合の改正

　株式又は出資に対する所有割合が次のように改正されました（措法69の4③四）。

　　＜改正前＞　50％以上

　　＜改正後＞　50％超

2 特定事業用資産の特例（措法69の5）の改正

　相続時精算課税（相法21の9）の選択により特定の贈与財産に特定事業用資産の特例（措法69の5）の適用が受けられることとなりました。これに伴って贈与税の申告を申告期限内に所轄税務署長に財務省令で定める書類を提出することとなった等、特定事業用資産の特例が整備拡充されました。また小規模宅地等の特例との選択（前述のとおり）及び特定事業用資産同士の併用もできるようになりました。すなわち「特定同族会社株式等」と「特定森林施業計画対象山林」との併用が可能となりました。

（平成15年1月1日以降の相続開始から適用）

(1) 「特定同族会社株式等」と「特定森林施業計画対象山林」との併用適用について

　平成14年まで認められていなかった特定事業用資産の特例内での併用適用が認められるようになりました（措法69の5⑤）。

　すなわち、「特定（受贈）同族会社株式等」の特例の適用について、その発行済株式数等の3分に2に相当する金額又は3億円との少ない金額に満たない場合、その満たない金額に対するその少ない金額の割合に相当する「特定森林施業計画対象山林」の価額について、特定事業用資産の特例を受けることができるようになりました。

　受けられる特定事業用資産の特例の対象金額は次のとおり計算します。

$$\frac{\left(\begin{array}{l}選択適用できる特定（受贈）\\同族会社株式等限度価額\end{array}\right)-\left(\begin{array}{l}選択した特定（受贈）\\同族会社株式等の価額\end{array}\right)}{\left(選択適用できる特定（受贈）同族会社株式等限度価額\right)}\times\left(\begin{array}{l}選択する特定（受贈）森林\\施業計画対象山林の価額\end{array}\right)$$

　＝適用できる選択特定（受贈）森林施業計画対象山林の価額

(2) 特定同族会社株式等の要件が次のとおり拡充されました。

　なお、特定受贈同族会社株式等も同内容となっています（措法69の5②五、六）。

	改正後	改正前
特例対象会社	発行済株式総額（相続税評価額）20億円未満の会社	発行済株式総額（相続税評価額）10億円未満の会社
株式の保有要件（平成15年4月1日以降）	被相続人及び被相続人の親族その他特別関係者の保有株式総数が発行済株式総数の50%超であること	被相続人及び被相続人と生計一親族の保有株式総数が発行済株式総数の50%以上であること
軽減対象の上限	発行済株式総数の3分の2（3億円以下）	発行済株式総数の3分の1（3億円以下）

平成16年度税制改正のポイント

1　特定事業用資産の特例（措法69の5）の改正

(1)　特定同族会社株式等の要件が次のとおり拡充されました。

　なお、特定受贈同族会社株式等も同内容となっています。

　平成16年1月1日以後の相続又は遺贈（相続時精算課税に係る贈与を含む。）により取得する財産に係る相続税に適用

	改正後	改正前
軽減対象の上限	発行済株式総数の3分の2 （10億円以下）	発行済株式総数の3分の2 （3億円以下）

＜参考1＞

　特定（受贈）同族会社株式等を選択した方が有利になる場合の小規模宅地等の価格表

特定（受贈）同族会社 株式等の軽減額	特定事業用宅地 400㎡	特定居住用宅地 240㎡	特定特例対象宅地 200㎡
10,000万円の場合	12,500万円未満 312,500円未満/㎡	12,500万円未満 520,833円以下/㎡	20,000万円未満 100万円未満/㎡
9,000万円の場合	11,250万円未満 281,250円未満/㎡	11,250万円未満 468,750円未満/㎡	18,000万円未満 90万円未満/㎡
8,000万円の場合	10,000万円未満 250,000円未満/㎡	10,000万円未満 416,666円以下/㎡	16,000万円未満 80万円未満/㎡
7,000万円の場合	8,750万円未満 218,750円未満/㎡	8,750万円未満 364,583円以下/㎡	14,000万円未満 70万円未満/㎡
6,000万円の場合	7,500万円未満 187,500円未満/㎡	7,500万円未満 312,500円未満/㎡	12,000万円未満 60万円未満/㎡
5,000万円の場合	6,250万円未満 156,250円未満/㎡	6,250万円未満 260,416円以下/㎡	10,000万円未満 50万円未満/㎡
4,000万円の場合	5,000万円未満 125,000円未満/㎡	5,000万円未満 208,333円以下/㎡	8,000万円未満 40万円未満/㎡
3,000万円の場合	3,750万円未満 93,750円未満/㎡	3,750万円未満 156,250円未満/㎡	6,000万円未満 30万円未満/㎡
2,000万円の場合	2,500万円未満 62,500円未満/㎡	2,500万円未満 104,166円未満/㎡	4,000万円未満 20万円未満/㎡
1,000万円の場合	1,250万円未満 31,250円未満/㎡	1,250万円未満 52,083円未満/㎡	2,000万円未満 10万円未満/㎡

<参考2>

特定同族会社株式等及び特定受贈同族会社株式等の軽減規定の概要図

[当該会社の発行済]
株式等の総額が,
24億円の場合

[当該会社の発行済]
株式等の総額が,
18億円の場合

[当該会社の発行済]
株式等の総額が,
9億円の場合

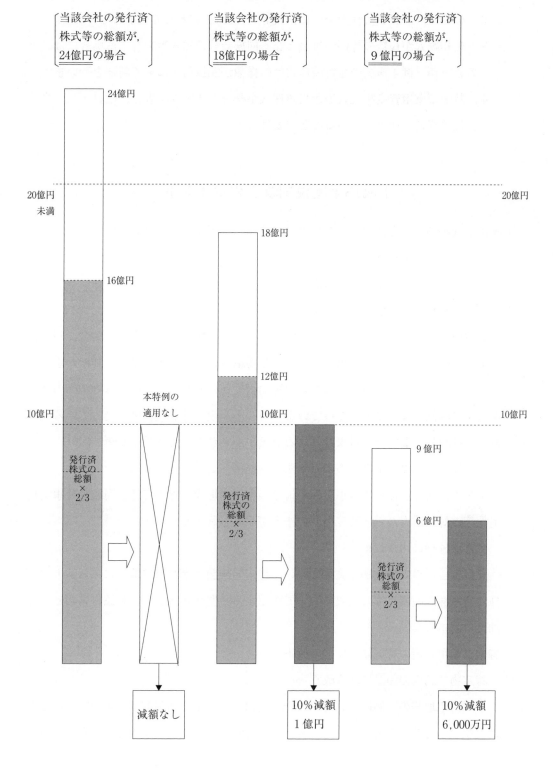

前提条件

    1．相続税評価額で計算します。

    2．被相続人が評価会社の発行済株式等を100%所有として表示しています。

    3．被相続人が複数の特例の対象となる同族会社の株式等を有する場合には、その合計額（例：複数の発行済株式等の総額が20億円未満）で判定を行います。

    4．特定事業用資産相続人等が当該株式全株を引き続き所有し、役員として当該会社の経営に従事していることが要件です。

平成18年度税制改正のポイント

平成18年（2006年）度においての小規模宅地等の特例及び特定事業用資産の特例については次のとおり改正が行われました。

1　小規模宅地等の特例についての改正

(1)　特定物納制度の創設に伴う改正

　　延納中の者について延納により納付することが困難な事由が生じた場合、相続税の申告期限から10年以内に限り申請により物納への切り替えができる制度が創設されました。この特定物納制度は従来の物納制度とは異なり、延納から物納への切り替え時の時価によることになっているため、小規模宅地等の特例を受けている相続財産には馴染まないため対象外とする改正がなされました（新措法69の4⑧）。

(2)　特定同族会社事業用宅地等の対象法人の整備

　　事業の継続を前提とする小規模宅地等の特例の趣旨にそって特定同族会社事業用宅地等の対象法人から「清算中」の法人が除外されました。

(3)　会社法施行に伴う改正

　　5月1日からの会社法の施行に伴い、特定同族会社事業用宅地等に係る法人の要件のうち株式の議決権の制限について確認する必要から「定款」を添付書類として加えられました。

2　特定事業用資産の特例についての改正

(1)　特定物納制度の創設に伴う改正

　　小規模宅地等の特例についての改正と同様に、特定物納制度は従来の物納制度とは異なり、延納から物納への切り替え時の時価によることになっているため、特定

事業用資産の特例を受けている相続財産には馴染まないため対象外とする改正がなされました（新措法69の5⑭）。

(2)　特定同族会社株式等にかかる要件の整備

　　事業の継続を前提とする特例の趣旨にそって特定同族会社株式等の対象法人から「清算中」の法人を除外（新措令40の2の2㉝）すると共に、法人の役員の範囲から清算人を除外（新措規23の2の2⑬）されました。

(3)　会社法施行に伴う規定の整備

　　5月1日からの会社法の施行に伴い、「有限会社」の文言を削除したほか、会社分割等により資本等の払戻しがあった場合には、特定受贈同族会社株式等の価額の調整のための計算規定の整備並びに代替して取得した株式の引継価額の計算規定の整備が行われました。

平成19年度税制改正のポイント

　平成19年（2007年）度においての小規模宅地等の特例及び特定事業用資産の特例については次のとおり改正が行われました。

1．小規模宅地等の特例についての改正

(1)　特定の贈与者から特定同族株式等の贈与を受けた場合の相続時精算課税の特例（措法70の3の3①）及び特定同族株式等の贈与を受けた場合の相続時精算課税に係る贈与税の特別控除の特例（措法70の3の4①）の創設に伴い、この特例を受け、又は受けている場合は小規模宅地の特例の適用がされない規定が創設されました（措法69の4⑤）。

(2)　信託法の改正に伴い、相続又は遺贈により取得する信託に関する権利（当該信託の権利の目的となっている信託財産が特例対象宅地等である場合に限ります。）を取得した者については、特例対象宅地等を取得したとみなしてこの特例を適用することとされました（措令40の2⑯）。

2．特定事業用資産の特例についての改正

(1)　特定の贈与者から特定同族株式等の贈与を受けた場合の相続時精算課税の特例（措法70の3の3①）及び特定同族株式等の贈与を受けた場合の相続時精算課税に係る贈与税の特別控除の特例（措法70の3の4①）の創設に伴い、この特例を受け、

又は受けている場合は特定事業用資産の特例の適用がされない規定が創設されました（措法69の5⑥⑦）。

(2)　金融商品取引法の施行に伴い、「証券取引法」「証券取引所」を「金融商品取引法」「金融商品取引所」に改められました。

平成20年度税制改正のポイント

　平成19年10月1日施行された郵政民営化法により、新たに相続税に係る課税の特例（第180条）及び関連政省令が創設されました。

　これに伴って租税特別措置法第69条の4及び第69条の5が適用され租税特別措置法第69条の4及びその関連政省令が改正され関連通達も制定されました。

平成21年度税制改正のポイント

　平成21年度においては、小規模宅地等の特例について直接の改正はありませんでしたが、隣接する特例である特定事業用資産の特例（措法69の5）の改正が行われたことにともなって、これに関係する小規模宅地等の特例規定の一部が改正されました。

　すなわち、非上場株式等についての相続税の納税猶予制度の創設（措法70の7の2）にともない、従来の特定事業用資産の特例（措法69の5）の規定の中から特定同族会社株式等に係る課税価格の計算の特例が、平成21年3月31日をもって廃止されたため、租税特別措置法第69条の5は「特定計画山林についての相続税の課税価格の計算の特例」として新しく生まれ変わりました。

平成22年度税制改正のポイント

　平成22年度の改正は、小規模宅地等についての相続税の課税価格の計算の特例について、相続人等による事業又は居住の継続への配慮という制度趣旨等を踏まえての改正でその内容は次のとおりです。

(1)　相続人等が相続税の申告期限まで事業又は居住を継続しない宅地等（現行200平方メートルまで50％減額）が適用対象から除外されました。

宅 地 等		改 正 前		改 正 後	
		上限面積	減額割合	上限面積	減額割合
事 業 用	事業継続	400㎡	▲80%	400㎡	▲80%
	非 継 続	200㎡	▲50%	－	－
不動産貸付	事業継続	200㎡	▲50%	200㎡	▲50%
	非 継 続	200㎡	▲50%	－	－
居 住 用	居住継続	240㎡	▲80%	240㎡	▲80%
	非 継 続	200㎡	▲50%	－	－

　従来は特定要件を満たさない場合でも、最低200平方メートルまで50%の減額を受けることができましたが今後は認められなくなりました。

＜改正事例　1＞

敷地200㎡、100万円／㎡、借地権割合70%、借家権割合30%、

別居の親族取得（自宅所有）200㎡

被相続人居宅
（1人住い）

貸　　付

敷地200㎡

◎改正前（平成22年3月31日までの相続開始）

・居住用敷地　100万円×100㎡＝10,000万円

・貸家建付地　100万円×100㎡×（1－70%×30%）

　　　　　＝7,900万円

10,000万円＋7,900万円＝17,900万円

17,900万円×50%＝8,950万円（課税価格）

◎改正後（平成22年4月1日以降の相続開始）

・居住用敷地　100万円×100㎡＝10,000万円(A)

・貸家建付地　100万円×100㎡×（1－70%×30%）

　　　　　＝7,900万円

7,900万円×50%＝3,950万円(B)

10,000万円(A)＋3,950万円(B)＝13,950万円（課税価格）

　この事例による課税価格の増加額；13,950万円－8,950万円＝5,000万円

(2)　一の宅地等について共同相続があった場合には、取得した者ごとに適用要件を判
　定することとしました。すなわち、一部取得の取扱いが廃止されました。

<改正事例　2＞

敷地240㎡、100万円／㎡、配偶者取得　24㎡、別居の親族取得　216㎡

被相続人居宅

敷地240㎡

◎改正前（平成22年3月31日までの相続開始）

・居住用敷地　100万円×240㎡＝24,000万円

　24,000万円×20％＝4,800万円（課税価格）

◎改正後（平成22年4月1日以降の相続開始）

・配偶者取得敷地　100万円×24㎡＝2,400万円

　　　　　　　　　　2,400万円×20％＝480万円(A)

・別居親族取得敷地　100万円×216㎡＝21,600万円(B)

　480万円(A)＋21,600万円(B)＝22,080万円（課税価格）

この事例による課税価格の増加額；22,080万円－4,800万円＝17,280万円

(3)　一棟の建物の敷地の用に供されていた宅地等のうちに特定居住用宅地等の要件に該当する部分とそれ以外の部分がある場合には、部分ごとに按分して軽減割合を計算することとなりました。

<改正事例　3＞

敷地240㎡、100万円／㎡、借地権割合70％、借家権割合30％、配偶者取得　240㎡

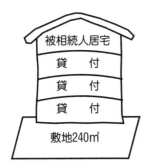

被相続人居宅
貸　　付
貸　　付
貸　　付

敷地240㎡

◎改正前（平成22年3月31日までの相続開始）

・居住用敷地　100万円×60㎡＝6,000万円

・貸家建付地　100万円×180㎡×（1－70％×30％）

　　　　　　　＝14,220万円

　6,000万円＋14,220万円＝20,220万円

　20,220万円×20％＝4,044万円（課税価格）

◎改正後（平成22年4月1日以降の相続開始）

・居住用敷地　100万円×60㎡＝6,000万円

　　　　　　　6,000万円×20％＝1,200万円(A)

・貸家建付地　100万円×180㎡×（1－70％×30％）

　　　　　　　＝14,220万円

　　　　　適用面積；200㎡×（1－60㎡／240㎡）＝150㎡

　　　　　14,220万円×150㎡／180㎡×50％＝5,925万円(B)

$$14,220万円 \times 30㎡ / 180㎡ = 2,370万円(C)$$

$$1,200万円(A) + 5,925万円(B) + 2,370万円(C) = 9,495万円 （課税価格）$$

　この事例による課税価格の増加額；9,495万円−4,044万円＝5,451万円

(4)　特定居住用宅地等は、主として居住の用に供されていた一の宅地等に限られることが明文化されました（措令40の2⑥）。

(注)　上記の改正は、平成22年4月1日以後の相続又は遺贈により取得する小規模宅地等に係る相続税について適用されます。

以上の改正内容をイメージで示すと以下のとおりになります。

◎改正前（平成22年3月31日までの相続開始）のイメージ

個人の取得	親族の取得・特定（継続）要件
（不動産貸付業用宅地等） 特定特例対象宅地等	特定事業用宅地等
	特定居住用宅地等
	特定同族会社事業用宅地等

◎改正後（平成22年4月1日以降の相続開始）のイメージ

個人の取得	親族の取得・特定（継続）要件
	貸付事業用宅地等
	特定事業用宅地等
	特定居住用宅地等
	特定同族会社事業用宅地等

点線の部分について小規模宅地の特例の適用を受けることができなくなりました。

平成24年度税制改正のポイント

　小規模宅地等についての相続税の課税価格の計算の特例については、改正はありませんが「山林についての相続税の納税猶予」（措法70の6の4）の規定が創設されました。

平成25年度税制改正のポイント

　平成25年度税制改正は与党による大綱の発表が凡そ1ヵ月遅れ今年の1月になったにも拘わらず3月末には国会で承認可決成立しました。

　本年度の税制改正は広範囲に亘っていますが資産課税関係の改正も大幅に行われました。

　相続税の基礎控除額の改正や税率の一部引上げが行われましたが、その影響で小規模宅地等の改正も行われました。

　平成26年1月1日以後に相続又は遺贈により取得する財産に係る相続税について適用される内容は次のとおりです。

1　一棟の二世帯住宅で構造上区分のあるものについて、被相続人及びその親族が各独立部分に居住していた場合には、その親族が相続又は遺贈により取得したその敷地の用に供されていた宅地等のうち、被相続人及びその親族が居住していた部分に対応する部分を特例の対象とする。

　◎改正措法69の4③二イ

　　改正前；被相続人の居住の用に共されていた家屋に居住していた…

　　改正後；被相続人の居住の用に共されていた一棟の建物に居住していた…

　◎改正措法施行令40の2⑩～追加された部分

　　一　一棟の建物が建物の区分所有等の法律に定めるもの：被相続人の居住部分

　　二　前号以外のもの；被相続人又はその親族の居住部分

2　老人ホームに入所したことにより被相続人の居住の用に供されなくなった家屋の敷地の用に供されていた宅地等は、次の要件が満たされる場合に限り、相続の開始の直前において被相続人の居住の用に供されていたものとして特例を適用する。

　イ　被相続人が介護認定を受け介護が必要なため一定の老人ホーム等に入居（所）し

た場合

ロ　その家屋が事業（貸付け等）の用途及び被相続人等以外の者の居住の用に供され
ていない場合

◎改正措法69の4①

改正前；被相続人等の居住の用に共されていた宅地等…

改正後；被相続人等の居住の用（政令の定めの事由で居住の用に供されない場合を含
む）に共されていた宅地等…

◎改正措法施行令40の2②（居住の用に供されない事由）〜追加された部分

一　被相続人が介護保険法による要介護認定者で次の施設等に入所等

イ　認知症対応型老人共同生活援助事業が行われる住居（老人福祉法5の2
⑥）、養護老人ホーム（老人福祉法20の4）、特別養護老人ホーム（老人福祉法
20の5）、軽費老人ホーム（老人福祉法20の6）、有料老人ホーム（老人福祉法
29①）

ロ　介護老人保険施設（介護保険法8㉗）

ハ　サービス付き高齢者向け住宅（有料老人ホームを除く、高齢者の居住の安定
確保に関する法律5①）

二　被相続人が障害者総合支援法による障害認定者で次の施設等に入所等

障害者支援施設（障害者総合支援法5⑪）、共同生活援助を行う住居（障害者総
合支援法5⑮）

◎改正措法施行令40の2③（適用除外の用途）～追加された部分

　事業の用又は被相続人等以外の者の居住の用

　平成27年1月1日以後に相続又は遺贈により取得する財産に係る相続税について適用する内容は次のとおりです。

3　特定居住用宅地等に係る特例の適用対象面積を330㎡（現行240㎡）までの部分に拡充する（措法69の4②二）。

4　特例の対象として選択する宅地等の全てが特定事業用等宅地等及び特定居住用宅地等である場合には、それぞれの適用対象面積まで適用可能とする（完全併用）（措法69の4②一、二）。

　　なお、貸付事業用宅地等を選択する場合における適用対象面積の計算については、現行どおり、調整を行うこととする（措法69の4②三）。

貸付事業用宅地等がある場合の調整計算式

$$A \times \frac{200}{400} + B \times \frac{200}{330} + C \leqq 200㎡$$

　（A：特定事業用等宅地等の面積、B：特定居住用宅地等の面積、

　　C：貸付事業用宅地等の面積）

＜改正事例＞

居住用敷地　330㎡、100万円／㎡、事業用敷地　400㎡、100万円／㎡

◎改正前（平成26年12月31日までの相続開始）

　　・事業用敷地　（400㎡×100万円＝40,000万円×80％）＝32,000万円──→最大適用面積400㎡

　　400㎡×100万円＋330㎡×100万円－32,000万円＝41,000万円（課税価格）

◎改正後（平成27年1月1日以後の相続開始）

　　・事業用敷地（400㎡×100万円＝40,000万円×80％）＝32,000万──┐

　　・居住用敷地（330㎡×100万円＝33,000万円×80％）＝26,400万円──┘→最大適用面積730㎡

　　400㎡×100万円＋330㎡×100万円－32,000万円－26,400万円＝14,600万円（課税価格）

この事例による課税価格の減少額；41,000万円－14,600万円＝26,400万円

◎貸付事業用宅地等の選択が不可能となる特定事業用等宅地等及び特定居住用宅地等の
適用面積（㎡）

特定事業用等宅地等の適用面積	400	360	320	280	240	200	160	120	80	40	0
限度面積に対する適用比率(%)	100	90	80	70	60	50	40	30	20	10	0
特定居住用宅地等の適用面積	0	33	66	99	132	165	198	231	264	297	330
限度面積に対する適用比率(%)	0	10	20	30	40	50	60	70	80	90	100
貸付事業用宅地等の適用面積	0										

◎特定事業用等宅地等の適用面積に対する貸付事業用宅地等の選択適用限度面積（㎡）

特定事業用等宅地等の適用面積	400	360	320	280	240	200	160	120	80	40	0
限度面積に対する適用比率(%)	100	90	80	70	60	50	40	30	20	10	0
貸付事業用宅地等の適用面積	0	20	40	60	80	100	120	140	160	180	200
限度面積に対する適用比率(%)	0	10	20	30	40	50	60	70	80	90	100

◎特定居住用宅地等の適用面積に対する貸行事業用宅地等の選択適用限度面積（㎡）

特定居住用宅地等の適用面積	330	297	264	231	198	165	132	99	66	33	0
限度面積に対する適用比率(%)	100	90	80	70	60	50	40	30	20	10	0
貸付事業用宅地等の適用面積	0	20	40	60	80	100	120	140	160	180	200
限度面積に対する適用比率(%)	0	10	20	30	40	50	60	70	80	90	100

平成27年度税制改正のポイント

1 平成27年4月1日以降の相続遺贈より適用される改正

(1) 被相続人の居住の用に供することができない事由の追加

被相続人の居住の用に供することができない事由として、介護保険法に規定する介護認定又は要支援認定を受けていた被相続人に、「その他これに類する被相続人として財務省令に定めるもの」が追加された（措令40の2②一）。

財務省令で定める被相続人とは：相続の開始の直前において、介護保険法施行規則第140条の62の4第2号に該当していた者のことをいう（措規23の2②）。

介護保険法施行規則に該当した者とは：厚生労働大臣が定める基準に該当する介護保険法の第一号被保険者（65歳以上）のことをいう（介保規140の62の4二）。

2 平成28年1月1日以降の相続遺贈より適用される改正

(1) 添付書類の改正（措規23の2⑧二）

イ 措置法第69条の4第3項第2号イ又はハに掲げる要件を満たす被相続人の親族が当該特例の適用を受けようとするとき

「相続の開始の日以後に作成された住民票の写し（当該親族に係るものに限る）」について、

「当該親族が個人番号（行政手続における特定の個人を識別するための番号の利用等に関する法律第2条第5項に規定する個人番号をいう。）を有しない場合にあっては、当該親族が特定居住用宅地等である小規模宅地等を自己の居住の用に供していることを明らかにする書類」とされた。

ロ 措置法第69条の4第3項第2号ロに掲げる要件を満たす被相続人の親族が当該特例の適用を受けようとするとき

(イ) 相続の開始の日以後に作成された住民票の写し（当該親族に係るものに限る）の添付を要しないこととされた。

(ロ) 「相続の開始の日以後に作成された戸籍の附票の写し（当該親族に係るものに限る）」について、

「当該親族が個人番号を有しない場合にあっては、相続の開始の日の３年前の日から当該相続の開始の日までの間における当該親族の住所又は居所を明らかにする書類」とされた。

平成29年度税制改正のポイント

相続税の納税義務者の範囲について改正が行われたことに伴い、平成29年４月１日より、「法第69条の４第３項第２号ロに規定する財務省令で定める者」（特定居住用宅地等の場合の別生計親族の人的資格の要件）の範囲が改正されました（措規23の２④）。

○租税特別措置法施行規則第23条の２第４項

４　法第69条の４第３項第２号ロに規定する財務省令で定める者は、相続税法（昭和25年法律第73号）第１条の３第１項第３号又は第４号の規定に該当する者のうち日本国籍を有しない者とする。

平成30年度税制改正のポイント

1　特定居住用宅地等の取得者の改正（措法69の４③二ロ）

　　次の条件が加えられました。

　イ　相続開始３年以内に国内にある次の者が所有する家屋に居住したことがないこと。

　　(イ)　３親等内の親族

　　(ロ)　特別の関係のある法人

　ロ　相続開始時に居住していた家屋を過去に所有したことがないこと。なお、平成30年３月31日以前に従来の要件を満たしていれば、

　　(イ)　平成32年３月31日までの相続開始については改正前の規定が適用されます（附則118②）。

　　(ロ)　平成32年４月１日以降の相続開始であっても自宅の建替え中で相続税の申告

期限までに居住すれば、同居親族とみなして適用されます（附則118③）。

2　特定居住用宅地等の居住要件の改正（措令40の2②）

被相続人の居住の用に供されていた宅地等の範囲に「介護医療院」が追加されました。

「介護医療院」とは要介護者に対し、「長期療養のための医療」「日常生活上の世話（介護）」を一体的に提供する施設。

介護保険法上の介護保険施設で、医療法上は医療提供施設として法的に位置づけられている。

3　貸付事業用宅地等の改正（措法69の4③四）

相続開始前3年以内に新たに貸付事業の用に供された宅地等は除外された。

ただし、3年を超えて事業的規模で貸付事業を行っている者の貸付事業に供された場合は除かれます。

なお、平成30年3月31日までに貸付事業の用に供された宅地等は改正の対象から外されます（附則118④）。

平成31年度税制改正のポイント

　特定事業用宅地等に係る小規模宅地等についての相続税の課税価格の計算の特例の見直し（平成31年4月1日以降相続）

　小規模宅地等についての相続税の課税価格の計算の特例について、特定事業用宅地等の範囲から、相続開始前3年以内に事業の用に供された宅地等（当該宅地等の上で事業の用に供されている建物、構築物及び事業用減価償却資産の価額が、当該宅地等の相続時の価額の15％以上である場合を除く。）を除外する（措法69の4③一、措令40の2⑧⑨）。

　この15％というのは、相続税の平均的な限界税率が17％程度であり、特例における減税効果がその80％相当の14％程度になることを踏まえて決められたもののようです。

◎本書の利用の仕方

　小規模宅地等の相続税の課税価格の特例は、被相続人が所有する200㎡まで又は240㎡（平成27年1月1日以後の相続等による取得は330㎡）若しくは400㎡（平成27年1月1日以後の相続等による取得は730㎡）までの宅地等に適用されるものですが、

① 宅地等を何に利用しているのか

② 誰が利用しているのか

③ 建物の所有者は誰なのか

④ 建物の所有者と利用者が違う場合の家賃は有償か無償か

⑤ 建物の所有者が被相続人以外の場合の地代は有償か無償か

⑥ 相続等による宅地等の取得者が誰なのか

⑦ その取得者が申告期限までその宅地等をどのように利用していたか

⑧ その取得者が申告期限までその宅地等を保有していたか

という状況によってこの特例の適用状況も異なってきます。

　すなわち、この特例の適用如何によって減額の割合が80％となったり、50％となったり、あるいは0％となったりすることになります。

　本書は47頁以降の表から該当する図解番号を探すこともできますし、直接図解をあたってみることもできますが、複雑でわかりにくいと思われる方は、5頁のチャート図を用いて、次の要領で利用すると便利です。

　なお、より簡便に小規模宅地特例の適用の可否を確かめるため41頁以降にフローチャートを作成しましたので参考として活用して下さい。

(1)　相続開始直前に宅地等は何に利用されていますか

Ⅰ　事業用の場合

Ⅱ　居住用の場合

Ⅲ　特定同族会社の事業用の場合

Ⅳ　郵便局舎用

(2)　以上のそれぞれの場合について

　　　建物の所有者は誰ですか

　　　　　　A　被相続人の場合

　　　　　　B　生計一親族の場合

　　　　　　C　生計別親族（及び親族以外）の場合

　　　　　　D　特定同族会社の場合

(3)　建物の所有者が被相続人以外の場合の地代は

　　　　　　ⓐ　無償の場合

　　　　　　ⓑ　有償の場合

　　このようにチャートの中で該当する項目をたどって下さい。下の囲みにたどりつくまでに通った◆の記号によって、おおまかな掲載頁がわかるようになっています。

　　さらに、

(4)　建物の所有者とその利用者が異なる場合の家賃は

　　　　　(i)　無償の場合　⊠

　　　　　(ii)　有償の場合　￥

で表示してありますので該当の図をさがして下さい。

(5)　最後に、使用目的別に特定の要件の具備の有無で減額割合を求めることができます。（特定要件は33頁～38頁参照）

例えば、

　　　(1)　その宅地等が商売用なら　　　　　　→Ⅰ事業用

　　　　↓

　　　(2)　その建物が父親のものなら　　　　　→A被相続人

　　　　↓

　　　(3)　父親が商売しているなら　　　　→⑦被相続人の事業→　Ⅰ－A－⑦

次は該当ページの図解の中から抽出します。

(4)　父親の商売が一般事業なら　　　　　　→被相続人の一般事業

　　　父親の商売が不動産貸付業等なら　　　→被相続人の貸付事業等

(5)　最後に一般事業の場合は、

　　取得者の次の状況（特定の要件）により該当する図解によって減額割合を求めます。

　　　　商売承継状況

　　　　商売継続状況

　　　　取得土地等の保有状況

具体的に事例で紹介しましょう。

　──事例1

　　父親（被相続人）は所有する敷地に建物を建て、生計を一にしている長男に無償で貸していた。長男がここで床屋を営んでおり、父親の死亡によりその敷地を取得するとともに、相続税の申告期限まで保有し、かつ、床屋を営んでいた場合の小規模宅地の減額割合は何％となるか？

---

(1)　敷地の用途は生計一親族の床屋　　　　　　→Ⅰ事業用

(2)　その建物は父親（被相続人）のもの　　　　→A被相続人

(3)　その建物の使用者は長男（建物所有者以外）であるから

　　　　　　　　　　　　　　　　　　　　　　→ロ事業者が被相続人以外

　ゆえにⅠ−A−ロ（60頁以降）となります。

(4)　家賃は無償であるから　　　　　　　→　（④〜⑦）

(5)　特定要件となる相続税の申告期限まで

　（ⅰ）　床屋を継続し

　（ⅱ）　かつ敷地を保有しているので　　　　→④

　　よって、減額割合は80％となります。

┄┄事例2┄┄

　父親（被相続人）の所有する二世帯型住宅（区分所有建物の登記なし）に長女が別生計かつ家賃なしで居住している。今後相続が発生した場合はこの住宅を取得し引き続き居住する予定である。この場合の減額割合は何％となるか？

---

(1)　敷地の用途は父親・長女の居住用　　　　　　→Ⅱ居住用

(2)　建物の所有者は父親であるから　　　　　　　→A被相続人

　　ゆえにⅡ－A（89頁以降）となります。

(3)　使用者が父親と長女（生計別親族）で

　　　　　　　　長女分の家賃は無償であるから　→ 　㊲

(4)　最後に特定要件となる相続税の申告期限まで

　　（ⅰ）　長女がその敷地を取得しかつ保有し

　　（ⅱ）　引き続き居住すれば　　→㊲

よって、減額割合は80％となります。

※　巻末の法令通達並びに文中の参照条文番号は、令和6年4月1日現在のものです。

本書の利用の仕方

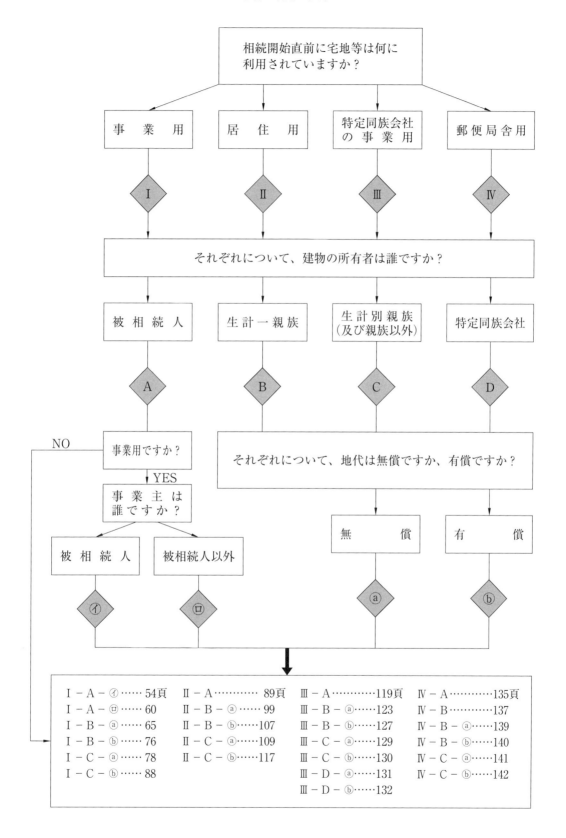

相続開始直前に宅地等は何に利用されていますか？

事　業　用	居　住　用	特定同族会社の事業用	郵便局舎用

Ⅰ　Ⅱ　Ⅲ　Ⅳ

それぞれについて、建物の所有者は誰ですか？

被　相　続　人	生計一親族	生計別親族（及び親族以外）	特定同族会社

A　B　C　D

NO

事業用ですか？　YES

それぞれについて、地代は無償ですか、有償ですか？

事業主は誰ですか？

被　相　続　人	被相続人以外

無　償　有　償

イ　ロ　ⓐ　ⓑ

第1編

小規模宅地の特例

第1 特例のあらまし

　小規模宅地等の特例とは、小規模宅地等についての相続税の課税価格の計算の特例として租税特別措置法第69条の4に規定しておりその内容はつぎのとおりです。

1　特例の内容 （措法69の4①）

イ　個人が
ロ　相続等[注1]によって取得した財産のうちに
ハ　この特例の対象となる宅地等[注2]がある場合で
ニ　この相続等により財産を取得したすべての者の特例の対象となる 　宅地等のうち
ホ　この特例を受けるものとして選択したもの[注3]については
ヘ　一定の面積[注4]を限度として
ト　一定の減額[注5]した金額をもって
チ　その者の相続税の課税価格に算入する制度です。

　要するに相続等により取得した事業用や居住用の宅地等のうち、一定の面積までの分については、一定の条件によって50％又は80％の減額ができるという特例です。

（注1）　相続等とは相続又は遺贈をいいます。

（注 2 ）　「特例の対象となる宅地等」（特例対象宅地等という。）とは

　　　㈤　相続開始の直前において

　　　㈻　被相続人等$^{（注 6 ）}$の事業$^{（注 7 ）}$及び居住の用$^{（注 8 ）}$に供されていた宅地等$^{（注 9 ）}$で

　　　㈨　一定の建物または構築物$^{（注10）}$の敷地の用に供されているもので

　　　㈩　特定事業用宅地等、特定居住用宅地等$^{（注11）}$、特定同族会社事業用宅地等及び貸付事業用宅地等をいいます。

（注 3 ）　選択特例対象宅地等といいます（分割要件と申告手続きの要件の充足が必要）。選択する場合は相続税の申告書に所定の記載をした書類を添付します（措令40の 2 ⑤）。

　　　　選択した宅地等が配偶者居住権の目的になっている場合、その特定対象宅地等の面積は、「その居住用等建物の敷地の面積」に、「配偶者居住権に基づく居住建物の敷地の利用に関する権利の価額」が「居住用等建物の敷地の価額」のうちに占める割合を乗じて得た面積が適用対象となります（措令40の 2 ⑥、183頁計算例参照）。

（注 4 ）　一定の面積とは限度面積要件をいい、次のとおりとなります。

　　⑴　平成27年 1 月 1 日以後の相続等による取得

　　　①　選択した特例対象宅地が特定事業用等宅地等$^{（注12）}$である場合　400平方メートル以下

　　　②　選択した特例対象宅地が特定居住用宅地等$^{（注11）}$である場合　330平方メートル以下

　　　③　選択した特例対象宅地が特定事業用等宅地等及び特定居住用宅地等である場合（完全併用）　730㎡以下

　　　④　選択した特例対象宅地が貸付事業用宅地等である場合　次のイ、ロ、ハにより計算した面積の合計が200平方メートル以下

　　　　イ　特定事業用等宅地等の面積$\times\dfrac{200}{400}$

　　　　ロ　特定居住用宅地等の面積$\times\dfrac{200}{330}$

　　　　ハ　貸付事業用宅地等の面積

　　　⑤　特定計画山林の特例を併用して適用できます（措法69の 5 ⑤）。

　　　　　この場合の選択特定計画山林の限度価額は次のように計算します。

$$\frac{200\text{㎡}-④\text{の合計面積（200㎡未満）}}{200\text{㎡}}\times\text{選択特定計画山林の価額}$$

　　＝適用できる選択特定計画山林の価額

(2)　平成26年12月31日までの相続等による取得

　①　選択した特例対象宅地のすべてが特定事業用等宅地等^(注12)である場合　　400

　　平方メートル以下

　②　選択した特例対象宅地のすべてが特定居住用宅地等である場合　　240平方メ

　　ートル以下

　③　選択した特例対象宅地のすべてが貸付事業用宅地等である場合　　200平方メ

　　ートル以下

　④　選択した特例対象宅地のすべてが①、②又は③である場合は、次のイ、ロ及び

　　ハに掲げる面積の合計が400平方メートル以下であること。

　　イ　特定事業用等宅地等の面積の合計

　　ロ　特定居住用宅地等の面積の合計に3分の5を乗じた面積

　　ハ　貸付事業用宅地等の面積の合計に2を乗じた面積

　　なお、この場合の限度面積要件の調整計算の具体的方法は次項を参照してくださ

　い。

　⑤　特定計画山林の特例（措法69の5）と併用して適用できます。

　　この場合の選択特定計画山林の限度価額は次のように計算します。

$$\frac{400\text{㎡}-④\text{の合計面積（400㎡未満）}}{400\text{㎡}}\times\text{選択特定計画山林の価額}$$

　　＝適用できる選択特定計画山林の価額

（注5）　「一定の減額」とは

　　小規模宅地等の価額に次の割合を乗じた金額

　①　次に該当する小規模宅地等は80%

　　㈤　特定事業用宅地等

　　㈹　特定居住用宅地等

　　㈧　特定同族会社事業用宅地等

　②　①以外の次の小規模宅地等は50%

　　㈤　貸付事業用宅地等

（注 6 ）　「被相続人等」とは

　　　　①　被相続人若しくは

　　　　②　その被相続人と生計を一にしていた被相続人の親族

（注 7 ）　「事業」とは

　　　　①　本来の事業のほか

　　　　②　事業と称するに至らない不動産の貸付、その他これに類する行為で、相当の対
　　　　　　価を得て継続的に行うもの（準事業という。）

　　　　　　（措法69の 4 、措令40の 2 ①）

（注 8 ）　「居住の用」とは

　　　　　　原則は、相続開始の直前において被相続人等の居住の用に供されていることが必要
　　　　とされていますが、次の事由により老人ホーム等に入居（所）して居住の用に供され
　　　　ていない場合は適用の対象になります（措令40の 2 ②、措規23の 2 ②、介保規140の
　　　　62の 4 二）。

　　　　イ　被相続人が介護保険法に規定する要介護認定又は要支援認定を受けていたか厚生
　　　　　　労働大臣が定める基準に該当する第一号被保険者（65歳以上）であること（措令40
　　　　　　の 2 ②一）。

　　　　ロ　被相続人が障害者の日常生活等支援法に規定する障害支援区分の認定を受けてい
　　　　　　たこと（措令40の 2 ②二）。

　　　　　　ただし、被相続人等の居住の用に供されていた家屋が次の用途に供されていないこ
　　　　とが必要です（措令40の 2 ③）。

　　　　①　その家屋が事業（貸付け等）の用に供されていないこと。

　　　　②　その家屋が被相続人等以外の居住の用に供されていないこと。

（注 9 ）　「宅地等」とは

　　　　　　土地又は土地の上に存する権利

（注10）　次に掲げる建物又は構築物以外のものをいう（措規23の 2 ①）

　　　　①　温室その他の建物で、その敷地が耕作の用に供されるもの

　　　　②　暗渠その他の構築物で、その敷地が耕作の用又は耕作若しくは養畜のための採草
　　　　　　若しくは家畜の放牧の用に供されるもの

（注11）　次のようなそれぞれの場合で、特定居住用宅地等が二以上ある場合は、以下のよう
　　　　にそれぞれ主としてその居住の用に供している一の宅地等に限られます。生計一親族

が2人以上いる場合は、それぞれ主とした一の居住用宅地等となります（措令40の2⑪）。

特定居住用宅地等の複数形態区分		主とした一の居住用宅地等
被相続人の居住用宅地等が二以上ある場合		被相続人の主とした一の居住用宅地等
被相続人と生計一親族の居住用宅地等が二以上ある場合		その親族の主とした一の居住用宅地等
被相続人及び被相続人と生計一親族の居住用宅地等が二以上ある場合	被相続人及びその生計一親族の主とした一の居住用宅地等が同一である場合	その一の宅地等
	上記以外の場合	被相続人の主とした一の居住用宅地等及びその親族の主とした一の居住用宅地等

参考（措令40の2⑪）

被相続人	生計一親族	被相続人	生計一親族	
			1人	2人以上
第1号	―	一か所	―	―
―	第2号	―	一か所	各一か所
第3号イ		一か所		
第3号ロ		一か所	一か所	各一か所

（注12）　特定事業用等宅地等とは次のものをいいます。

①　特定事業用宅地等

②　特定同族会社事業用宅地等

2　適用対象限度面積の調整方法 （措法69の4②）

〈1〉　平成27年1月1日以後の相続等による取得

適用される限度面積が400平方メートル以下の特定事業用等宅地等と、330平方メートル以下の特定居住用宅地等と、200平方メートル以下の貸付事業用宅地等の3段階となったことのほか、特定事業用等宅地等と特定居住用宅地等とが完全併用となったことにより、どの特例対象宅地等を優先的に適用したら最も有利になるかという問題が発生します。

そこで次のように特例対象宅地等を区分してその調整計算方法を解説いたします。

A ＝ 特定事業用等宅地等　　（≦400㎡）

B ＝ 特定居住用宅地等　　　（≦330㎡）

C ＝ 貸付事業用宅地等　　　（≦200㎡）

(1)　特例の適用対象が特定事業用等宅地等(A)と特定居住用宅地等(B)の場合

① 　この場合は完全併用となります。

$$A + B$$

(2)　特例の適用対象が特定事業用等宅地等(A)と貸付事業用宅地等(C)の場合

② 　特定事業用等宅地等(A)を優先的に適用して、残りを貸付事業用宅地等(C)とした場合の貸付事業用宅地等(C)の適用できる限度面積計算方法

$$C = 200㎡ \times \left(1 - \frac{A}{400㎡}\right)$$

③ 　貸付事業用宅地等(C)を優先的に適用して、残りを特定事業用等宅地等(A)とした場合の特定事業用等宅地等(A)の適用できる限度面積計算方法

$$A = 400㎡ \times \left(1 - \frac{C}{200㎡}\right)$$

(3)　特例の適用対象が特定居住用宅地等(B)と貸付事業用宅地等(C)の場合

④ 　特定居住用宅地等(B)を優先的に適用して、残りを貸付事業用宅地等(C)とした場合の貸付事業用宅地等(C)の適用できる限度面積計算方法

$$C = 200㎡ \times \left(1 - \frac{B}{330㎡}\right)$$

⑤ 　貸付事業用宅地等(C)を優先的に適用して、残りを特定居住用宅地等(B)とした場合の特定居住用宅地等(B)の適用できる限度面積計算方法

$$B = 330㎡ \times \left(1 - \frac{C}{200㎡}\right)$$

(4)　特例の適用対象が特定事業用等宅地等(A)と特定居住用宅地等(B)及び貸付事業
　用宅地等(C)の場合

⑥　特定事業用等宅地等(A)と特定居住用宅地等(B)を優先的に適用し、残りを貸付事業
　用宅地等(C)とした場合の(C)の適用できる限度面積計算方法

$$C = 200\text{m}^2 \times \left\{ 1 - \left(\frac{A}{400\text{m}^2} + \frac{B}{330\text{m}^2} \right) \right\}$$

（　）内が1を超えるときは1とする。

⑦　特定事業用等宅地等(A)を優先的に適用して次に貸付事業用宅地等(C)を適用し、残
　りを特定居住用宅地等(B)とした場合の(C)と(B)の適用できる限度面積計算方法

$$C = 200\text{m}^2 \times \left(1 - \frac{A}{400\text{m}^2} \right)$$

$$B = 330\text{m}^2 \times \left\{ 1 - \left(\frac{A}{400\text{m}^2} + \frac{C}{200\text{m}^2} \right) \right\}$$

（　）内が1を超えるときは1とする。

⑧　特定居住用宅地等(B)を優先的に適用して次に貸付事業用宅地等(C)を適用し、残り
　を特定事業用等宅地等(A)とした場合の(C)と(A)の適用できる限度面積計算方法

$$C = 200\text{m}^2 \times \left(1 - \frac{B}{330\text{m}^2} \right)$$

$$A = 400\text{m}^2 \times \left\{ 1 - \left(\frac{B}{330\text{m}^2} + \frac{C}{200\text{m}^2} \right) \right\}$$

（　）内が1を超えるときは1とする。

⑨　貸付事業用宅地等(C)を優先的に適用して次に特定事業用等宅地等(A)を適用し、残
　りを特定居住用宅地等(B)とした場合の(A)と(B)の適用できる限度面積計算方法

$$A = 400\text{m}^2 \times \left(1 - \frac{C}{200\text{m}^2} \right)$$

$$B = 330\text{m}^2 \times \left\{ 1 - \left(\frac{C}{200\text{m}^2} + \frac{A}{400\text{m}^2} \right) \right\}$$

（　）内が1を超えるときは1とする。

⑩　貸付事業用宅地等(C)を優先的に適用して次に特定居住用宅地等(B)を適用し、残り
　を特定事業用等宅地等(A)とした場合の(B)と(A)の適用できる限度面積計算方法

$$B = 330\text{m}^2 \times \left(1 - \frac{C}{200\text{m}^2} \right)$$

$$A = 400\text{m}^2 \times \left\{ 1 - \left(\frac{C}{200\text{m}^2} + \frac{B}{330\text{m}^2} \right) \right\}$$

（　）内が1を超えるときは1とする。

　このように80％減額の対象となる、特定事業用等宅地等が400平方メートルに、特定居住用宅地等が330平方メートルに、50％減額の対象となる貸付事業用宅地等は200平方メートルとなります。このためそれぞれの対象宅地を有する場合には、どの対象宅地を優先して選択するのが良いか判定しなければなりません。そこで次に選択する場合の選択分岐点を示しますので参考にしてください。

　例えば、特定事業用等宅地等の１平方メートル当たりの価格に対して、特定居住用宅地等の１平方メートル当たりの価格が1.2121倍（貸付事業用宅地等の場合は3.2倍）を超える場合は特定居住用宅地等（貸付事業用宅地等）を優先して適用する方が有利となることを意味しています。

小規模宅地等の選択分岐点

特定事業用等宅地等	特定居住用宅地等	貸付事業用宅地等
1.0000（完全併用の場合）		5.8400
1.0000	1.2121	3.2000
0.8250	1.0000	2.6400
0.3125	0.3787	1.0000

＜参考：限度面積、減額率の調整比率表＞

１．小規模宅地等の面積比率

	特定事業用等宅地等（400㎡）	特定居住用宅地等（330㎡）	貸付事業用宅地等（200㎡）
特定事業用等宅地等（400㎡）	1	0.8250	0.5000
特定居住用宅地等（330㎡）	1.2121	1	0.6060
貸付事業用宅地等（200㎡）	2.0000	1.6500	1

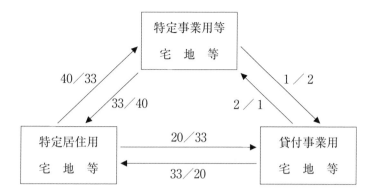

２．小規模宅地等の減額率

	特定事業用等宅地等 (80%)	特定居住用宅地等 (80%)	貸付事業用宅地等 (50%)
特定事業用等宅地等 (80%)	1	1.0000	0.6250
特定居住用宅地等 (80%)	1.0000	1	0.6250
貸付事業用宅地等 (50%)	1.6000	1.6000	1

３．小規模宅地等の選択分岐点

	特定事業用等宅地等	特定居住用宅地等	貸付事業用宅地等
特定事業用等宅地等	1	1.2121	3.2000
特定居住用宅地等	0.8250	1	2.6400
貸付事業用宅地等	0.3125	0.3787	1

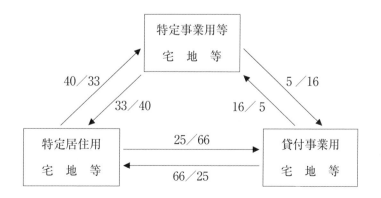

〈2〉　平成26年12月31日までの相続等による取得

　適用される限度面積が400平方メートル以下の特定事業用等宅地等と、240平方メートル以下の特定居住用宅地等と、200平方メートル以下の貸付事業用宅地等の3段階となっていることにより、どの特例対象宅地等を優先的に適用したら最も有利になるかという問題が発生していました。

　そこで次のように特例対象宅地等を区分してその調整計算方法を解説いたします。

　　A＝特定事業用等宅地等　　　（≦400㎡）

　　B＝特定居住用宅地等　　　　（≦240㎡）

　　C＝貸付事業用宅地等　　　　（≦200㎡）

(1)　特例の適用対象が特定事業用等宅地等(A)と特定居住用宅地等(B)の場合

　①　特定事業用等宅地等(A)を優先的に適用して、残りを特定居住用宅地等(B)とした場合の特定居住用宅地等(B)の適用できる限度面積計算方法

$$B = 240㎡ \times \left(1 - \frac{A}{400㎡} \right)$$

　②　特定居住用宅地等(B)を優先的に適用して、残りを特定事業用等宅地等(A)とした場合の特定事業用等宅地等(A)の適用できる限度面積計算方法

$$A = 400㎡ \times \left(1 - \frac{B}{240㎡} \right)$$

(2)　特例の適用対象が特定事業用等宅地等(A)と貸付事業用宅地等(C)の場合

　③　特定事業用等宅地等(A)を優先的に適用して、残りを貸付事業用宅地等(C)とした場合の貸付事業用宅地等(C)の適用できる限度面積計算方法

$$C = 200㎡ \times \left(1 - \frac{A}{400㎡} \right)$$

　④　貸付事業用宅地等(C)を優先的に適用して、残りを特定事業用等宅地等(A)とした場合の特定事業用等宅地等(A)の適用できる限度面積計算方法

$$A = 400㎡ \times \left(1 - \frac{C}{200㎡} \right)$$

(3)　特例の適用対象が特定居住用宅地等(B)と貸付事業用宅地等(C)の場合

　⑤　特定居住用宅地等(B)を優先的に適用して、残りを貸付事業用宅地等(C)とした場合の貸付事業用宅地等(C)の適用できる限度面積計算方法

$$C = 200㎡ \times \left(1 - \frac{B}{240㎡} \right)$$

　⑥　貸付事業用宅地等(C)を優先的に適用して、残りを特定居住用宅地等(B)とした場合の特定居住用宅地等(B)の適用できる限度面積計算方法

$$B = 240㎡ \times \left(1 - \frac{C}{200㎡} \right)$$

(4)　特例の適用対象が特定事業用等宅地等(A)と特定居住用宅地等(B)及び貸付事業用宅地等(C)の場合

⑦　特定事業用等宅地等(A)を優先的に適用して次に特定居住用宅地等(B)を適用し、残りを貸付事業用宅地等(C)とした場合の(B)と(C)の適用できる限度面積計算方法

$$B = 240㎡ \times \left(1 - \frac{A}{400㎡}\right)$$

$$C = 200㎡ \times \left\{1 - \left(\frac{A}{400㎡} + \frac{B}{240㎡}\right)\right\}$$

⑧　特定事業用等宅地等(A)を優先的に適用して次に貸付事業用宅地等(C)を適用し、残りを特定居住用宅地等(B)とした場合の(C)と(B)の適用できる限度面積計算方法

$$C = 200㎡ \times \left(1 - \frac{A}{400㎡}\right)$$

$$B = 240㎡ \times \left\{1 - \left(\frac{A}{400㎡} + \frac{C}{200㎡}\right)\right\}$$

⑨　特定居住用宅地等(B)を優先的に適用して次に特定事業用等宅地等(A)を適用し、残りを貸付事業用宅地等(C)とした場合の(A)と(C)の適用できる限度面積計算方法

$$A = 400㎡ \times \left(1 - \frac{B}{240㎡}\right)$$

$$C = 200㎡ \times \left\{1 - \left(\frac{B}{240㎡} + \frac{A}{400㎡}\right)\right\}$$

⑩　特定居住用宅地等(B)を優先的に適用して次に貸付事業用宅地等(C)を適用し、残りを特定事業用等宅地等(A)とした場合の(C)と(A)の適用できる限度面積計算方法

$$C = 200㎡ \times \left(1 - \frac{B}{240㎡}\right)$$

$$A = 400㎡ \times \left\{1 - \left(\frac{B}{240㎡} + \frac{C}{200㎡}\right)\right\}$$

⑪　貸付事業用宅地等(C)を優先的に適用して次に特定事業用等宅地等(A)を適用し、残りを特定居住用宅地等(B)とした場合の(A)と(B)の適用できる限度面積計算方法

$$A = 400㎡ \times \left(1 - \frac{C}{200㎡}\right)$$

$$B = 240㎡ \times \left\{1 - \left(\frac{C}{200㎡} + \frac{A}{400㎡}\right)\right\}$$

⑫　貸付事業用宅地等(C)を優先的に適用して次に特定居住用宅地等(B)を適用し、残りを特定事業用等宅地等(A)とした場合の(B)と(A)の適用できる限度面積計算方法

$$B = 240\text{m}^2 \times \left(1 - \frac{C}{200\text{m}^2}\right)$$

$$A = 400\text{m}^2 \times \left\{1 - \left(\frac{C}{200\text{m}^2} + \frac{B}{240\text{m}^2}\right)\right\}$$

　このように80％減額の対象となる、特定事業用等宅地等が400平方メートルに、特定居住用宅地等が240平方メートルに、50％減額の対象となる貸付事業用宅地等は200平方メートルとなっています。このためそれぞれの対象宅地を有する場合には、どの対象宅地を優先して選択するのが良いか判定しなければなりません。そこで次に選択する場合の選択分岐点を示しますので参考にしてください。

　例えば、特定事業用等宅地等の１平方メートル当たりの価格に対して、特定居住用宅地等の１平方メートル当たりの価格が1.6666倍（貸付事業用宅地等の場合は3.2倍）を超える場合は特定居住用宅地等（貸付事業用宅地等）を優先して適用する方が有利となることを意味しています。

小規模宅地等の選択分岐点

特定事業用等宅地等	特定居住用宅地等	貸付事業用宅地等
1.0000	1.6666	3.2000
0.6000	1.0000	1.9200
0.3125	0.5208	1.0000

＜参考：限度面積、減額率の調整比率表＞

１．小規模宅地等の面積比率

	特定事業用等宅地等（400㎡）	特定居住用宅地等（240㎡）	貸付事業用宅地等（200㎡）
特定事業用等宅地等（400㎡）	1	0.6000	0.5000
特定居住用宅地等（240㎡）	1.6666	1	0.8333
貸付事業用宅地等（200㎡）	2.0000	1.2000	1

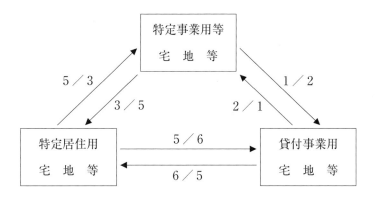

２．小規模宅地等の減額率

	特定事業用等宅地等（80%）	特定居住用宅地等（80%）	貸付事業用宅地等（50%）
特定事業用等宅地等（80%）	1	1.0000	0.6250
特定居住用宅地等（80%）	1.0000	1	0.6250
貸付事業用宅地等（50%）	1.6000	1.6000	1

３．小規模宅地等の選択分岐点

	特定事業用等宅地等	特定居住用宅地等	貸付事業用宅地等
特定事業用等宅地等	1	1.6666	3.2000
特定居住用宅地等	0.6000	1	1.9200
貸付事業用宅地等	0.3125	0.5208	1

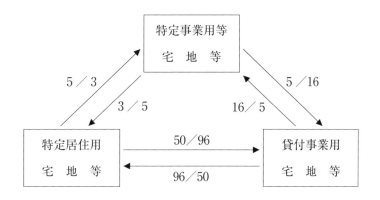

3　特定事業用宅地等

A　相続開始の直前において被相続人の事業の用に供されていた宅地等で、次の要件を満たした被相続人の親族が取得した部分に限られます（措法69の4③一イ）。

　　なお、この場合の事業には、不動産貸付業、駐車場業、自転車駐車場業及び準事業（以下「貸付事業等」という。）は含まれません（措法69の4③一、措令40の2⑦）。

　⑴　事業承継の要件

　　①　その宅地等の上で営まれていた被相続人の事業を、

　　②　相続税の申告期限までに引き継ぎ

　　③　かつ営んでいること。

　⑵　保有継続の要件

　　①　その宅地等を

　　②　相続税の申告期限まで保有していること。

B　相続開始の直前において、被相続人と生計を一にしていた親族の事業の用に供されていた宅地等で次の要件を満たした被相続人と生計を一にしていた親族が取得した部分に限られます（措法69の4③一ロ）。

　　なお、この場合も貸付事業等は含まれません。

　⑴　事業継続の要件

　　①　相続開始の直前から相続税の申告期限まで、

　　②　その宅地等の上で

　　③　事業を営んでいること。

　⑵　保有継続の要件

　　①　その宅地等を

　　②　相続税の申告期限まで保有していること。

C　平成31年4月1日以後に相続開始の場合

　　A及びBについて、相続開始前3年以内に新たに事業の用に供された宅地等は除かれます。

　　ただし、当該宅地等の上で事業の用に供されている建物、構築物及び事業用減価償却資産の価額が当該宅地等の相続時の価額の15％以上である場合には適用の対象とな

り除かれません（措法69の4③一、措令40の2⑧）。

　なお、被相続人が、同人の死亡以前3年以内に、同人の先代の死亡により措置法第69条の4第3項第1号に規定する事業の用に供されていた宅地等を取得し、その後、当該土地等を引き続き事業の用に供していた場合における当該土地等は、「相続開始前3年以内に新たに事業の用に供された宅地等」に該当せず、特例対象から除かれることはありません（措令40の2⑨）。

　また、平成31年4月1日から令和4年3月31日までの間に相続等により取得する財産については、「相続開始前3年以内に」ではなく、「平成31年4月1日以降に」事業の用に供された宅地等が除外対象になります（平31改正法附則79②）。

4　特定居住用宅地等

　相続開始の直前において被相続人等の居住の用に供されていた宅地等(注11)の場合です（措法69の4③二）。

　この場合はその宅地等を取得した人のうちに、次のいずれかに該当する者が取得した部分に限られます。

A　被相続人の配偶者（措法69の4③二本文）

B　次の要件を具備する被相続人と一棟の建物に居住していた親族（措法69の4③二イ）

　(1)　居住継続の要件

　　①　相続開始の直前において、

　　②　その宅地等の上に存する

　　③　被相続人の居住の用に供されていた一棟の建物(注13)に居住しており、

　　④　かつ相続税の申告期限までそこに居住していること。

　(注13)　①　区分所有等の法律の規定に該当する建物の場合は被相続人の居住部分

　　　　　②　それ以外の場合は被相続人又は被相続人の親族の居住部分

　(2)　保有継続の要件

　　　その宅地等を相続税の申告期限まで保有していること。

C　次の要件を具備する被相続人と別居の親族（措法69の4③二ロ）

　(1)　人的資格の要件

　　　次の①と②の相続税の納税義務者であること（措規23の2④）

①　相続税の無制限納税義務者すなわち居住無制限納税義務者（相法1の3①一）及び非居住無制限納税義務者（相法1の3①二）

②　相続税の制限納税義務者のうち、非居住制限納税義務者（相法1の3①四）であって日本国籍を有する者

　　具体的には次表の相続税の納税義務者のうち、「国内国外財産ともに課税」の納税義務者（上記①）と「被相続人、相続人とも国内に住所がない者で日本国籍を有する者」の納税義務者（上記②）

令和3年4月1日以後の相続税の納税義務者

相続人／被相続人	国内住所		国外住所		
	一時居住者（注14）	左記以外	日本国籍あり 10年以内国内住所あり	日本国籍あり 10年以内国内住所なし	日本国籍なし
国内住所　外国人被相続人（注15）	国内財産課税 相法1の3①三	国内国外財産ともに課税	国内財産課税 相法1の3①四		
国内住所　上記以外	相法1の3①一ロ			相法1の3①二イ⑵　相法1の3①二ロ	
国外住所　10年以内国内住所あり　非居住被相続人（注16）	国内財産課税 相法1の3①三		国内財産課税		
国外住所　10年以内国内住所あり　上記以外	相法1の3①一ロ			相法1の3①二イ⑵　相法1の3①二ロ	
国外住所　10年以内国内住所なし	国内財産課税 相法1の3①三	相法1の3①一イ　相法1の3①二イ⑴	国内財産課税 相法1の3①四		

（注14）　一時居住者とは、相続開始の時において在留資格（出入国管理及び難民認定法別表第一の在留資格。以下同じ）を有する者であって、その相続開始前15年以内において本法施行地に住所を有していた期間の合計が10年以下であるものをいいます。

（注15）　外国人被相続人とは、相続開始の時において、在留資格を有し、かつ、この法律の施行地に住所を有していた当該相続に係る被相続人をいいます。

（注16）　非居住被相続人とは、相続開始の時において本法施行地に住所を有していなかったその相続に係る被相続人であって、その相続開始前10年以内のいずれかの時において、本法施行地に住所を有していたことがあるもののうち、その相続開始前15年以内において本法施行地に住所を有していた期間の合計が10年以下であるもの（その期間引き続き日本国籍を有していなかったものに限ります。）又はその相続開始前10年以内のいずれかの時において本法施行地に住所を有していたことがないものをいいます。

(2)　人的構成の要件

①　相続開始直前において被相続人の居住の用に供されていた家屋に

②　被相続人の配偶者及び

③　居住していた被相続人の法定相続人がいないこと。

(3)　居住用家屋を所有していないことの要件

①　相続開始前３年以内に

②　日本国内にある

③　自己又は自己の配偶者及びその３親等以内の親族(注17)並びにその親族と特別の関係がある法人(注18)の所有する家屋に

④　居住したことがないこと。

(注17)

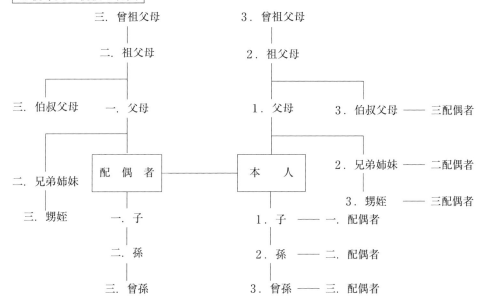

３親等内の親族の範囲

○アラビア数字は血族の親等を示し、漢数字は姻族の親等を示している。

○民法上、親族とは６親等内の血族、配偶者及び３親等内の姻族をいう。

○姻族とは、(イ)配偶者の３親等までの血族、(ロ)自分の３親等までの血族の配偶者

　　〈例〉、(イ)は配偶者の父母、兄弟姉妹等であり、(ロ)は自分の兄弟姉妹等の配偶者をいう。

　　したがって、配偶者の兄弟姉妹等の配偶者や連れ子の配偶者には姻族関係はない。

(注18)　「その親族と特別の関係がある法人」（措令40の2⑮）

　　a　被相続人等の親族と次に掲げる者（以下「親族等」という）が法人の発行済株式数又は出資の総数又は総額の10分の5を超える株式数等を有する法人。

　　　　イ　当該親族の配偶者

　　　　ロ　当該親族の 3 親等内の親族

　　　　ハ　当該親族と婚姻関係はないが事実上婚姻関係にある者

　　　　ニ　当該親族の使用人

　　　　ホ　イからニに掲げる以外の者で当該親族から受けた金銭等で生計を維持している者

　　　　ヘ　ハからホまでに掲げる者と生計を一するこれらの者の配偶者又は 3 親等内の親族

　　　b　親族等と a の法人が他の法人の発行済み株式数等の10分の 5 を超える株式数等を有する法人

　　　c　親族等と b の法人が他の法人の発行済み株式数等の10分の 5 を超える株式数等を有する法人

　　　d　親族等が理事、監事、評議員その他これらの者に準ずるものとなっている持ち分の定めのない法人

⑷　相続開始時に居住している家屋を過去に所有したことがないこと。

　　ただし、この家屋には相続開始の直前において被相続人の居住用に供されていた家屋は含まれません。

⑸　保有継続の要件

　　その宅地等を相続税の申告期限まで保有すること。

⑹　ただし、平成30年 3 月31日以前に自己または自己の配偶者の所有する家屋に居住したことがないことを満たしていれば、

　　①　令和 2 年 3 月31日までの相続開始については適用されます（平30改正附則118②）。

　　②　令和 2 年 4 月 1 日以降の相続開始であっても自宅の建替え中で相続税の申告期限までに居住すれば、同居親族とみなして適用されます（平30改正附則118③）。

（参考）　特定居住用宅地等に係る経過措置（措通69の4－22の2）

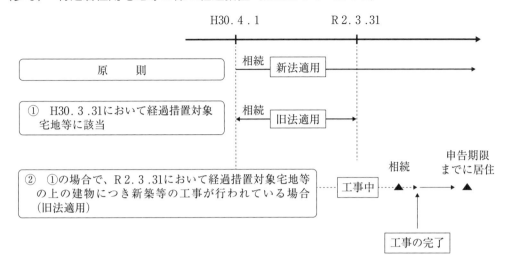

D　次の要件を具備する被相続人と生計を一にしていた親族（措法69の4③二ハ）

(1)　居住継続の要件

①　その宅地等を

②　相続開始前から相続税の申告期限まで

③　自己の居住の用に供していること。

(2)　保有継続の要件

その宅地等を相続税の申告期限まで保有していること。

5　特定同族会社事業用宅地等

被相続人等の事業用宅地等のうち、

①　相続開始直前から相続税の申告期限までにおいて、

②　特定同族会社の事業の用に供されていた宅地等であって、

次のすべての要件に該当するものをいいます（措法69の4③三）。

(1)　特定同族会社の要件

イ　「特定同族会社」とは

(イ)　相続開始の直前において

(ロ)　被相続人及び被相続人の親族、その他被相続人と特別の関係がある者（株主

関係者）^(注19)が

(ハ)　株式又は出資の50％超を有する法人（申告期限において清算中の法人を除く。）

（注19）　その他被相続人と特別の関係がある者（株主関係者）（措令40の2⑯）

  a)　被相続人の配偶者でないが事実上婚姻関係にある者

  b)　被相続人の使用人

  c)　被相続人の親族、使用人以外の者で被相続人による生計維持者

  d)　以上の者と生計を一にするこれらの親族

  e)　被相続人及び以上の者が有する法人持ち分がその法人の50％超となる法人

  f)　被相続人及びe)の法人が有する他の法人の持ち分がその法人の50％超となる法人

  g)　被相続人及びe)又はf)の法人が有する他の法人の持ち分がその法人の50％超となる法人

  なお、法人の持ち分には会社法の規定する議決権に制限のある持ち分は含まない（措令40の2⑰、措規23の2⑥⑦、会社法108①三、105①三、308）。

ロ　「特定同族会社の事業」には不動産貸付業等は含まれません。

ハ　「相続税の申告期限」

相続税の申告期限までに該当親族が死亡した場合には、その死亡の日。次の(2)の要件も同じ。

(2)　取得者の要件

その宅地等を取得した人のうちに、次の要件のすべてに該当する被相続人の親族が取得した部分に限られます。

イ　特定同族会社の役員の要件

相続税の申告期限において特定同族会社の役員（清算人を除く。）であること（措規23の2⑤）。

ロ　保有継続の要件

その宅地等を相続税の申告期限まで保有していること。

6　郵便局舎用宅地等

　個人が平成19年10月１日以後に相続又は遺贈（贈与をした者の死亡により効力を生ずる贈与を含む。）により取得した財産のうちに郵便窓口業務を行う郵便局の敷地の用に供されている土地等で、次の要件を満たすものは特定事業用宅地等とみなされ、400㎡について80％の減額を受けることができます（郵政民営化法180）。

(1)　平成19年９月30日以前の土地等（敷地）、建物の要件

　　①　平成19年９月30日以前から被相続人又はその相続人と旧日本郵政公社との間の賃貸借契約に基づき

　　②　旧日本郵政公社に貸し付けられていた建物（以下「郵便局舎」という[注20]）の敷地であること。

(2)　平成19年10月１日以後の土地等（敷地）、建物の要件

　　①　平成19年10月１日から被相続人に係る相続開始の直前までに(1)①の賃貸借契約の契約事項に一定の変更がない賃貸借契約[注21]に基づき

　　②　引き続き郵便局株式会社に貸し付けられていた郵便局舎[注20]の敷地であること。

(3)　証明書添付の要件

　　①　(1)①の相続人から

　　②　相続開始の日以後５年以上郵便局舎を郵便局株式会社が借り受ける見込みであることについて

　　③　総務大臣の証明[注22]があること。

(4)　賃貸人一代の要件

　　その郵便局舎の敷地について、既にこの特例の規定の適用を受けてないこと。

(注20)　被相続人又はその相続人の所有に限ります。

(注21)　変更が認められる事項

　　　①　日本郵便株式会社の支社等の名称、所在地又は支社等の長

　　　②　被相続人又はその相続人の氏名又は住所

　　　③　賃貸借契約において定められた契約の期間

　　　④　賃貸借契約の対象になっている土地等及び建物の所在地の行政区画、郡、区等

　　　の名称又は地番

　　　⑤　賃料算定基準に基づく賃料の改訂

　　　⑥　面積に増減の生じない郵便局舎の修繕、耐震工事又は模様替え

　（注22）　申請・照会窓口～総務省情報流通行政局郵政行政部企画課

　　　　　　　　　　　〒100-8926　東京都千代田区霞ヶ関２－１－２

　　　　　　　　　　　電話　03-5253-5968

〈平成19年９月30日以前の相続開始の場合～国営事業用宅地等の場合〉

　(1)　取得者の要件

　　　その宅地等を取得した人のうちに被相続人の親族がいること。

　(2)　証明書添付の要件

　　①　(1)の親族から

　　②　相続開始後５年以上その宅地等を特定郵便局の事業の用に供するために借り受
　　　ける見込みであることにつき、

　　③　日本郵政公社（平成19年10月１日以後は総務大臣）の証明があること。

7　貸付事業用宅地等

　被相続人等の貸付事業の用に供せられていた宅地等で、次に掲げる要件のいずれかを
満たす当該被相続人の親族が相続又は遺贈により取得した部分に限られます（措法69の
４③四）。

　(1)　当該親族が、相続開始前３年超の被相続人の貸付事業（３年超の事業的規模での
　　　貸付事業(注23)者の貸付事業用を除く）を相続開始時から申告期限までの間に当該
　　　宅地等に係る被相続人の貸付事業を引き継ぎ、申告期限まで引き続き当該宅地等を
　　　有し、かつ、当該貸付事業の用に供していること。

　(2)　当該被相続人の親族が当該被相続人と生計を一にしていた者であって、相続開始
　　　前３年超の被相続人の生計一親族の貸付事業（３年超の事業規模での貸付事業者の
　　　貸付事業用を除く）を相続開始前から申告期限まで引き続き当該宅地等を有し、か
　　　つ、相続開始前から申告期限まで引き続き当該宅地等を自己の貸付事業の用に供し
　　　ていること。

(3)　ただし、(1)、(2)について平成30年3月31日までに貸付事業に供している場合は相続開始前3年超の要件は不要です（平30改正附則118④）。

(注23)　「事業的規模」の貸付事業とは、準事業以外の貸付事業をいい、「特定貸付事業」として規定されています（措令40の2⑲）。

（参考1）　貸付事業の態様と所得区分（措通69の4−13、69の4−24の4）

貸付けの態様		事業的規模	事業と称するに至らないもの
不動産の貸付け		不動産貸付業 （不動産所得を生ずべき事業）	準事業 （不動産所得を生ずべき事業）
駐車場・自転車駐車場	（下記以外）	駐車場業 自転車駐車場業 （事業所得を生ずべき事業)	準事業 （雑所得を生ずべき事業)
	自己の責任において他者の物を保管		

（参考2）　賃借人の退去があった場合の「新たに貸付事業の用に供された」の取扱い（措通69の4−24の3）

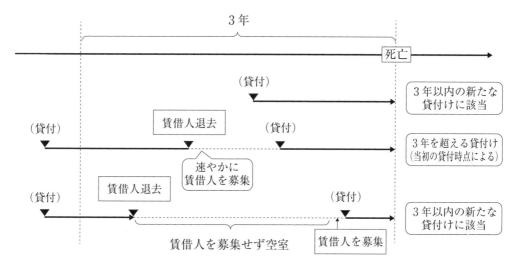

（参考３）　特定貸付事業が引き続き行われていない場合の取扱い（措通69の４−24の５）

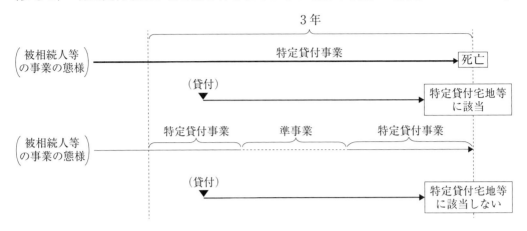

（参考４）　貸付事業用宅地に係る経過措置（措通69の４−24の８）

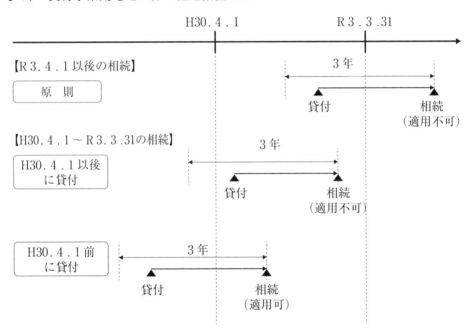

（注）　上記は、被相続人等が相続開始前３年を超えて特定貸付事業を行っていない場合のもの。

　以上のように小規模宅地等の特例については50％又は80％の課税価格の減額ができますが、計算の対象となる金額は路線価基準など相続税法等の定める評価の基準によることになっています。

第2 特例の適用要件

小規模宅地等の特例の適用を受けるためには、次の要件を満たすことが必要です。

1　適用対象者の要件

2　特例の対象となる宅地等の要件

3　分割の要件

4　申告手続きの要件

5　特例の適用が受けられない場合

1　適用対象者の要件

特例の適用を受けることができる人は、次の人です（措法69の4①）。

①　相続又は遺贈により

②　特例の対象となる宅地等を取得した

③　個人（親族）

したがって、遺贈により取得した場合も認められますので、相続人でなくてもよいことになりますが被相続人の親族に限られ、法人が取得したり、個人でも贈与（死因贈与を除く。）により取得した場合は特例の対象となりません。

2　特例の対象となる宅地等の要件

　特例の対象となるのは、次の要件を満たした宅地等です（措法69の4①、措令40の2①②③④⑤、措規23の2①②）。

A　宅地等の用途

　(1)　被相続人等の事業用宅地等

　　①　相続開始の直前において、

　　②　被相続人等の事業の用に供されていた宅地等で、

　　③　一定の建物又は構築物の敷地^(注24)の用に供されていたもの。

　(2)　被相続人等の居住用宅地等

　　①　相続開始の直前において、

　　②　被相続人等の居住の用に供されていた宅地等で、

　　③　一定の建物又は構築物の敷地^(注24)の用に供されていたもの。

　(3)　郵便局舎用宅地等

　　①　平成19年10月1日前より相続開始の直前において、

　　②　郵便局舎の用に供されていた宅地等で、

　　③　一定の建物^(注25)の敷地の用に供されていたもの。

B　宅地等の種類

　(1)　特定事業用宅地等

　(2)　特定居住用宅地等

　(3)　特定同族会社事業用宅地等

　(4)　貸付事業用宅地等

　(5)　郵便局舎用宅地等

C　宅地等の面積

　　①　被相続人から相続又は遺贈によって、

　　②　すべての個人が取得した上記宅地等のうち、

　　③　一定の面積^(注4)までの宅地等で、

　　④　一定の方法によって選択した宅地等^(注26)

　　(注24)「一定の建物又は構築物の敷地」とは次の敷地以外の敷地（措規23の2①）

①　温室その他の建物で、その敷地が耕作の用に供されるもの

②　暗渠その他の構築物で、その敷地が耕作の用又は耕作若しくは養畜のための採草若しくは家畜の放牧の用に供されるもの

(注25)　「一定の建物」とは

旧日本郵政公社（平成19年10月 1 日前）又は郵便局株式会社（平成19年10月 1 日以後）もしくは日本郵便株式会社（平成24年10月 1 日以後）に貸し付けられていた建物で政令で定めるもの（郵便局舎）のことをいう（郵政民営化法180①一）。

(注26)　この特例の適用対象となる宅地等を選択するために必要な添付書類

イ　対象宅地等の取得者が 2 人以上の場合

a　選択した特例対象宅地等の小規模宅地等の区分、その他の明細書

b　選択した特例対象宅地等のすべてが限度面積要件を満たす旨を記載した書類

c　選択した特例対象宅地等のすべての取得者の同意を証する書類

ロ　上記イ以外の場合　上記イの a 及び b の書類

なお、

①　棚卸資産及び雑所得の基因となる宅地等は対象とならない。

②　対象宅地等の種類の異なる宅地等及び対象宅地等以外との併用の場合は一定の建物又は構築物の敷地の面積により区分計算する。

3　分　割　要　件

この要件は平成 6 年改正によって設けられ、平成14年に租税特別措置法第69条の 5 「特定計画山林についての相続税の課税価格の計算の特例」が新設されて、この「特定計画山林」との選択適用となりました。

このことにより、次のように規定されました（措法69の 4 ④本文）。

①　特例の対象となる宅地等及び特定計画山林（145頁参照）が

②　相続税の申告期限までに、

③　共同相続人又は包括受遺者によって

④　合意分割されていること。

したがって、相続税の申告期限までに遺産分割協議などにより対象となる宅地等の分

割が行われていない場合には、この特例を受けることができないばかりでなく、たとえ特例の対象となる宅地等の分割が行われていても「特定計画山林」がある場合には、これも含めて合意分割が行われない限りこの特例を受けることができなくなりました。

　ただし、次の場合は特例の適用があります（措法69の 4 ④ただし書、措通69の 4 － 26）。

　(イ)　相続税の申告期限から 3 年以内に分割された場合

　(ロ)　相続税の申告期限から 3 年以内に分割されなかった場合でも、一定のやむを得ない事情があるときは、納税地の税務署長の承認を受け、その宅地等の分割ができることとなった日として定められた一定の日の翌日から 4 ヵ月以内に分割された場合

4　申告手続きの要件

　特例の適用を受けるためには、次の手続きが必要です（措法69の 4 ⑦、措規23の 2 ⑧）。

　①　相続税の申告書（期限後申告書及び修正申告書を含む。）に

　②　この特例を受ける旨を記載し、

　③　特例計算に関する明細書及び

　④　一定の書類(注27)を添付して提出しなければなりません。

ただし、上記要件の提出がなかった場合でも、やむを得ない事情があると税務署長が認めるときは、その記載した書類並びにその計算明細書等の提出があれば特例の適用を受けることができます（措法69の 4 ⑧）。

　（注27）添付すべき「一定の書類」とは

　　　　Ａ「特定事業用宅地等」の場合（措規23の 2 ⑧一、六）。

　　　　①　特例の適用を受ける宅地等についての課税価格に算入すべき価額の計算に関する明細書

　　　　②　特例の適用を受ける小規模宅地等の選択に関して申告書に添付すべき書類（措令40の 2 ⑤）

　　　　　i　選択しようとする特例対象宅地等についての小規模宅地等の区分その他の明細を記載した書類

　　　　　ii　選択しようとする特例対象宅地等のすべてが、限度面積要件のうちいずれか一つの要件を満たすものである旨を記載した書類

　　　iii　特例対象宅地等又は特例対象（受贈）株式等若しくは特例対象（受贈）

　　　　山林を取得したすべての個人のこの選択についての同意を証する書類

　　　　　ただし、その相続等又は特定贈与により特例対象宅地等並びに特例対象

　　　　（受贈）株式等及び特例対象（受贈）山林のすべてを取得した個人が１人

　　　　である場合には上記の書類は不要です。

　　③　相続人の戸籍謄本（相続開始の日から10日を経過した日以後に作成された

　　　もの）

　　④　遺言書の写し又は財産の分割の協議に関する書類の写し（印鑑証明書添

　　　付）その他財産の取得の状況を証する書類

　　⑤　相続税の申告期限までに分割されない場合でその後分割された場合に特例

　　　の適用を受けようとするときは、その旨、分割されない事情及び分割見込み

　　　の明細

Ｂ「特定居住用宅地等」の場合（措規23の２⑧二、三、六）

　　①　Ａ①から⑤までの書類

　　②　相続の開始の日以降に作成された住民票の写し（取得者が被相続人の親族

　　　で要件判定者の場合）

　　③　相続の開始の日以降に作成された戸籍の附票の写し（取得者が被相続人の

　　　親族で要件判定者の場合）

　　④　相続開始前３年以内に居住の用に供していた家屋が自己又はその配偶者の

　　　所有でないことを証する書類（措法69の４③二ロの適用を受ける場合）

　　⑤　相続開始時の居住家屋を過去に所有していない証明（措法69の４③二ロの

　　　適用を受ける場合）

Ｃ「特定同族会社事業用宅地等」の場合（措規23の２⑧四、六）

　　①　Ａ①から⑤までの書類

　　②　特定同族会社の定款の写し（相続開始時に有効のもの）

　　③　相続開始の直前において、特定同族会社事業用宅地等に係る法人の発行済

　　　株式の総数又は出資金額及び被相続人等が有するその法人の株式の総数又は

　　　出資金額の合計額を記載した書類でその法人が証明したもの

Ｄ「郵便局舎用宅地等」の場合（郵政民営化に関する法人税及び相続税に係る課

　　税の特例に関する省令２）

　　　　① 　A①から⑤までの書類

　　　　② 　総務大臣の証明書

　　　E 「貸付事業用宅地等」の場合（措規23の 2 ⑧五）

　　　　① 　Aの①から⑤に掲げる書類

　　　　② 　特定貸付事業を示す書類

5 　特例の適用が受けられない場合

(1) 　特定物納制度適用者の適用除外

　　　特定物納制度は従来の物納制度とは異なり、延納から物納への切り替え時の時価によることになっているため、小規模宅地等の特例を受けている相続財産には馴染まないため対象外となっています（措法69の 4 ⑨）。

(2) 　特定の贈与者から特定同族株式等の贈与を受けた場合の相続時精算課税の特例（旧措法70の 3 の 3 ）及び当該贈与税の特別控除の特例適用者（旧措法70の 3 の 4 ）の適用除外

　　　特定同族法人の過半数の議決権を持つ代表者たる特定受贈者が特定同族株式等を受贈して相続時精算課税の特例（旧措法70の 3 の 3 ①）及び当該贈与税の特別控除の特例（旧措法70の 3 の 4 ①）を受け、又は受けている場合は、小規模宅地等の特例を受けることはできません（措通69の 4 －39）。

　　　この規定は平成19年 1 月 1 日以後に相続又は遺贈により取得する財産に係る相続税に適用します。

(3) 　個人の特定事業用資産についての相続税の納税猶予及び免除の規定（措法70の 6 の10）の適用を受ける場合には、特定事業用宅地等についての小規模宅地等について、相続税の課税価格の計算の特例の適用を受けることはできません（措法69の 4 ⑥）。

第3 小規模宅地等の特例についてのフローチャート

　小規模宅地等の特例規定については昭和58年に租税特別措置法の中に創設されて以来相当の年月が経ちました。この間幾多の改正が行われてきており、平成22年度には大幅な改正が行われたところであります。

　しかしながら相変わらずこの特例規定を理解することは容易でなく、その適用には考えさせられることが多くあります。

　そこでこの特例規定をできる限り簡便に分かり易く理解することを目的として次葉以降に、この規定態様をフローチャートとしてまとめました。

　もとよりこのフローチャートは、より簡便にこの特例規定の適用態様を把握することを目的に作成いたしましたので実務での適用にあたっては適用規定条文を確認して行うことが必要です。

〈フローチャートの説明〉

　このフローチャートは次の3類型について作成してあります。

　したがって以上の3類型の中から小規模宅地の特例を適用してください。

　フローチャートの使い方としては、フローチャートの上段に記載してある各種要件について、それぞれの要件を個別に判断し、矢印の方向に進んでいくことにより、最終的

に小規模宅地特例の適用態様を確かめることができるように作成いたしました。

　このフローチャートの活用はあくまでも基本的態様について示したものでありますので、実務上発生する個別的、特殊的なケースについて網羅するものではありません。

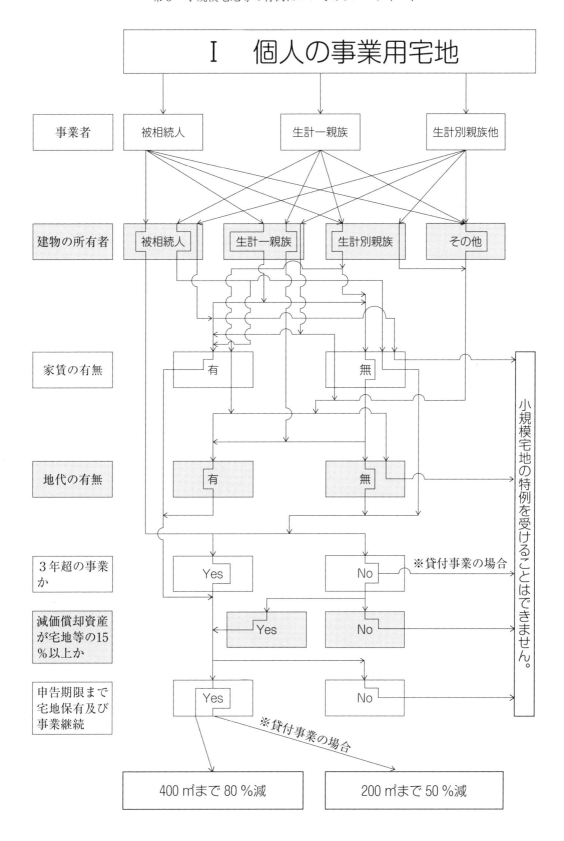

Ⅰ　個人の事業用宅地

| 事業者 | 被相続人 | 生計一親族 | 生計別親族他 |

| 建物の所有者 | 被相続人 | 生計一親族 | 生計別親族 | その他 |

家賃の有無　　有　　無

地代の有無　　有　　無

3年超の事業か　　Yes　　No　　※貸付事業の場合

減価償却資産が宅地等の15％以上か　　Yes　　No

申告期限まで宅地保有及び事業継続　　Yes　　No

※貸付事業の場合

小規模宅地の特例を受けることはできません。

400㎡まで80％減　　200㎡まで50％減

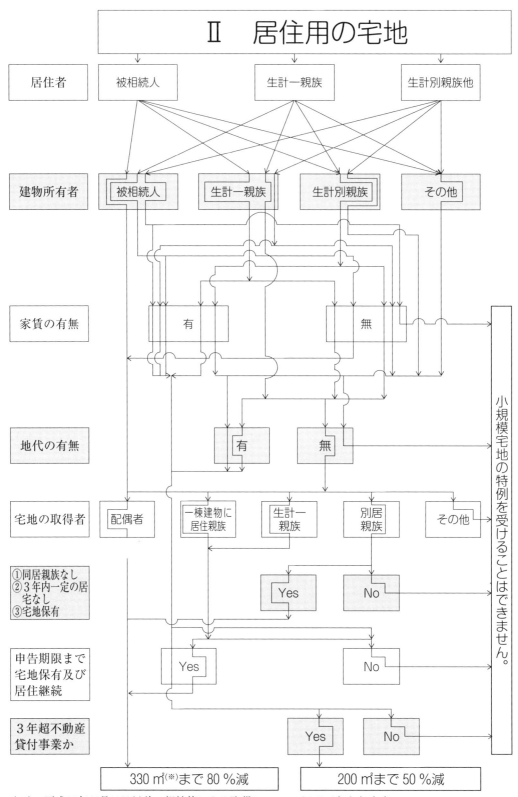

Ⅱ　居住用の宅地

| 居住者 | 被相続人 | 生計一親族 | 生計別親族他 |

| 建物所有者 | 被相続人 | 生計一親族 | 生計別親族 | その他 |

| 家賃の有無 | 有 | 無 |

| 地代の有無 | 有 | 無 |

| 宅地の取得者 | 配偶者 | 一棟建物に居住親族 | 生計一親族 | 別居親族 | その他 |

| ①同居親族なし ②3年内一定の居宅なし ③宅地保有 | | Yes | No |

| 申告期限まで宅地保有及び居住継続 | Yes | No |

| 3年超不動産貸付事業か | Yes | No |

小規模宅地の特例を受けることはできません。

| 330 ㎡(※)まで 80 ％減 | 200 ㎡まで 50 ％減 |

（※）　平成26年12月31日以前の相続等による取得については240㎡となります。

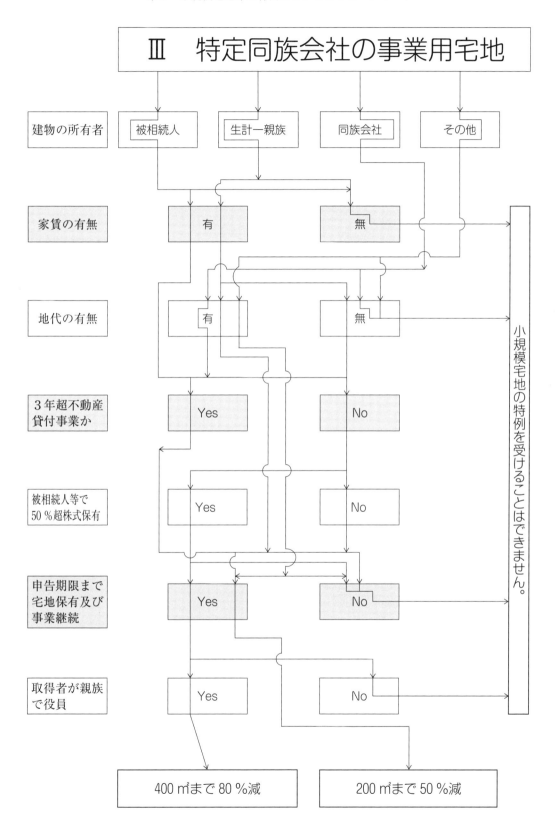

第４
建物所有者別図解

ここで用いる図、記号は以下のとおりです。

○基本の形

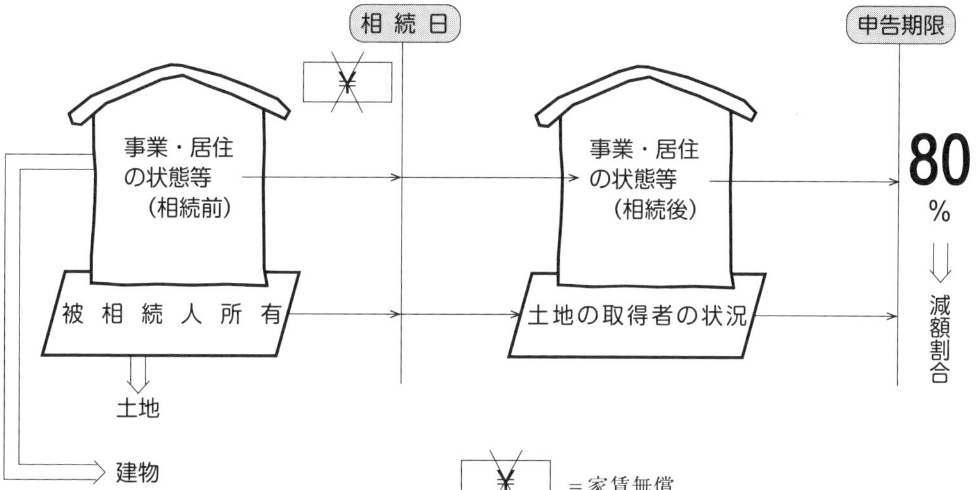

相続日
申告期限
事業・居住
の状態等
（相続前）
事業・居住
の状態等
（相続後）
80
%
減額割合
被相続人所有
土地の取得者の状況
土地
建物

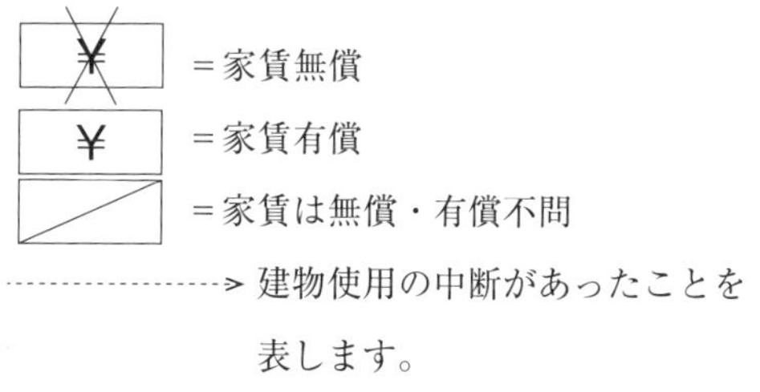

＝家賃無償
＝家賃有償
＝家賃は無償・有償不問
建物使用の中断があったことを表します。

○次の場合は建物が特殊な状態にあることを示します。

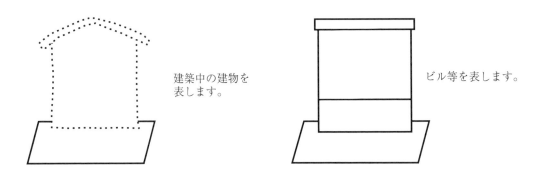

建築中の建物を
表します。

ビル等を表します。

※　参照条文・通達番号は令和6年4月1日現在のものです。

Ⅰ　事　　業　　用（特定要件は22頁以下参照）

A　建物〜被相続人所有

図解 No.	地代	事　業　者	家賃	使 用 目 的	特定要件 具　備	減　額 割　合	頁
①	―	被相続人	―	一般事業	有	80％	54
②	―	〃	―	〃	無	0	57
③	―	〃	―	貸付事業等	有	50	59
④	―	生計一親族	無償	一般事業	有	80	60
⑤	―	〃	〃	〃	無	0	62
⑥	―	〃	〃	貸付事業等	有	50	63
⑦	―	生計別親族他	〃	不問	―	0	64
⑧	―	不問	有償	不問	有	50	64

B　建物〜生計一親族所有

図解 No.	地代	事　業　者	家賃	使 用 目 的	特定要件 具　備	減　額 割　合	頁
⑨	無償	生計一親族	―	一般事業	有	80％	65
⑩	〃	〃	―	〃	無	0	66
⑪	〃	〃	―	貸付事業等	有	50	67
⑫	〃	被相続人	無償	一般事業	有	80	68
⑬	〃	〃	〃	〃	無	0	71
⑭	〃	〃	〃	貸付事業等	有	50	73
⑮	〃	生計別親族他	〃	不問	―	0	74
⑯	〃	被相続人	有償	〃	有	50	74
⑰	〃	生計別親族	〃	〃	有	50	75
⑱	有償	生計一親族	―	〃	有	50	76
⑲	〃	不問	不問	〃	有	50	76

C　建物～生計別親族所有

図解No.	地代	事　業　者	家賃	使 用 目 的	特定要件 具　　備	減 額 割 合	頁
⑳	無償	生計別親族	－	不問	－	0%	78
㉑	〃	被相続人	無償	一般事業	有	80	78
㉒	〃	〃	〃	〃	無	0	81
㉓	〃	〃	〃	貸付事業等	有	50	82
㉔	〃	生計一親族	〃	一般事業	有	80	83
㉕	〃	〃	〃	〃	無	0	85
㉖	〃	〃	〃	貸付事業等	有	50	86
㉗	〃	被相続人	有償	不問	－	0	86
㉘	〃	生計一親族	〃	〃	－	0	87
㉙	有償	被相続人等	不問	〃	有	50	88
㉚	〃	不問	〃	〃	有	50	88

Ⅱ 居 住 用（特定要件は23頁以下参照）

A 建物～被相続人所有　　　　　　　　　☆配偶者が取得　※事業用となる

図解No.	地代	居　住　者	家賃	使 用 目 的	特定要件具　備	減　額割　合	頁
㉛	—	被相続人	—	居住用	有	80％	89
㉜	—	〃	—	不問	無☆	80	90
㉝	—	〃	—	居住用	無	0	91
㉞	—	生計一親族	無償	〃	有	80	91
㉟	—	〃	〃	不問	無☆	80	93
㊱	—	〃	〃	居住用	無	0	93
㊲	—	被相続人及び生計別親族	〃	〃	有	80	94
㊳	—	〃	〃	〃	無	0	96
㊴	—	生計別親族	〃	〃	—	0	97
㊵	—	不問	有償	不問	有	50※	97

B 建物～生計一親族所有　　　　　　　　　☆配偶者が取得　※事業用となる

図解No.	地代	居　住　者	家賃	使 用 目 的	特定要件具　備	減　額割　合	頁
㊶	無償	生計一親族	—	居住用	有	80％	99
㊷	〃	〃	—	不問	無☆	80	100
㊸	〃	〃	—	居住用	無	0	101
㊹	〃	被相続人	無償	〃	有	80	101
㊺	〃	〃	〃	不問	無☆	80	103
㊻	〃	〃	〃	居住用	無	0	103
㊼	〃	被相続人及び生計別親族	〃	〃	有	80	104
㊽	〃	〃	〃	〃	無	0	106
㊾	〃	生計別親族	〃	〃	—	0	106
㊿	有償	不問	〃	不問	有	50※	107
51	〃	〃	有償	〃	有	50※	108

C　建物～生計別親族所有

☆配偶者が取得　※事業用となる

図解No.	地代	居　住　者	家賃	使用目的	特定要件具備	減額割合	頁
(52)	無償	生計別親族	—	不問	—	0％	109
(53)	〃	被相続人	無償	居住用	有	80	109
(54)	〃	〃	〃	不問	無☆	80	111
(55)	〃	〃	〃	居住用	無	0	111
(56)	〃	生計一親族	〃	〃	有	80	112
(57)	〃	〃	〃	不問	無☆	80	113
(58)	〃	〃	〃	居住用	無	0	114
(59)	〃	被相続人及び生計別親族	〃	〃	有	80	114
(60)	〃	〃	〃	〃	無	0	116
(61)	有償	不問	不問	不問	有	50※	117

Ⅲ　特定同族会社の事業用（特定要件は27頁以下参照）

A　建物〜被相続人所有

図解No.	地代	事　業　者	家賃	使　用　目　的	特定要件 具　備	減　額 割　合	頁
⑥2	―	特定同族会社	有償	一般事業	有	80%	119
⑥3	―	〃	〃	〃	―	50	120
⑥4	―	〃	〃	貸付事業等	有	50	121
⑥5	―	〃	無償	不問	―	0	121
⑥6	―	特定同族会社以外	〃	〃	―	0	122

B　建物〜生計一親族所有

図解No.	地代	事　業　者	家賃	使　用　目　的	特定要件 具　備	減　額 割　合	頁
⑥7	無償	特定同族会社	有償	一般事業	有	80%	123
⑥8	〃	〃	〃	〃	―	50	124
⑥9	〃	〃	〃	貸付事業等	―	50	125
⑦0	〃	特定同族会社以外	〃	不問	有	50	125
⑦1	〃	特定同族会社	無償	〃	―	0	126
⑦2	〃	特定同族会社以外	〃	〃	―	0	126
⑦3	有償	特定同族会社	不問	〃	有	50	127
⑦4	〃	特定同族会社以外	〃	〃	有	50	128

C　建物〜生計別親族所有

図解No.	地代	事　業　者	家賃	使　用　目　的	特定要件 具　備	減　額 割　合	頁
⑦5	無償	特定同族会社	無償	不問	―	0%	129
⑦6	〃	〃	有償	〃	―	0	129
⑦7	有償	〃	不問	〃	有	50	130
⑦8	〃	特定同族会社以外	〃	〃	有	50	130

D　建物～特定同族会社所有

図解No.	地代	事　業　者	家賃	使　用　目　的	特定要件具　備	減　額割　合	頁
⑦⑨	無償	特定同族会社	—	不問	—	0%	131
⑧⓪	〃	特定同族会社以外	不問	〃	—	0	131
⑧①	有償	特定同族会社	—	一般事業	有	80	132
⑧②	〃	〃	—	〃	—	50	133
⑧③	〃	〃	—	貸付事業等	有	50	134
⑧④	〃	特定同族会社以外	不問	不問	有	50	134

Ⅳ　郵便局舎用（特定要件は29頁以下参照）

Ａ　建物～被相続人所有

図解No.	地代	事　業　者	家賃	使用目的	特定要件具　備	減　額割　合	頁
(85)	―	被相続人	有償	郵便局舎	有	80%	135
(86)	―	〃	有償	〃	無	0	135
(87)	―	相続人	有償	〃	有	80	135
(88)	―	被相続人以外	有償	〃	有	50	136
(89)	―	〃	有償	〃	無	0	136

Ｂ　建物～生計一親族（相続人）所有

図解No.	地代	事　業　者	家賃	使用目的	特定要件具　備	減　額割　合	頁
(90)	不問	被相続人	有償	郵便局舎	有	80%	137
(91)	〃	生計一親族	有償	〃	有	80	137
(92)	〃	相続人	有償	〃	有	80	137
(93)	〃	不問	有償	〃	無	0	138
(94)	無償	〃	有償	〃	有	50	139
(95)	無償	〃	有償	〃	無	0	139
(96)	有償	〃	不問	〃	有	50	140

Ｃ　建物～生計別親族（相続人）の所有

図解No.	地代	事　業　者	家賃	使用目的	特定要件具　備	減　額割　合	頁
(97)	不問	被相続人又は相続人	有償	郵便局舎	有	80%	141
(98)	不問	不問	有償	〃	無	0	141
(99)	無償	〃	有償	〃	無	0	141
(100)	有償	〃	不問	〃	有	50	142

Ⅰ 事 業 用

A　建物等の所有者が被相続人である場合

⑦　事業者が被相続人

① （措法69の4③一イ）

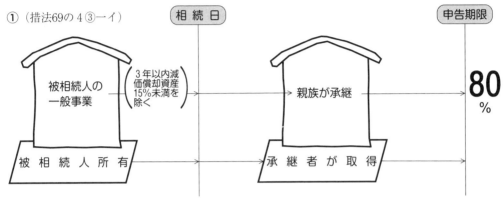

（注）　承継者が申告期限までに死亡した場合は、その相続人が事業を承継し、宅地を取得し、
　　　申告期限まで事業の継続と保有継続が必要（以下80％適用分は同じ。措通69の4－15）

①－2　（措通69の4－16）

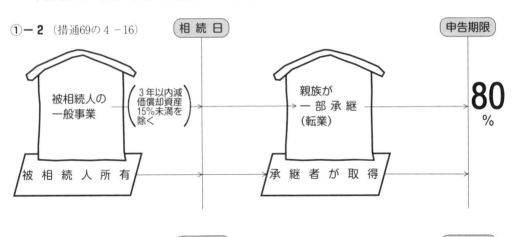

①－3　（措通69の4－16）

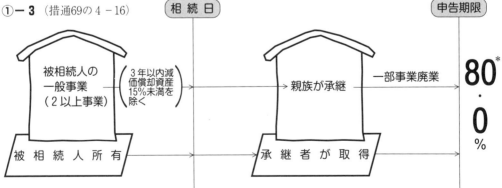

＊　廃業以外の部分80％　廃業の部分0％

— 54 —

①－4　（措通69の4－17）

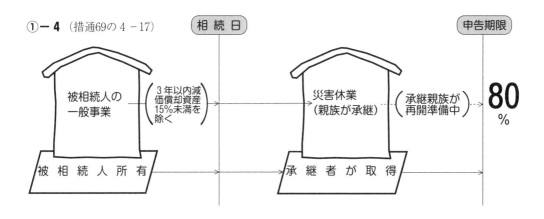

①－5　（措通69の4－18）

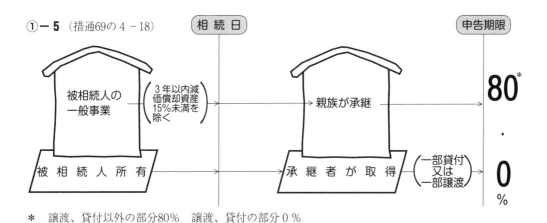

＊　譲渡、貸付以外の部分80％　譲渡、貸付の部分0％

①－6　（措通69の4－19）

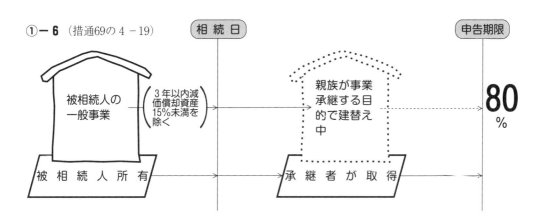

①－**7**　（措通69の4－20）

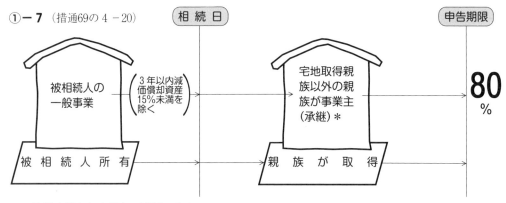

＊　就学中等やむを得ない事情による

①－**8**　（措通69の4－5）

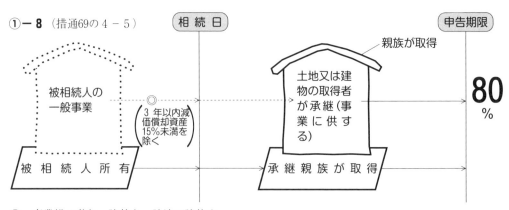

◎　事業場の移転・建替え、譲渡で建築中
（注）　申告期限後でもそれが相当の期間内であり、完成後速やかに事業に供すれば可

①－**9**　（措通69の4－5）

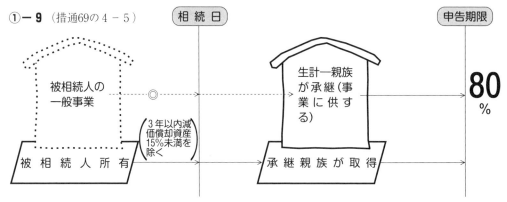

◎　事業場の移転・建替え、譲渡で建築中
（注）　申告期限後でもそれが相当の期間内であり、完成後速やかに事業に供すれば可

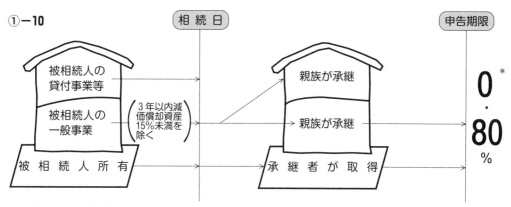

＊　被相続人の貸付事業等の部分０％　その他の部分80％

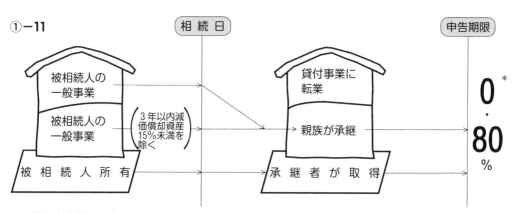

＊　貸付事業等の転業部分０％　その他の部分80％

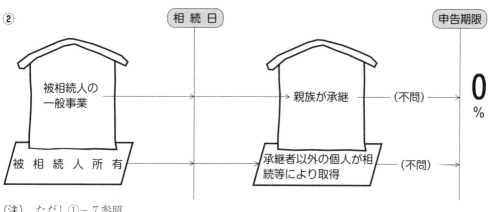

（注）　ただし①−７参照

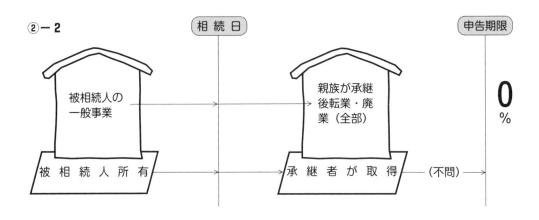

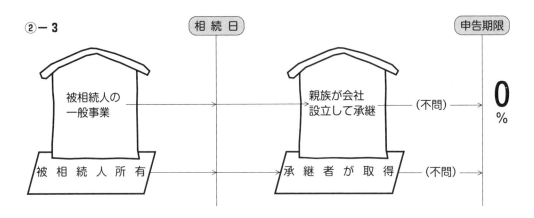

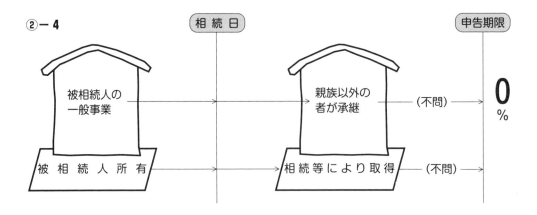

❸　（措法69の4③四）

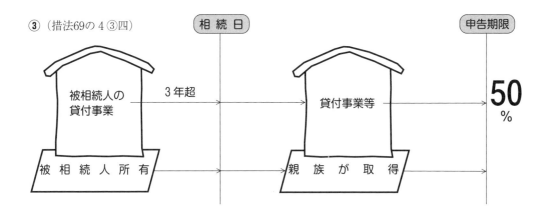

❸－2　（措令40の2⑳）

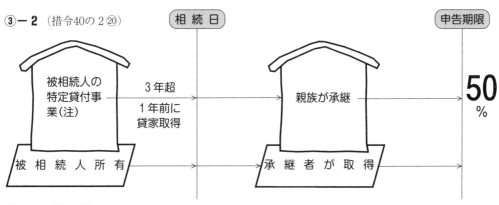

（注）　事業的規模

❸－3　（平30改正附則118④）

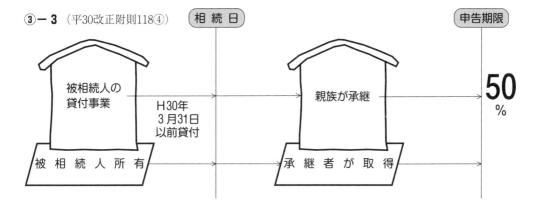

㋺　事業者が被相続人以外

④（措法69の4③一㋺、措通69の4－16（注））

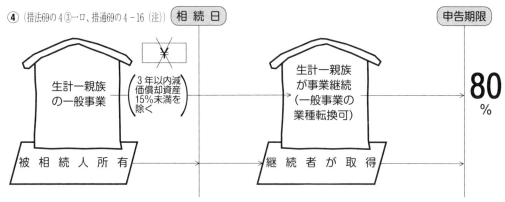

（注）　継続者が申告期限までに死亡した場合は死亡の日まで継続し保有すればよい（以下80％
　　　適用分は同じ）。

④－2（措通69の4－16（注））

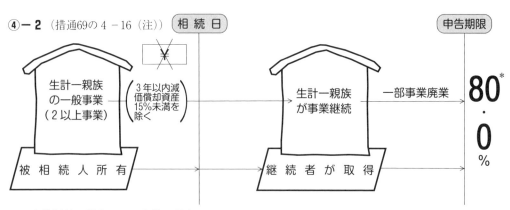

＊　廃業以外の部分80％　廃業の部分0％

④－3（措通69の4－17）

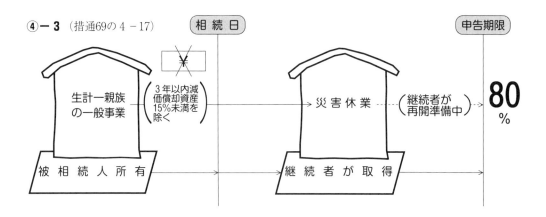

④－4 （措通69の4－18）

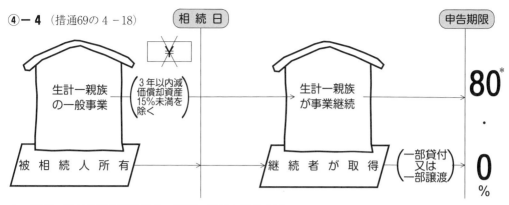

＊　譲渡、貸付以外の部分80％　譲渡、貸付の部分0％

④－5 （措通69の4－19）

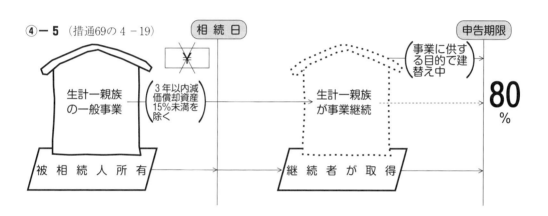

④－6 （措通69の4－5）

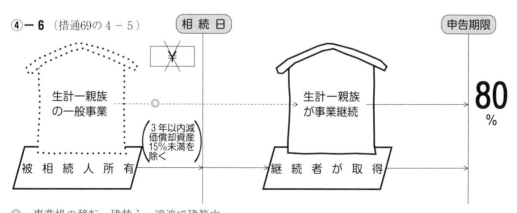

◎　事業場の移転、建替え、譲渡で建築中
（注）　申告期限後でもそれが相当の期間内であり完成後速やかに事業に供すれば可

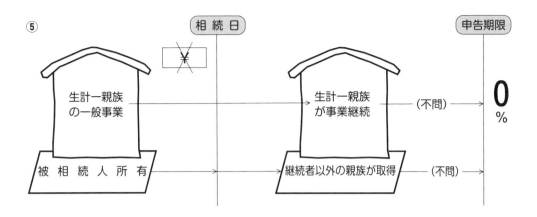

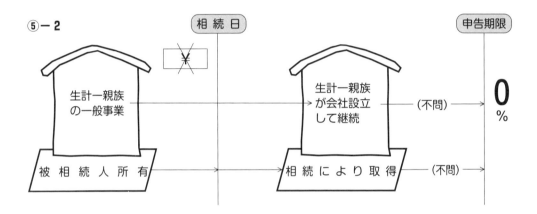

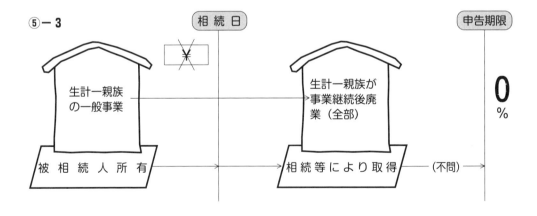

⑥

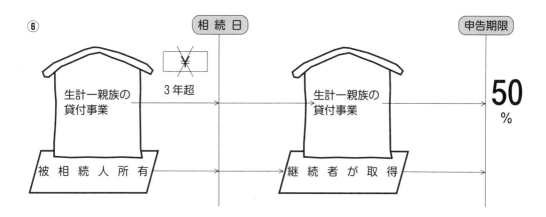

⑥-2

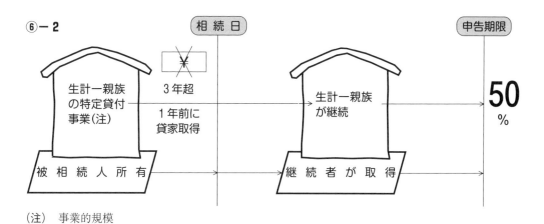

（注） 事業的規模

⑥-3

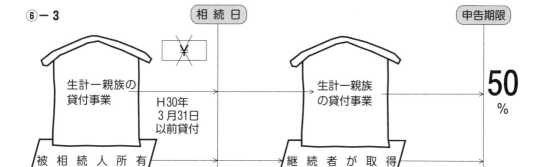

⑦

相続日　申告期限

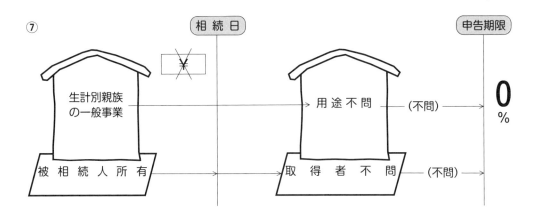

生計別親族
の一般事業 ────→ 用途不問 ──(不問)──→ **0**%

被相続人所有 ────→ 取得者不問 ──(不問)──→

⑧

相続日　申告期限

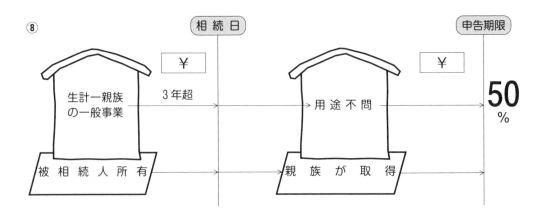

生計一親族
の一般事業 ──3年超──→ 用途不問 ──────→ **50**%

被相続人所有 ──────→ 親族が取得 ──────→

⑧－2

相続日　申告期限

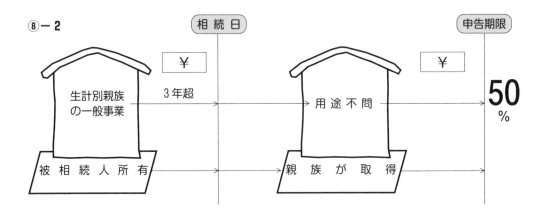

生計別親族
の一般事業 ──3年超──→ 用途不問 ──────→ **50**%

被相続人所有 ──────→ 親族が取得 ──────→

B　建物等の所有者が生計一親族である場合

ⓐ　地代が無償

⑨（措法69の4③一ロ、措通69の4-16（注））

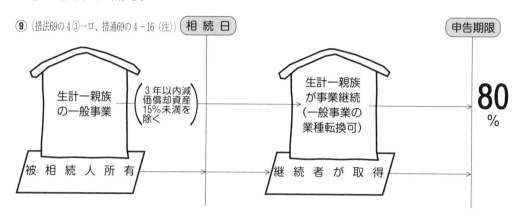

⑨-2（措通69の4-17）

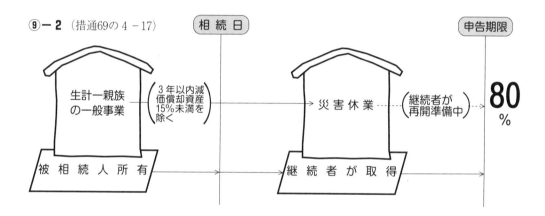

⑨-3（措通69の4-18）

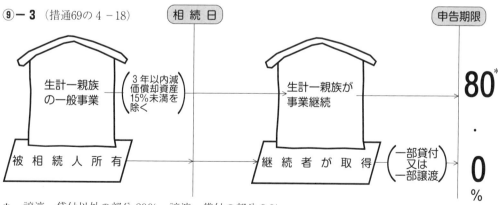

＊　譲渡、貸付以外の部分80％　譲渡、貸付の部分0％

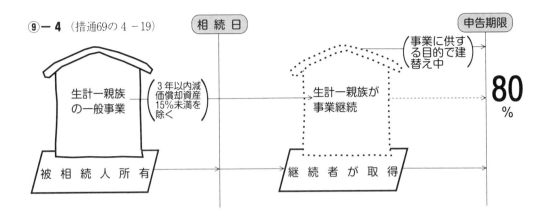

⑨－4 （措通69の4－19）

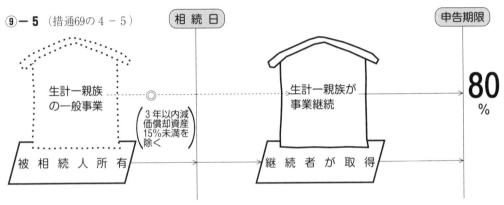

⑨－5 （措通69の4－5）

◎　事業場の移転、建替え、譲渡で建築中
（注）　申告期限後でもそれが相当の期間内であり完成後速やかに事業に供すれば可

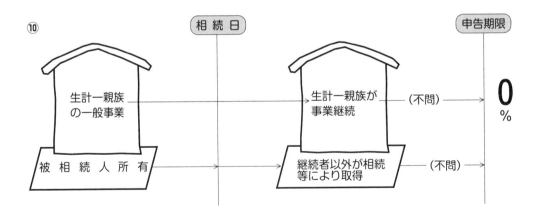

⑩

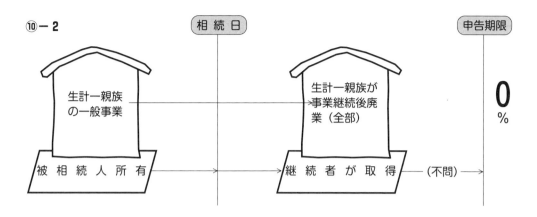

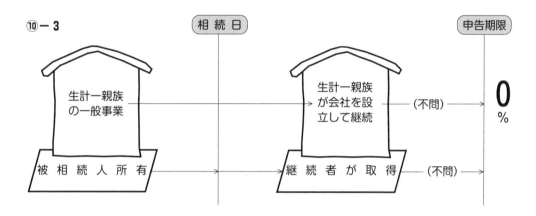

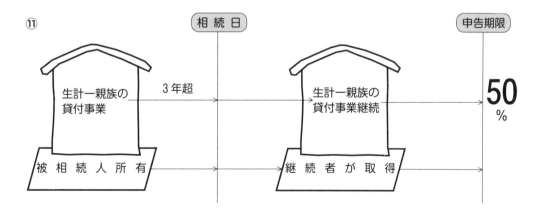

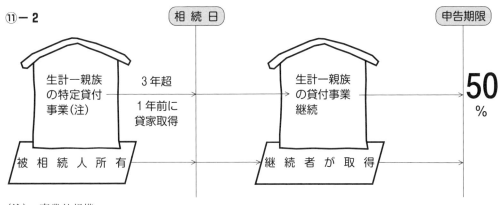

（注）　事業的規模

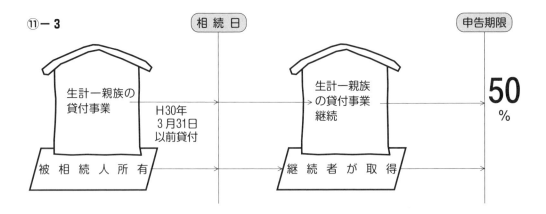

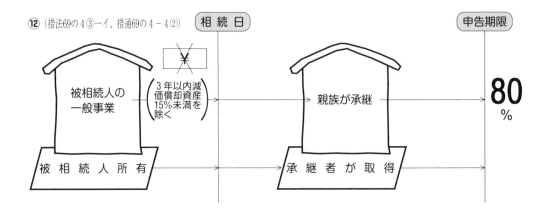

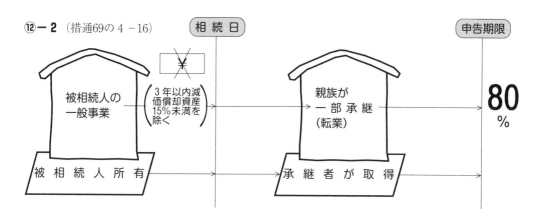

⑫－2　（措通69の4－16）

相　続　日

申告期限

被相続人の
一般事業

3年以内減
価償却資産
15％未満を
除く

親族が
→一部承継
（転業）

80
%

被　相　続　人　所　有

承　継　者　が　取　得

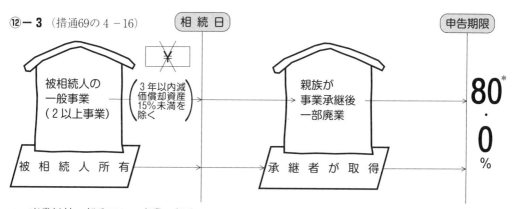

⑫－3　（措通69の4－16）

相　続　日

申告期限

被相続人の
一般事業
（2以上事業）

3年以内減
価償却資産
15％未満を
除く

親族が
事業承継後
一部廃業

80[*]
・
0
%

被　相　続　人　所　有

承　継　者　が　取　得

＊　　廃業以外の部分80％　廃業の部分0％

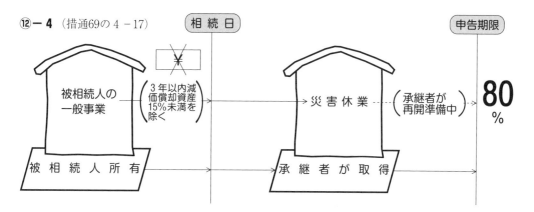

⑫－4　（措通69の4－17）

相　続　日

申告期限

被相続人の
一般事業

3年以内減
価償却資産
15％未満を
除く

→災害休業‥‥‥
（承継者が
再開準備中）‥→

80
%

被　相　続　人　所　有

承　継　者　が　取　得

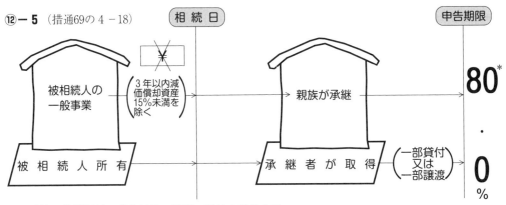

⑫－5　（措通69の4－18）

＊　譲渡、貸付以外の部分80％　譲渡、貸付の部分0％

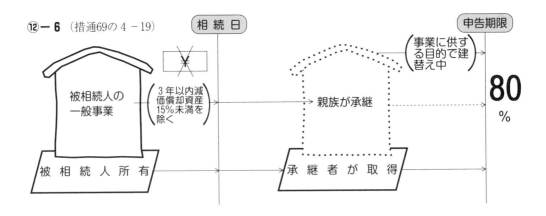

⑫－6　（措通69の4－19）

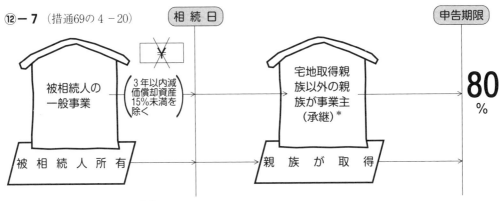

⑫－7　（措通69の4－20）

＊　就学中等やむを得ない事情による

⑫－8（措通69の4－5）

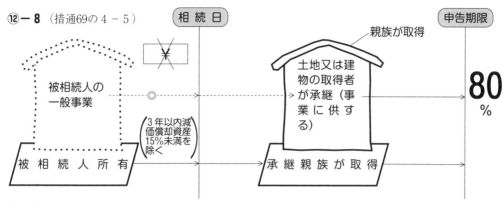

◎　事業場の移転、建替え、譲渡で建築中
（注）　申告期限後でもそれが相当の期間内であり完成後速やかに事業に供すれば可

⑫－9（措通69の4－5）

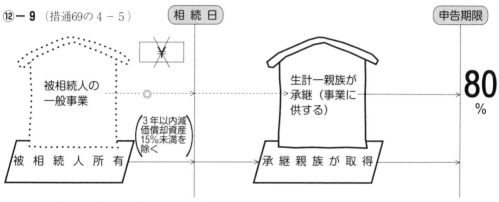

◎　事業場の移転、建替え、譲渡で建築中
（注）　申告期限後でもそれが相当の期間内であり完成後速やかに事業に供すれば可

⑬

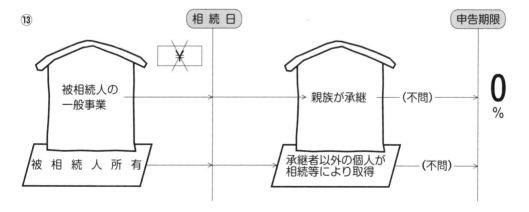

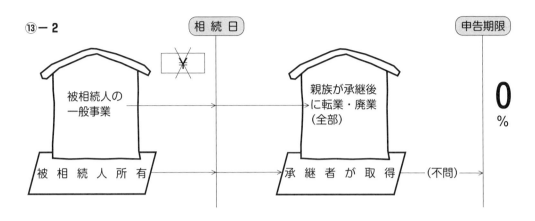

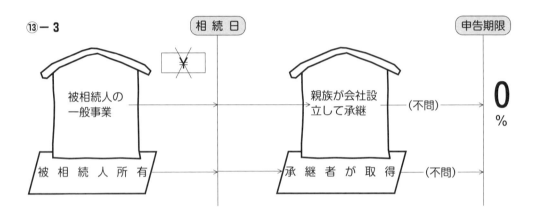

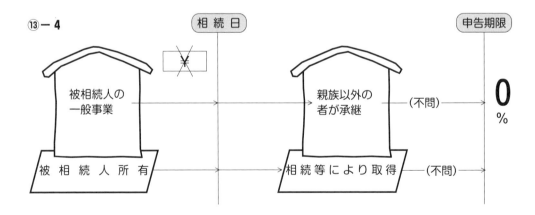

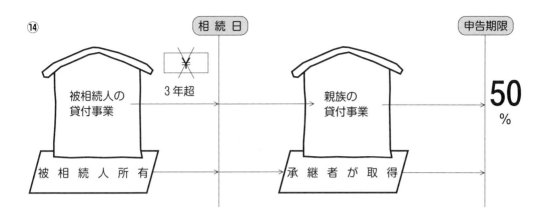

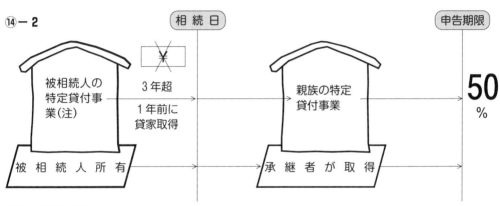

（注）　事業的規模

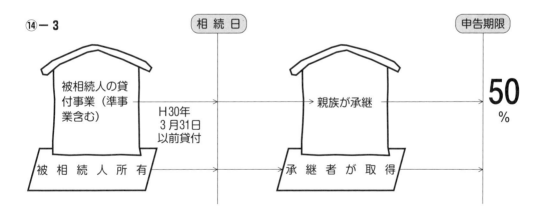

⑮

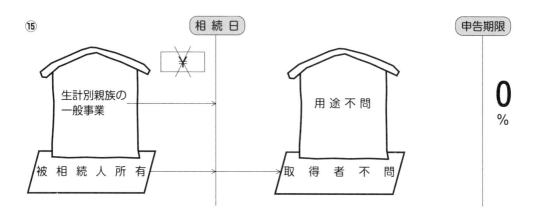

⑯

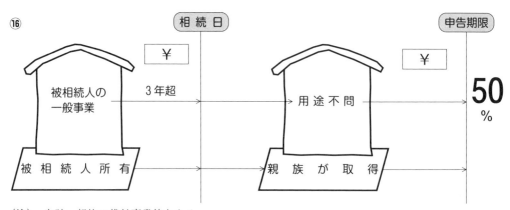

（注）　生計一親族の貸付事業等となる。

⑯－2

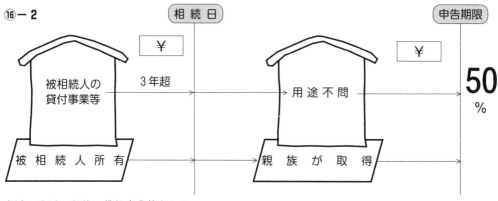

（注）　生計一親族の貸付事業等となる。

⑰

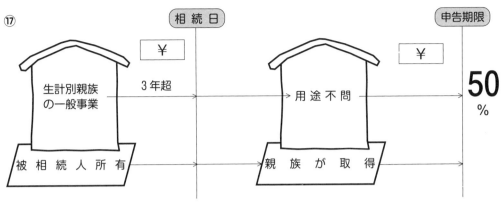

（注） 生計一親族の貸付事業等となる。

ⓑ　地 代 が 有 償

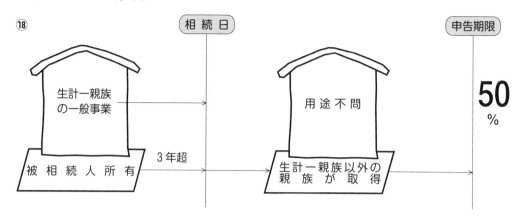

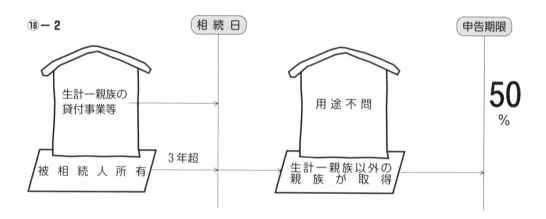

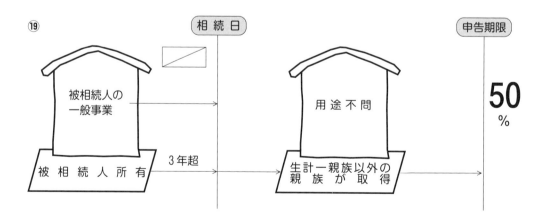

第4 建物所有者別図解（Ⅰ事業用・Ｂ生計一親族所有 ⓑ 地代が有償）

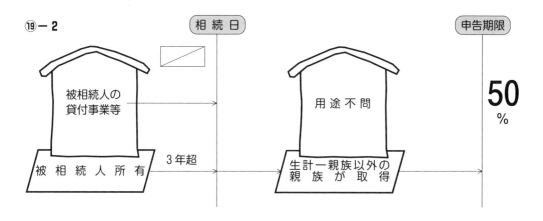

C　建物等の所有者が生計別親族である場合

ⓐ　地 代 が 無 償

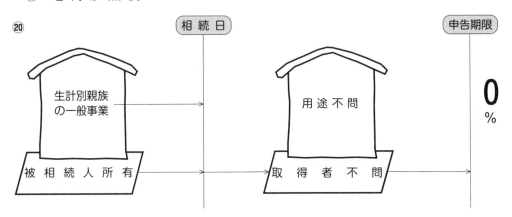

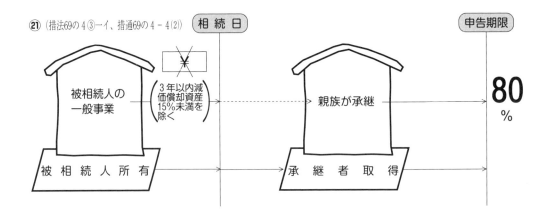

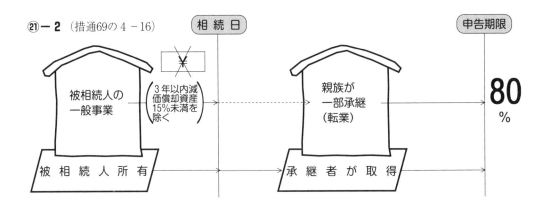

㉑－3 （措通69の4－16）

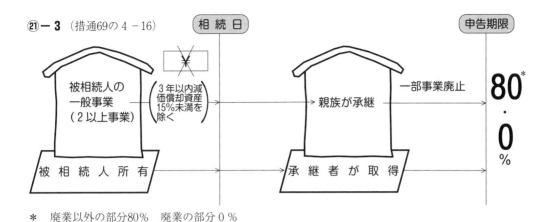

＊ 廃業以外の部分80%　廃業の部分0％

㉑－4 （措通69の4－17）

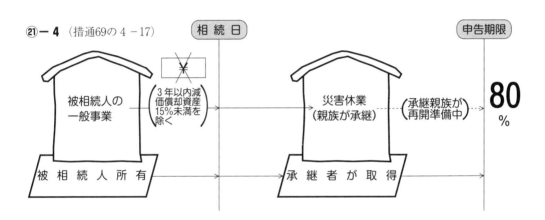

㉑－5 （措通69の4－18）

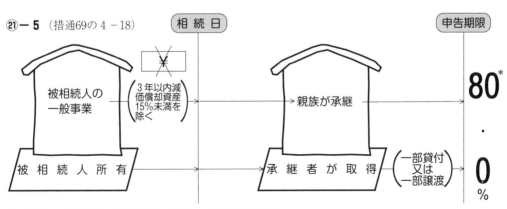

＊ 譲渡、貸付以外の部分80%　譲渡、貸付の部分0％

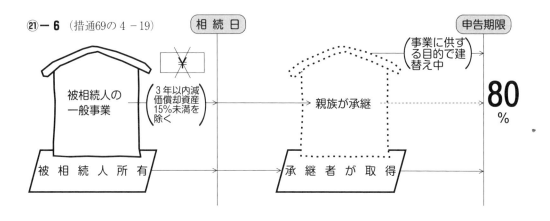

㉑－**6**（措通69の4－19）

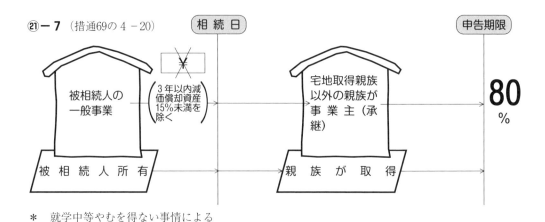

㉑－**7**（措通69の4－20）

＊　就学中等やむを得ない事情による

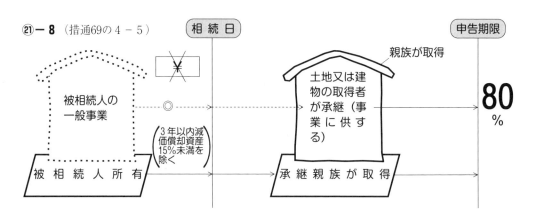

㉑－**8**（措通69の4－5）

◎　事業場の移転、建替え、譲渡で建築中
（注）　申告期限後でもそれが相当の期間内であり、完成後速やかに事業に供すれば可

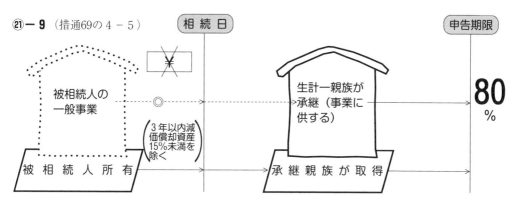

◎　事業場の移転・建替え、譲渡で建築中
（注）　申告期限後でもそれが相当の期間内であり、完成後速やかに事業に供すれば可

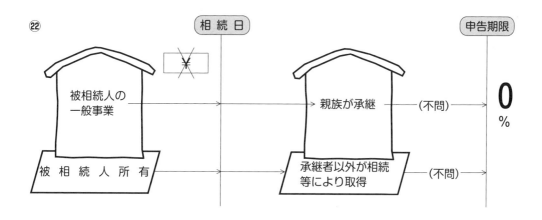

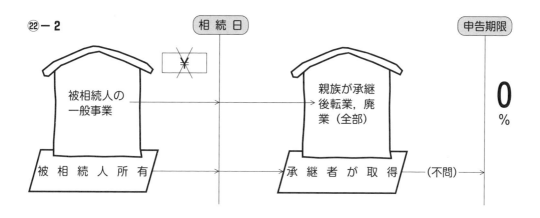

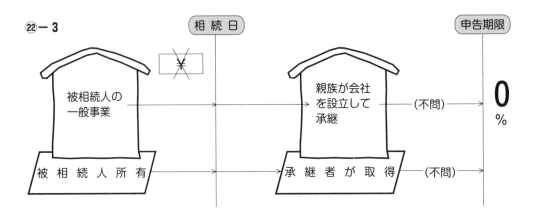

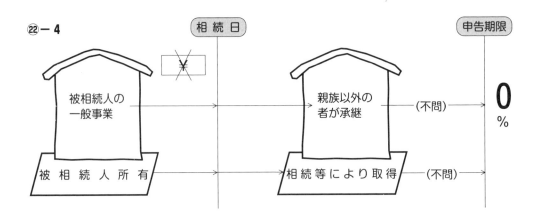

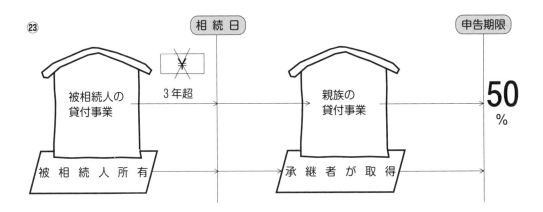

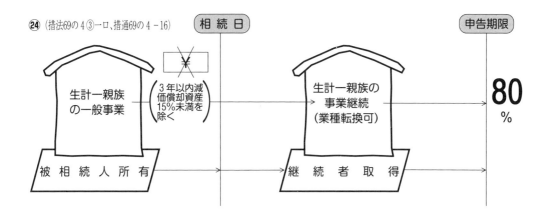

㉔（措法69の4③一ロ、措通69の4−16）

相続日　　　　　　　申告期限

生計一親族の一般事業 → 生計一親族の事業継続（業種転換可） → 80%

（3年以内減価償却資産15%未満を除く）

被相続人所有 → 継続者取得

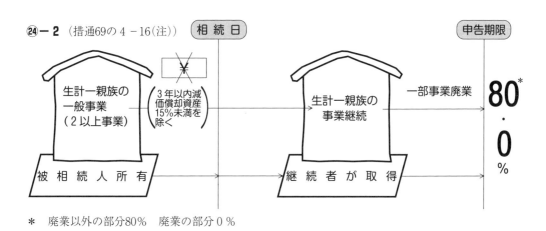

㉔−2（措通69の4−16（注））

相続日　　　　　　　申告期限

生計一親族の一般事業（2以上事業）→ 生計一親族の事業継続　一部事業廃業 → 80*.0%

（3年以内減価償却資産15%未満を除く）

被相続人所有 → 継続者が取得

＊　廃業以外の部分80%　廃業の部分0%

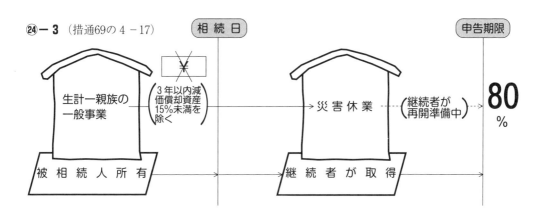

㉔−3（措通69の4−17）

相続日　　　　　　　申告期限

生計一親族の一般事業 → 災害休業 （継続者が再開準備中）→ 80%

（3年以内減価償却資産15%未満を除く）

被相続人所有 → 継続者が取得

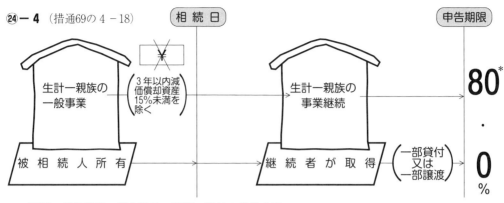

㉔−4　（措通69の4−18）

＊　譲渡、貸付以外の部分80％　譲渡、貸付の部分0％

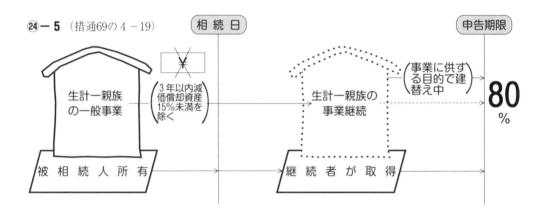

㉔−5　（措通69の4−19）

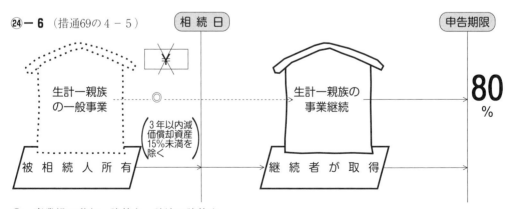

㉔−6　（措通69の4−5）

◎　事業場の移転、建替え、譲渡で建築中
（注）　申告期限後でもそれが相当の期間内であり、完成後速やかに事業に供すれば可

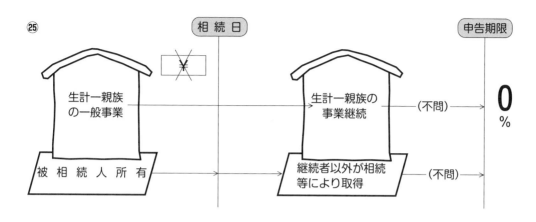

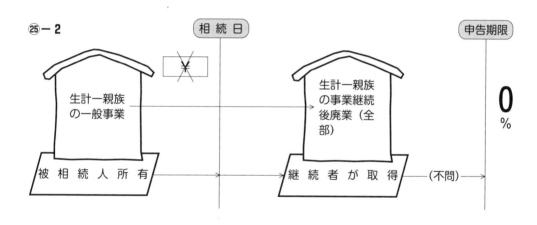

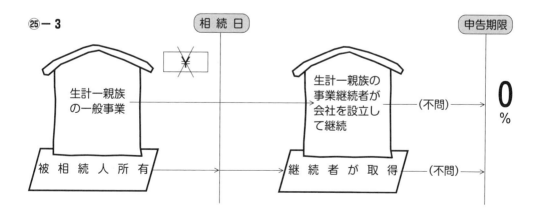

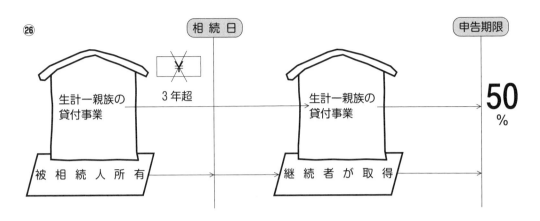

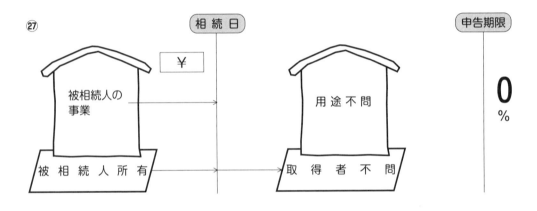

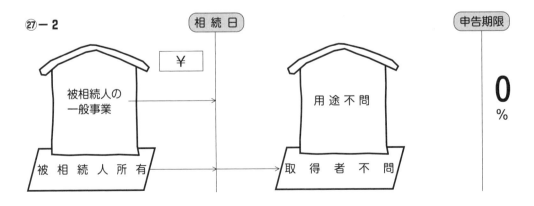

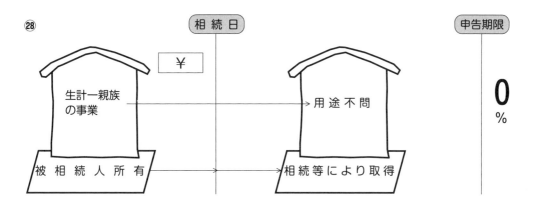

ⓑ　地 代 が 有 償

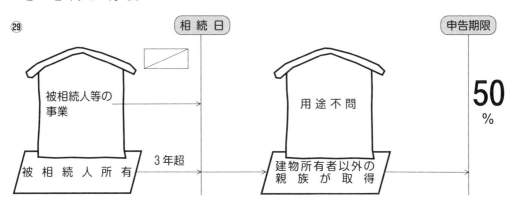

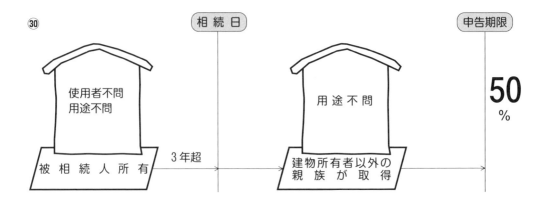

Ⅱ 居 住 用

A　建物等の所有者が被相続人である場合

㉛（措法69の4③ニイ）

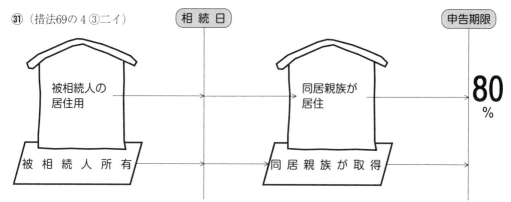

（注）　同居親族が申告期限までに死亡した場合には、その死亡の日まで居住し、かつ、保有すればよい（以下80％の適用分同じ）。

㉛－2（措通69の4－17（注））

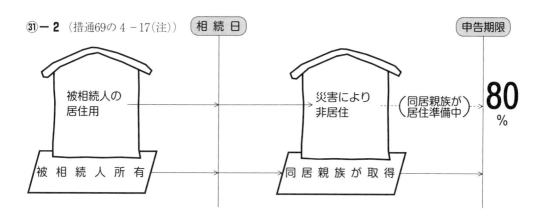

㉛－3（措通69の4－19（注））

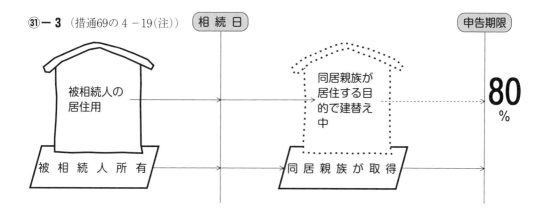

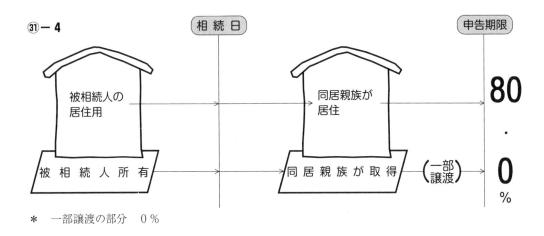

㉛－4

相続日　申告期限

被相続人の居住用 → 同居親族が居住 → 80

被相続人所有 → 同居親族が取得 （一部譲渡）→ ・

0 ％

＊　一部譲渡の部分　0％

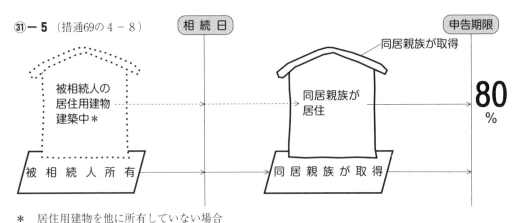

㉛－5（措通69の4－8）

相続日　申告期限

同居親族が取得

被相続人の居住用建物建築中＊ → 同居親族が居住 → 80 ％

被相続人所有 → 同居親族が取得 →

＊　居住用建物を他に所有していない場合
（注）　申告期限後でもそれが相当の期間内であり、完成後速やかに居住の用に供すれば可

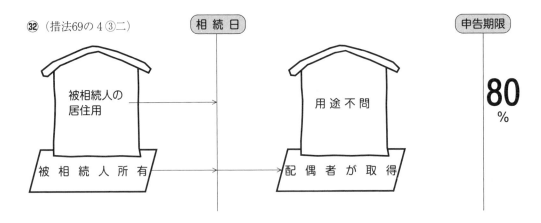

㉜（措法69の4③二）

相続日　申告期限

被相続人の居住用 → 用途不問 → 80 ％

被相続人所有 → 配偶者が取得

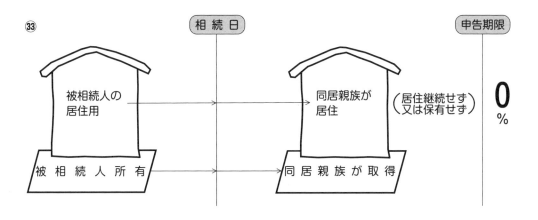

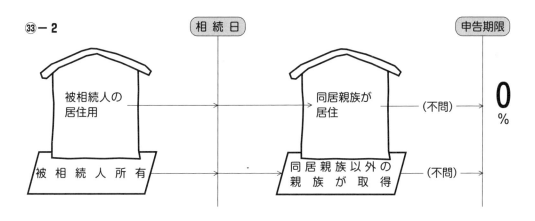

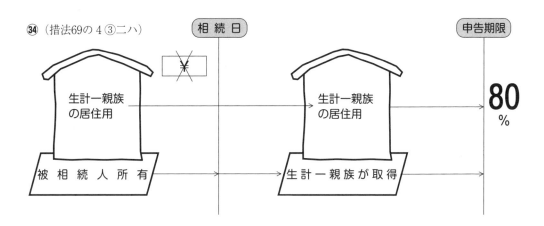

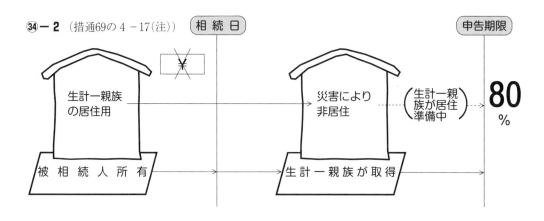

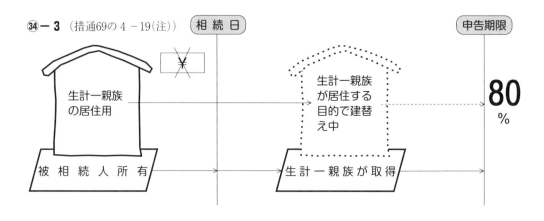

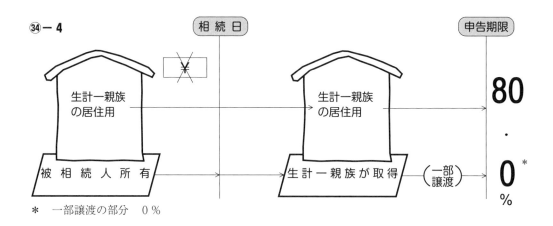

＊　一部譲渡の部分　0％

㉞－**5**（措通69の4－8）

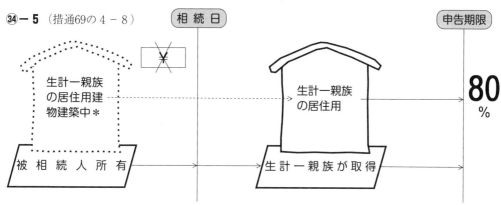

＊　居住用建物を他に所有していない場合
（注）　申告期限後でもそれが相当の期間内であり、完成後速やかに居住の用に供すれば可

㉟（措法69の4③二）

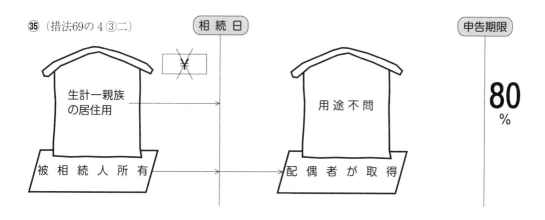

㊱

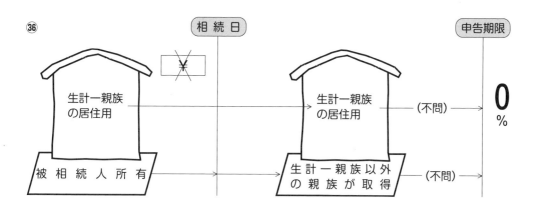

㊱－2

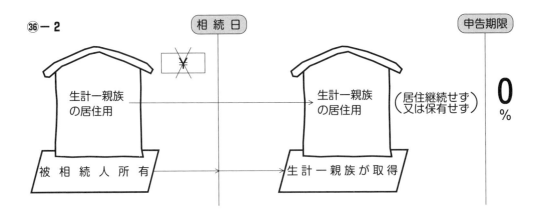

㊲（措令40の2⑬二）

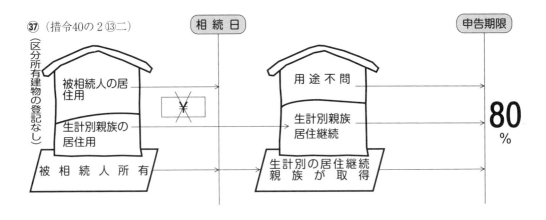

㊲－2（措法69の4③二ロ）

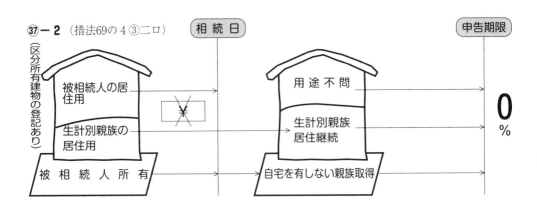

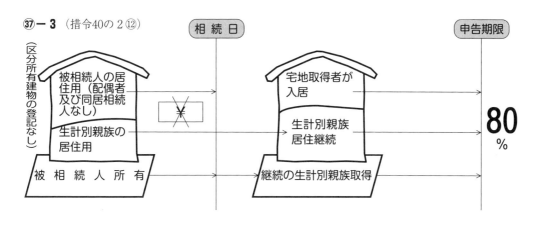

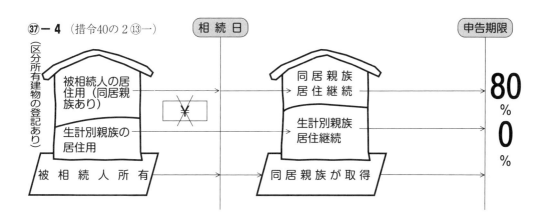

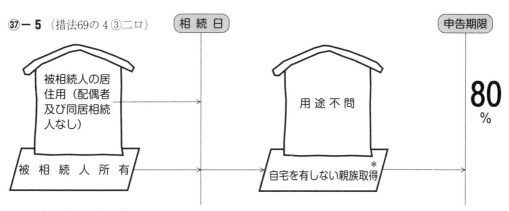

＊　相続開始前3年以内にその者とその者の配偶者の他、それらの3親等以内の親族及び特別の関係のある法人の所有家屋に居住しない。相続開始時に居住している家屋を過去に所有したことがないこと。

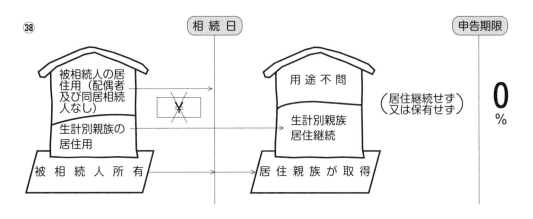

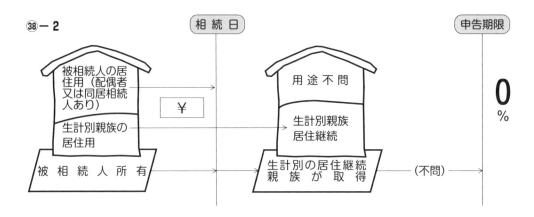

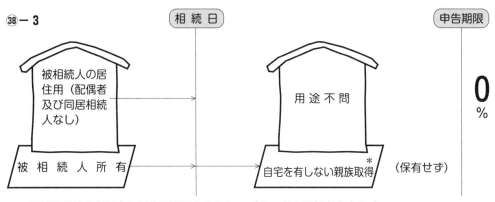

＊ 相続開始前3年以内に居住用家屋を有しない（その者の配偶者を含む。）。

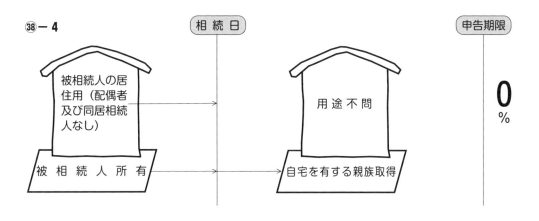

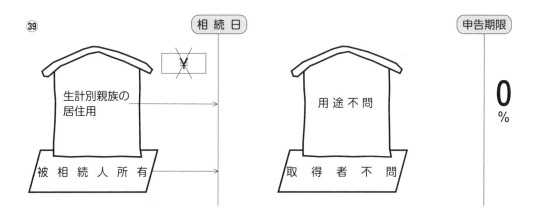

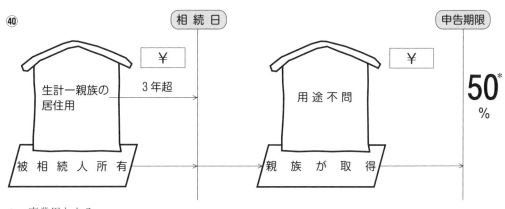

＊　事業用となる。

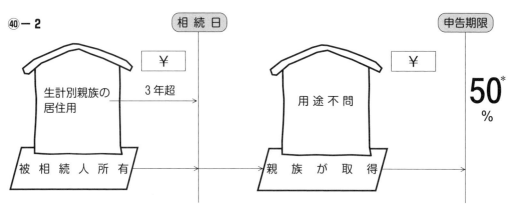

＊　事業用となる。

B 建物等の所有者が生計一親族である場合

ⓐ 地 代 が 無 償

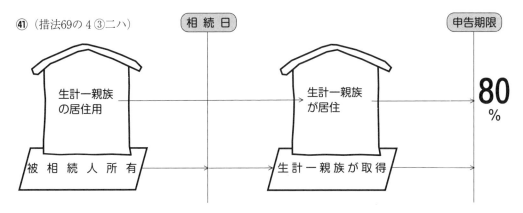

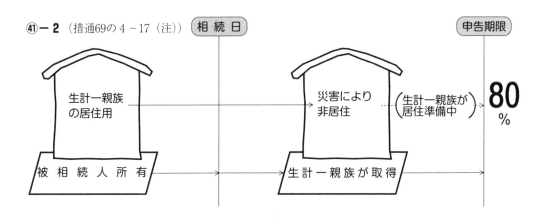

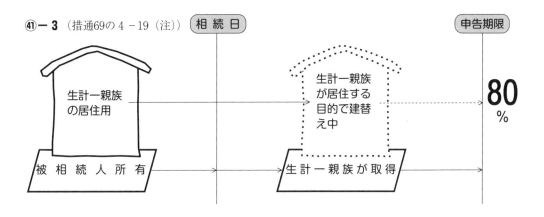

㊶－4

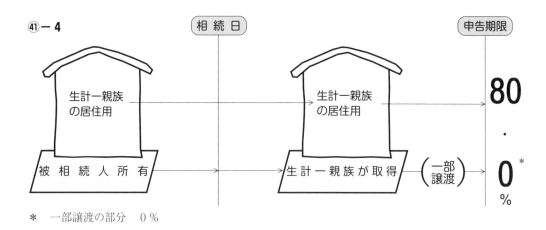

＊　一部譲渡の部分　0％

㊶－5　（措通69の4－8）

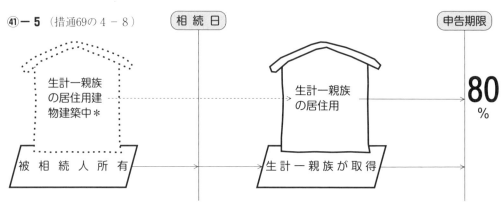

＊　居住用建物を他に所有していない場合
（注）　申告期限後でもそれが相当の期間内であり、完成後速やかに居住の用に供すれば可

㊷　（措法69の4③二）

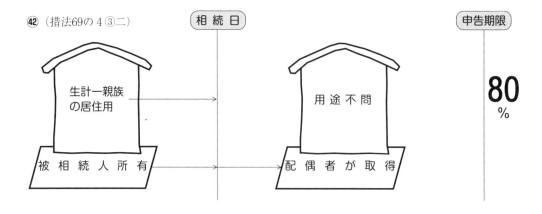

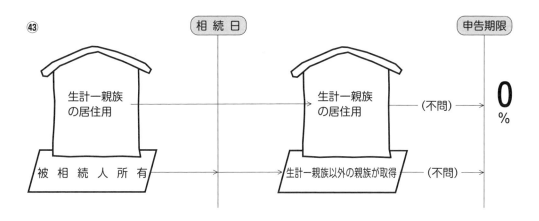

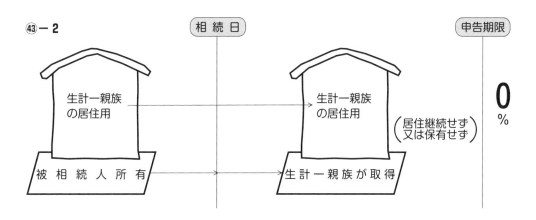

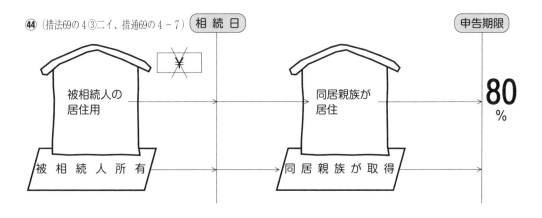

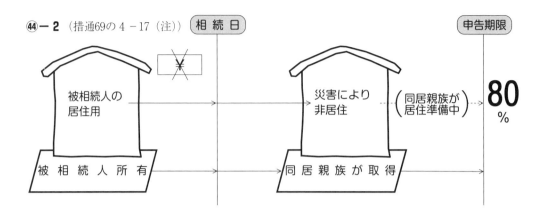

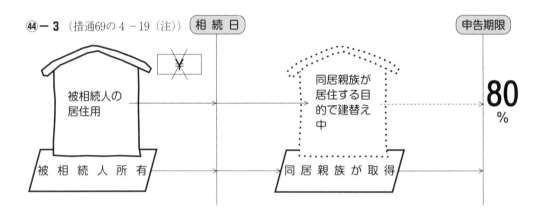

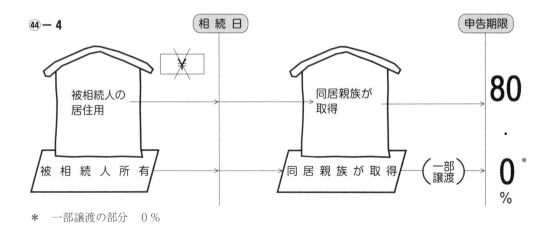

＊　一部譲渡の部分　0％

㊹−5 （措通69の4−8）

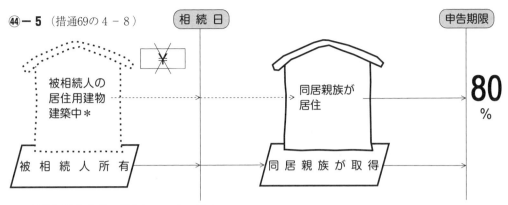

＊　居住用建物を他に所有していない場合
(注)　申告期限後でもそれが相当の期間内であり、完成後速やかに居住の用に供すれば可

㊺ （措法69の4③二）

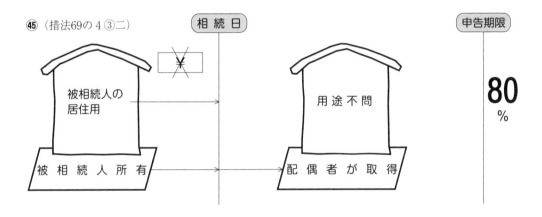

㊻

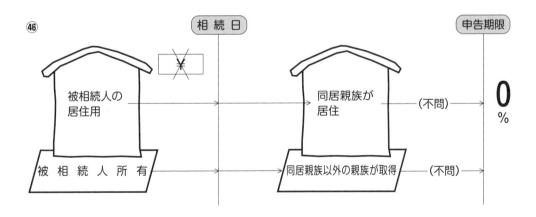

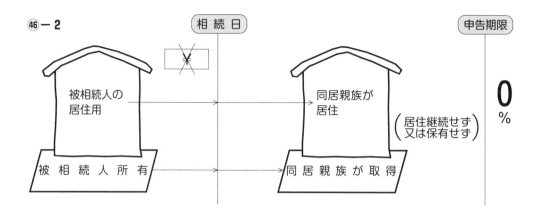

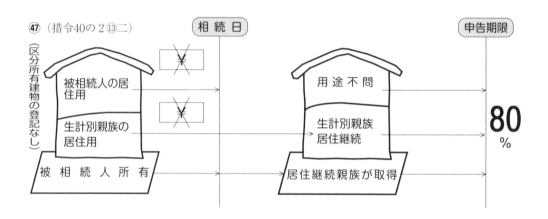

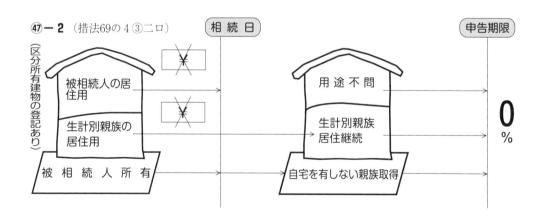

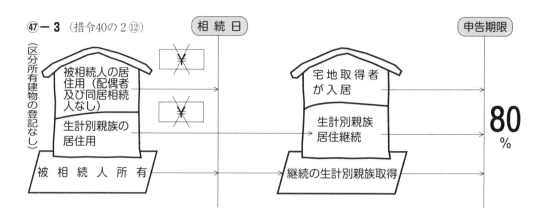

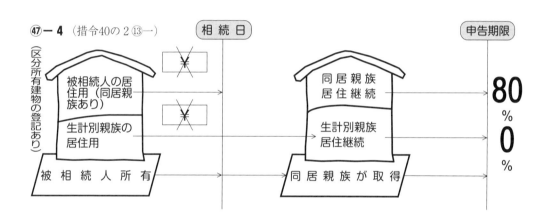

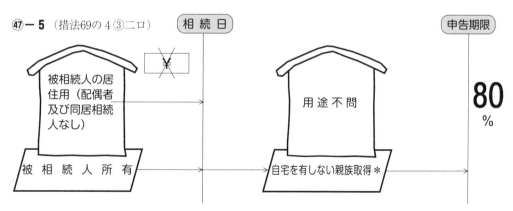

＊　相続開始前３年以内にその者とその者の配偶者の他、それらの３親等以内の親族及び特別の関係のある法人の所有家屋に居住しない。相続開始時に居住している家屋を過去に所有したことがないこと。

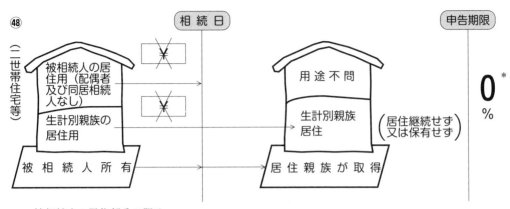

＊　被相続人の居住部分に限る。

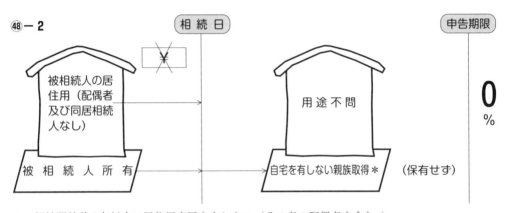

＊　相続開始前3年以内に居住用家屋を有しない（その者の配偶者を含む。）。

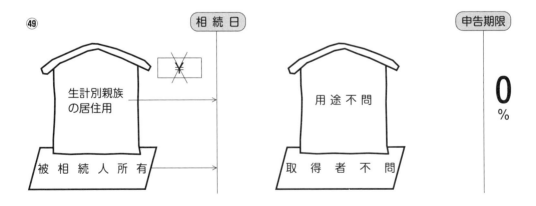

ⓑ　地 代 が 有 償

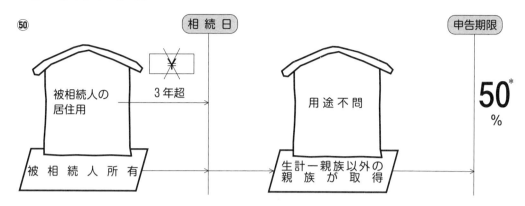

＊　事業用となる。

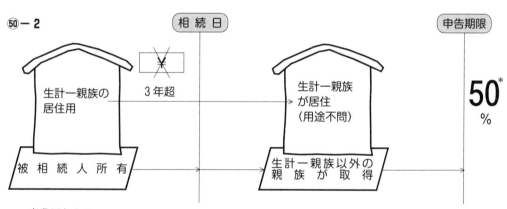

＊　事業用となる。

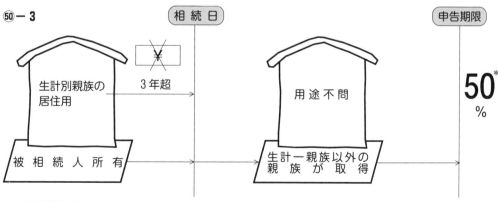

＊　事業用となる。

�51

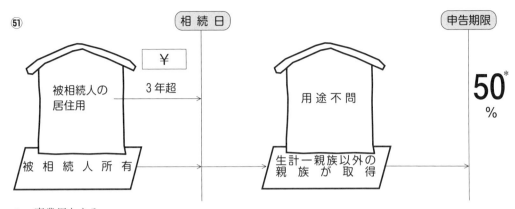

＊　事業用となる。

�51－2

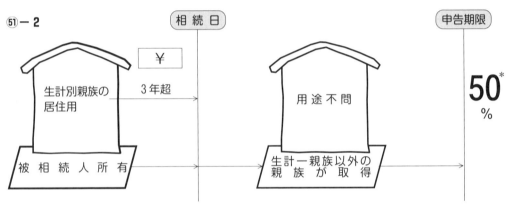

＊　事業用となる。

C　建物等の所有者が生計別親族である場合

ⓐ　地 代 が 無 償

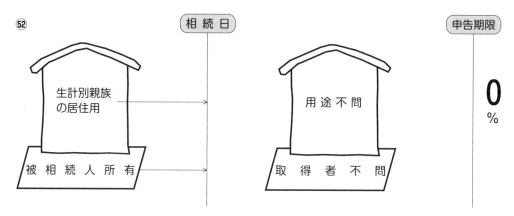

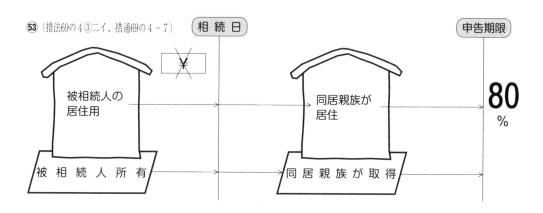

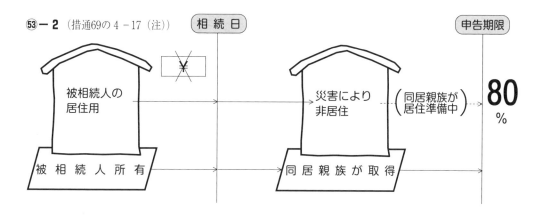

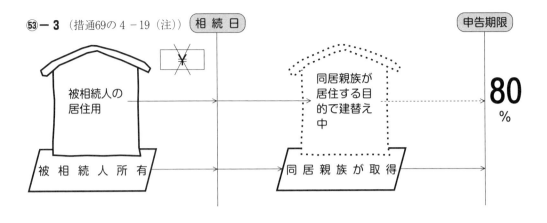

㊼－3　（措通69の4 –19（注））

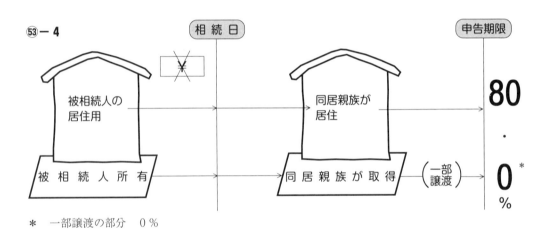

㊼－4

＊　一部譲渡の部分　0％

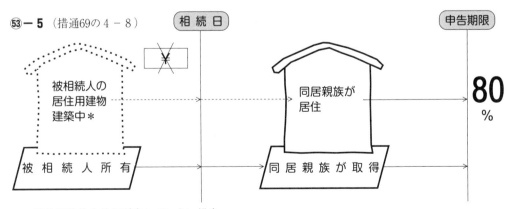

㊼－5　（措通69の4 – 8）

＊　居住用建物を他に所有していない場合
（注）　申告期限後でもそれが相当の期間内であり、完成後速かに居住の用に供すれば可

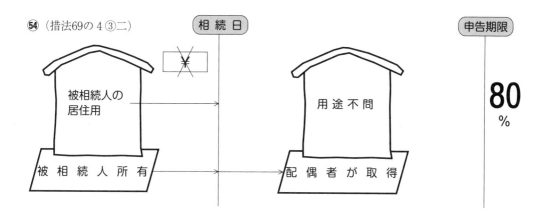

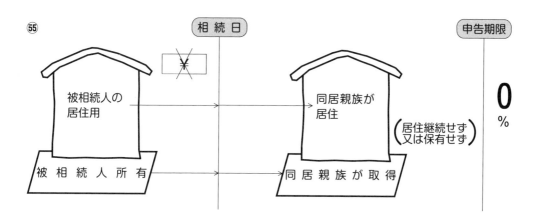

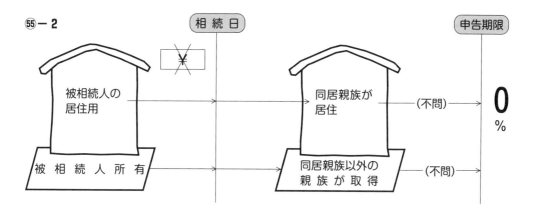

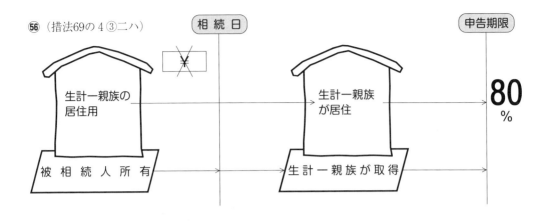

㊶（措法69の4③二ハ）

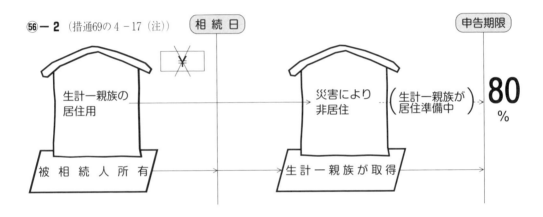

㊶－2（措通69の4－17（注））

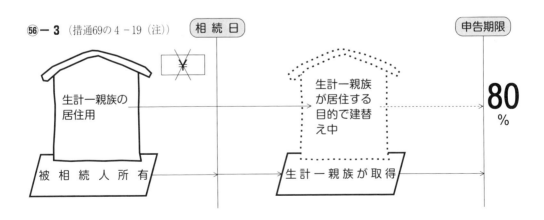

㊶－3（措通69の4－19（注））

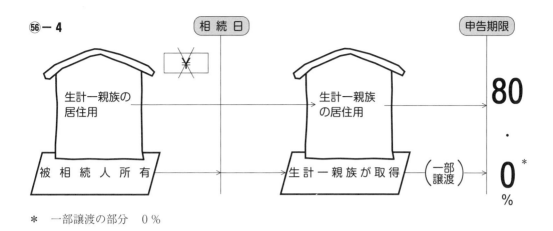

＊　一部譲渡の部分　0％

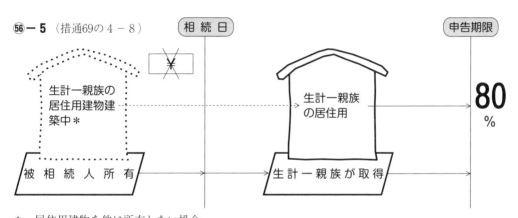

＊　居住用建物を他に所有しない場合
（注）　申告期限後でもそれが相当の期間内であり、完成後速やかに居住の用に供すれば可

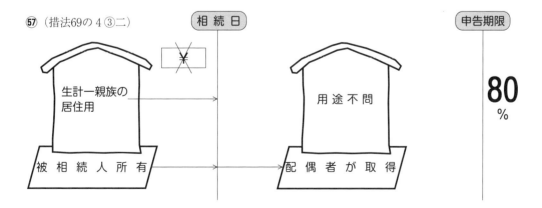

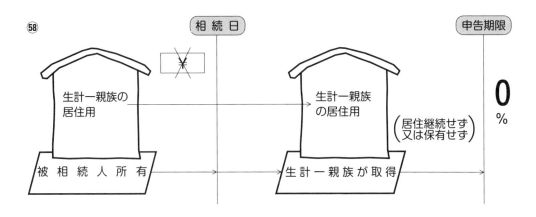

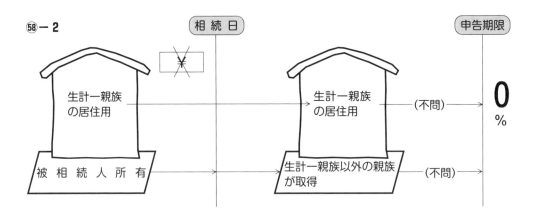

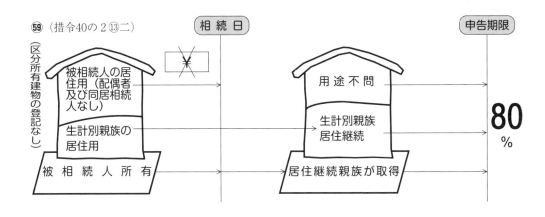

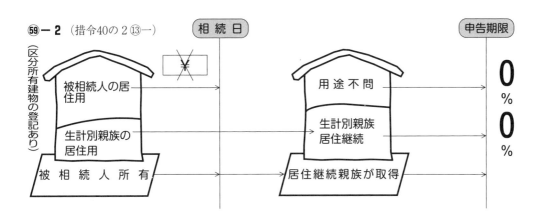

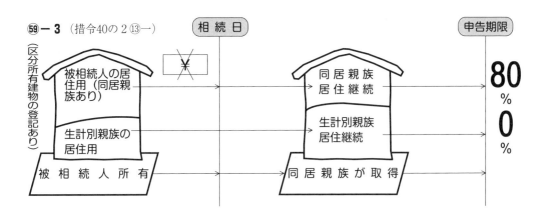

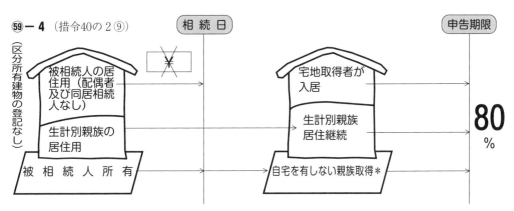

＊　相続開始前３年以内にその者とその者の配偶者の他、それらの３親等以内の親族及び特別
　の関係のある法人の所有家屋に居住しない。相続開始時に居住している家屋を過去に所有し
　たことがないこと。

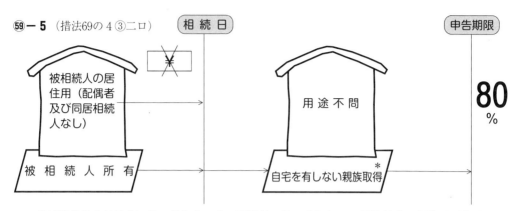

❺❾－5　（措法69の4③ニロ）

80%

＊　相続開始前3年以内にその者とその者の配偶者の他、それらの3親等以内の親族及び特別の関係のある法人の所有家屋に居住しない。相続開始時に居住している家屋を過去に所有したことがないこと。

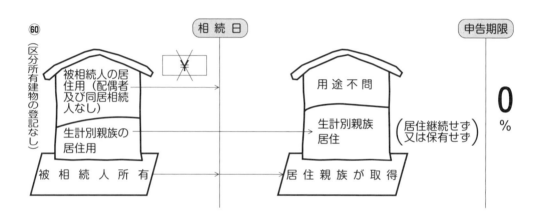

❻⓿

0%

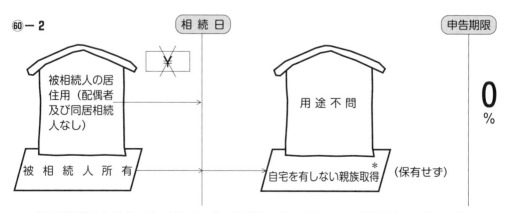

❻⓿－2

0%

＊　相続開始前3年以内にその者とその者の配偶者の他、それらの3親等以内の親族及び特別の関係のある法人の所有家屋に居住しない。相続開始時に居住している家屋を過去に所有したことがないこと。

ⓑ　地 代 が 有 償

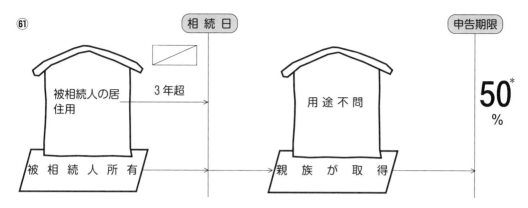

＊　事業用となる。

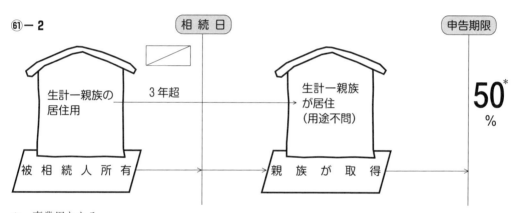

＊　事業用となる。

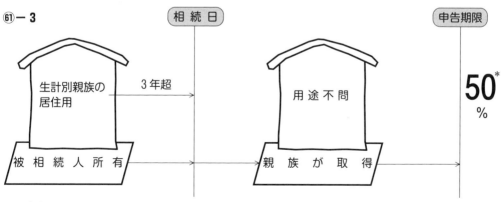

＊　事業用となる。

〈参考〉

　1棟の建物のうちに特定居住用宅地等に該当する部分（80％減額対象）がある場合従来は、その敷地全体が特定居住用宅地として80％減額の対象となりましたが、平成22年4月1日以降相続開始分より床面積按分が必要です。

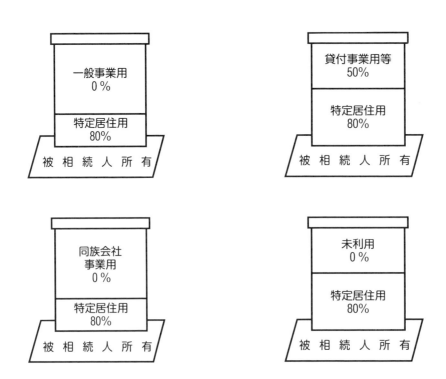

　また、1棟の建物のうちに特定事業用等宅地等に該当する部分（80％減額対象）がある場合にもその部分について床面積按分を行い、特定居住用宅地等に該当する部分がある場合の取扱いも上記のとおり同様です。

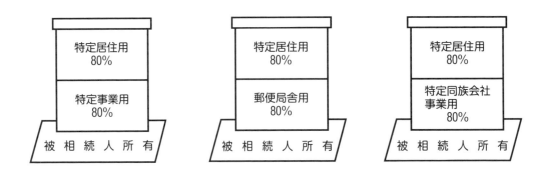

Ⅲ　特定同族会社の事業用

A　建物等の所有者が被相続人である場合

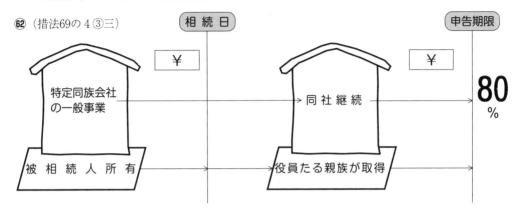

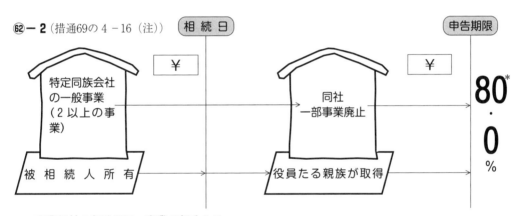

＊　廃業以外の部分80％　廃業の部分0％

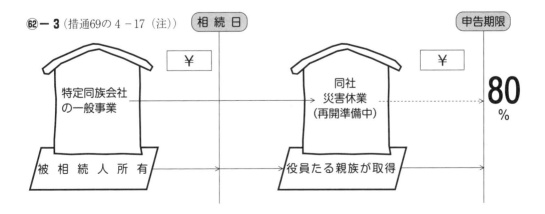

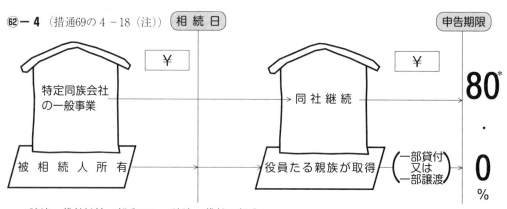

㉒－**4**（措通69の4－18（注））

＊　譲渡、貸付以外の部分80％　譲渡、貸付の部分0％

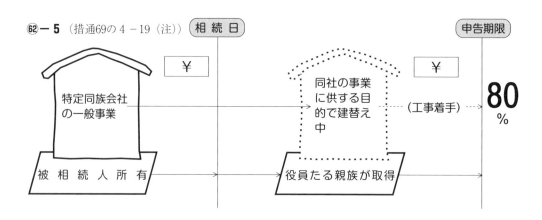

㉒－**5**（措通69の4－19（注））

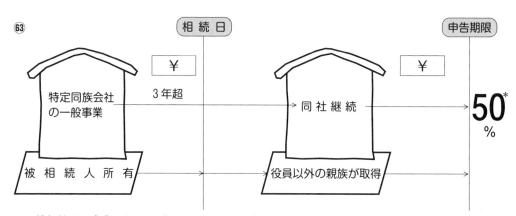

㉓

＊　被相続人の事業用となる（以下50％分は同様）。

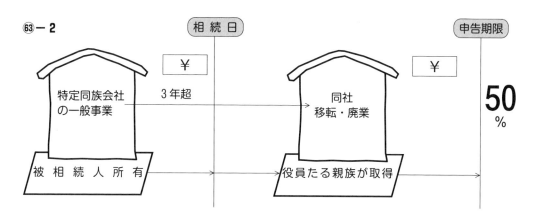

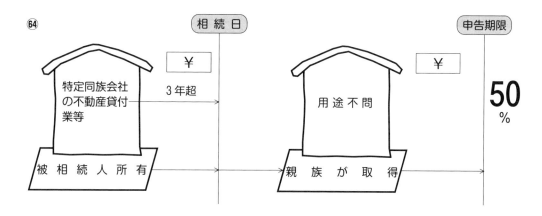

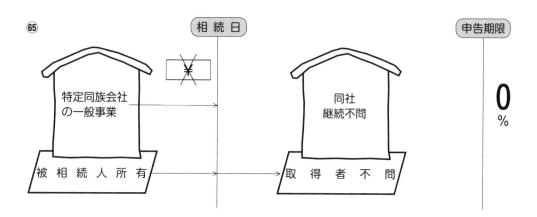

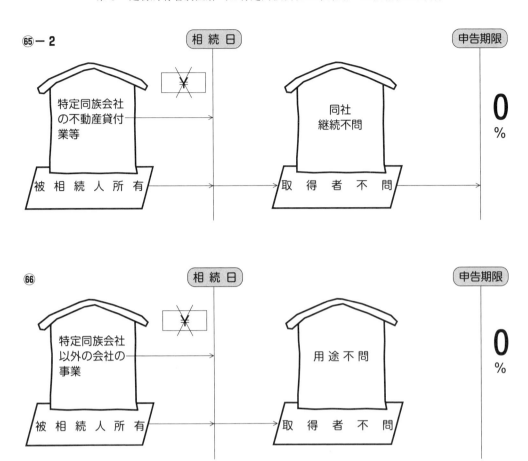

B　建物等の所有者が生計一親族である場合

ⓐ　地　代　が　無　償

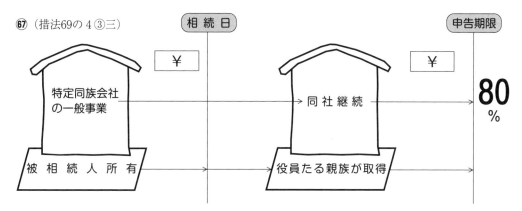

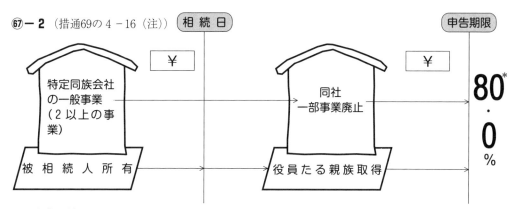

＊　廃業以外の部分80％　廃業の部分0％

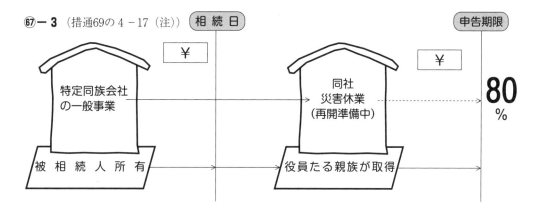

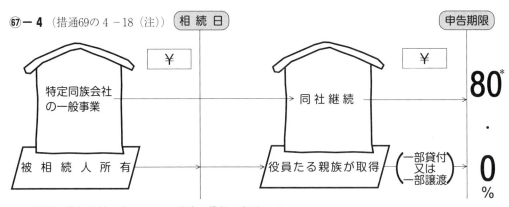

㊹－4 （措通69の4－18（注））

＊ 譲渡、貸付以外の部分80％ 譲渡、貸付の部分0％

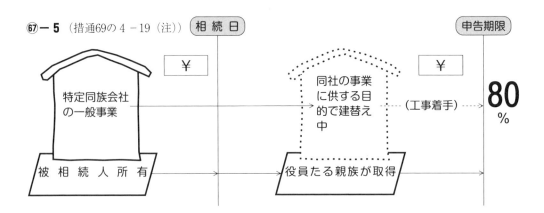

㊹－5 （措通69の4－19（注））

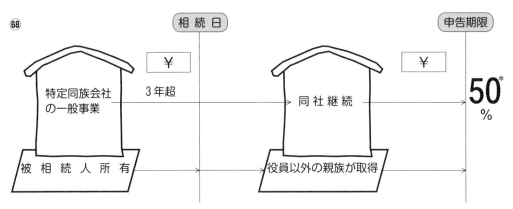

㊹

＊ 生計一親族の事業用となる（以下50％分は同様）。

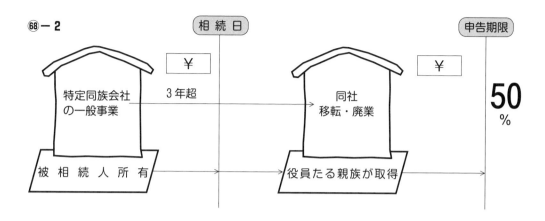

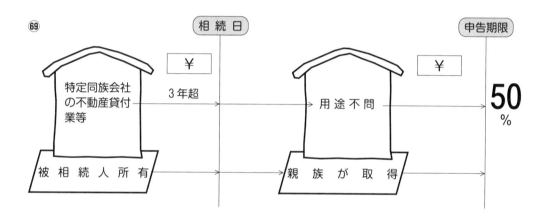

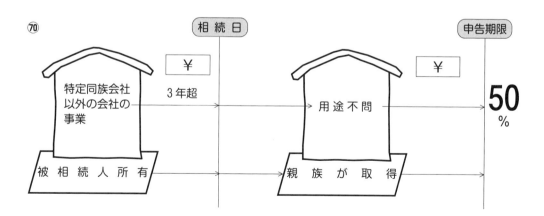

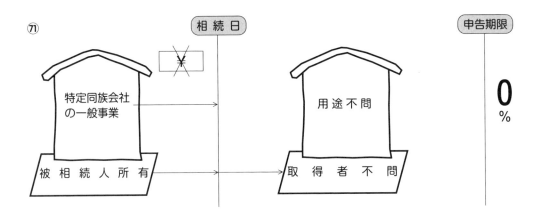

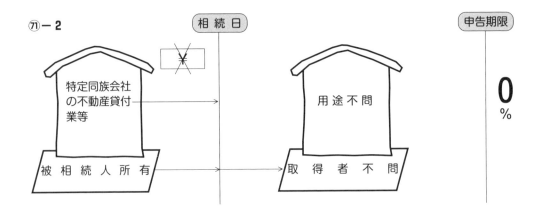

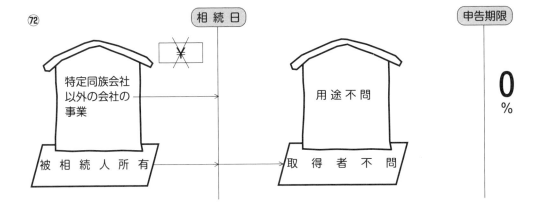

ⓑ　地 代 が 有 償

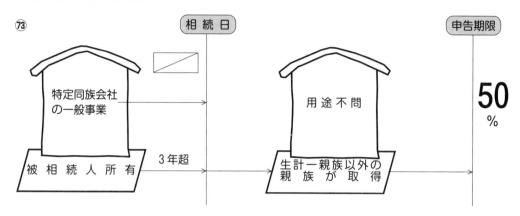

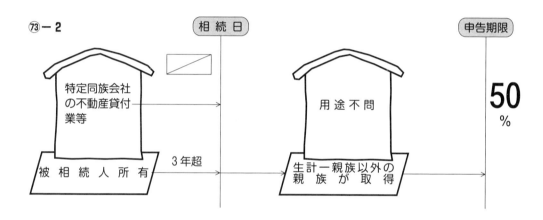

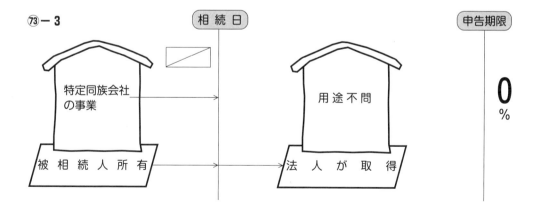

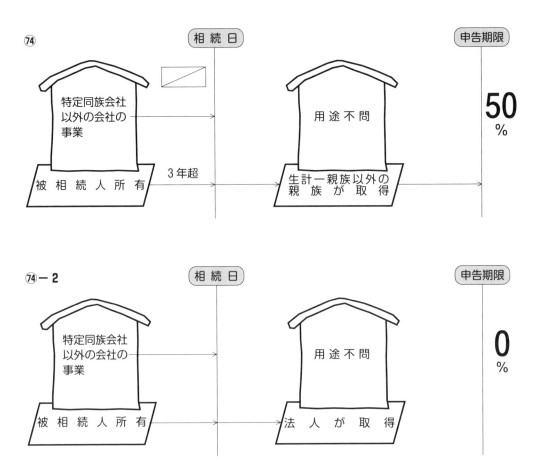

C　建物等の所有者が生計別親族である場合

ⓐ　地 代 が 無 償

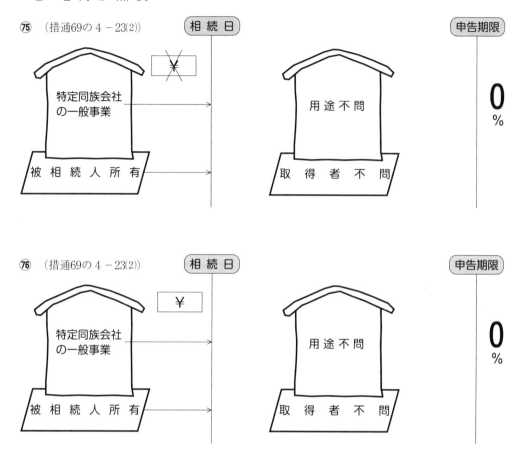

ⓑ　地 代 が 有 償

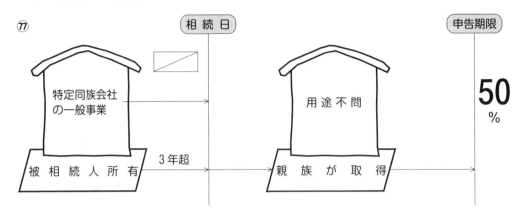

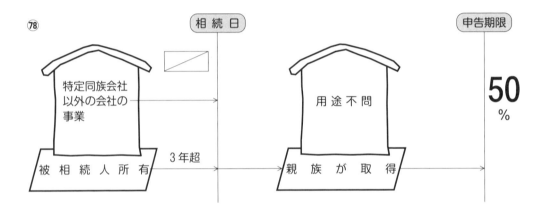

D　建物等の所有者が特定同族会社である場合

ⓐ　地代が無償

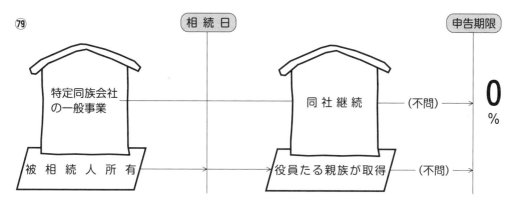

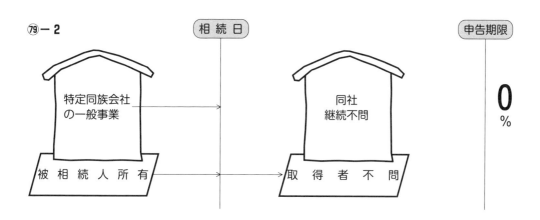

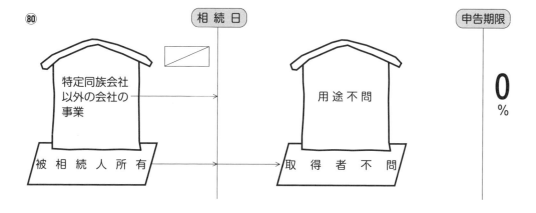

ⓑ　地　代　が　有　償

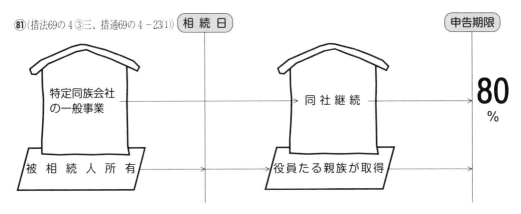

⑧1（措法69の4③三、措通69の4 −23(1)）

㊙申告期限

80%

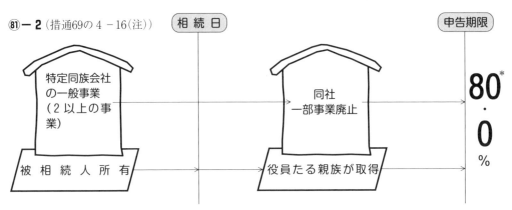

⑧1 − 2（措通69の4 −16(注)）

80*·0%

＊　廃業以外の部分80％　廃業の部分0％

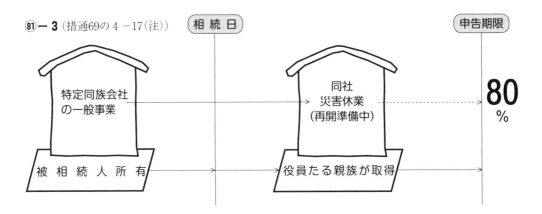

⑧1 − 3（措通69の4 −17(注)）

80%

⑧①－４（措通69の４－18(注)）

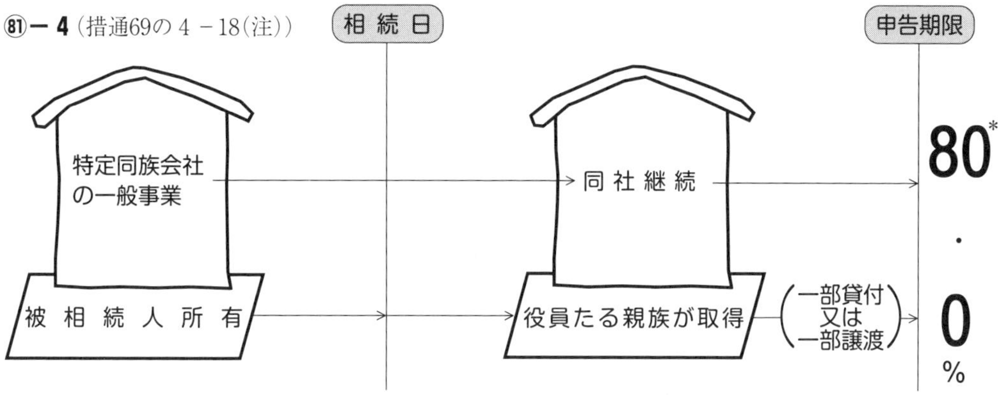

＊　譲渡、貸付以外の部分80％　譲渡、貸付の部分０％

⑧①－５（措通69の４－19(注)）

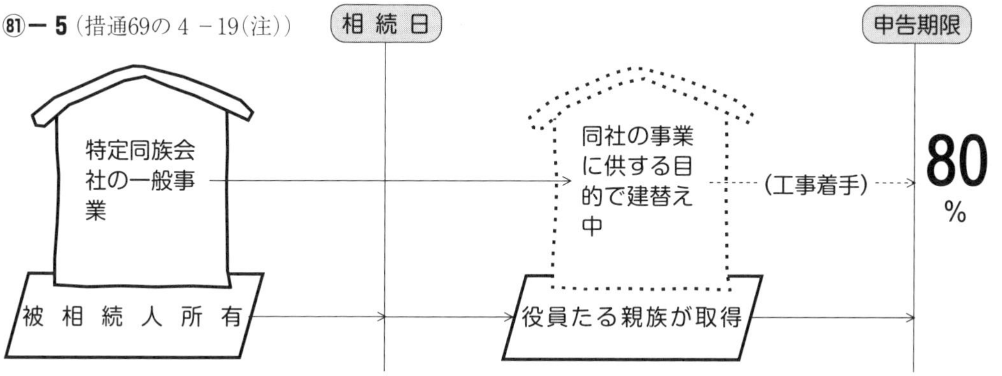

⑧②

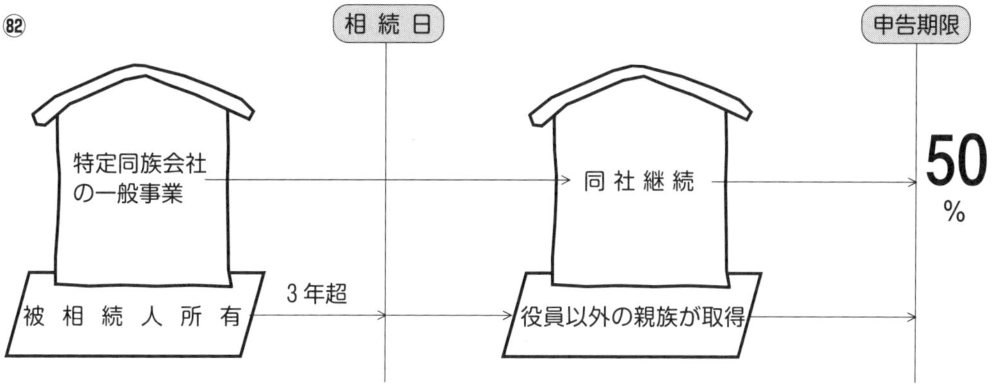

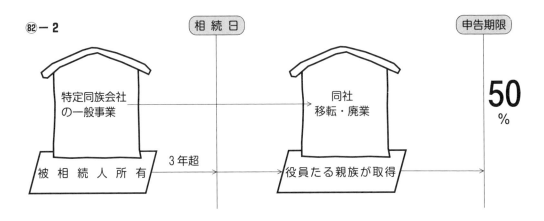

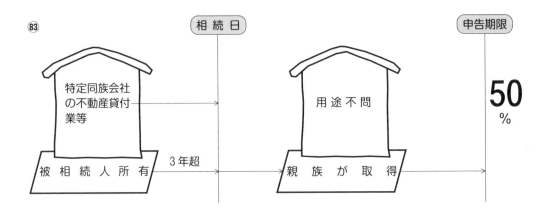

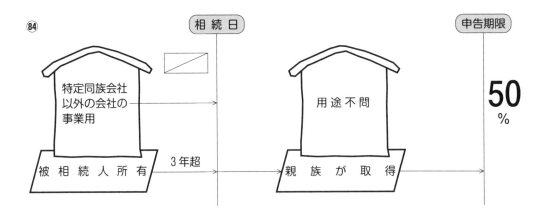

Ⅳ　郵便局舎用

A　建物等の所有者が被相続人である場合

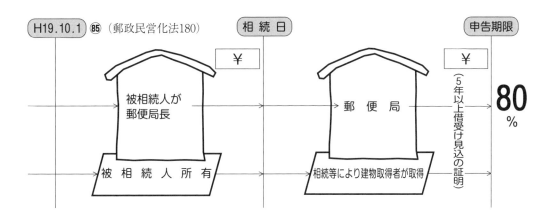

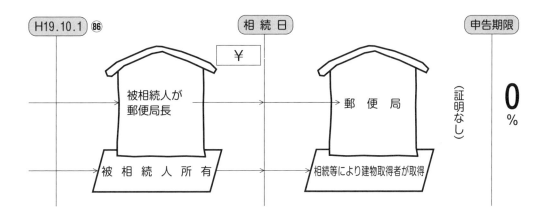

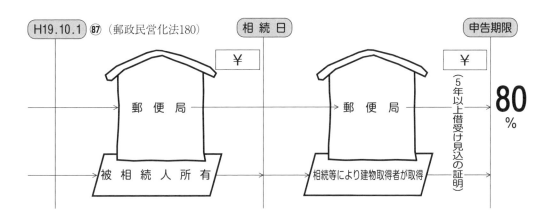

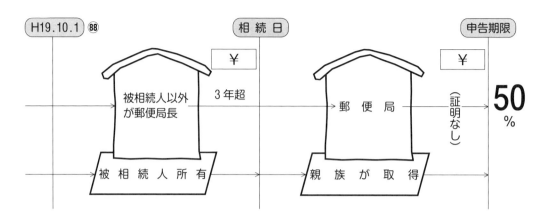

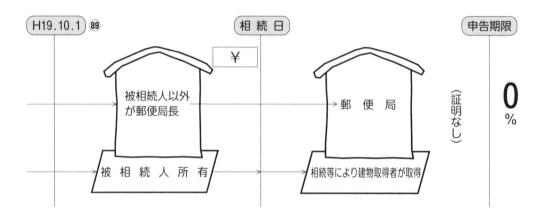

B　建物等の所有者が生計一親族（相続人）である場合

地代の有償・無償を問わない。

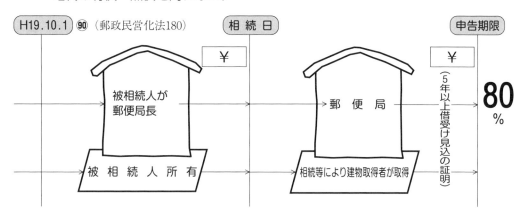

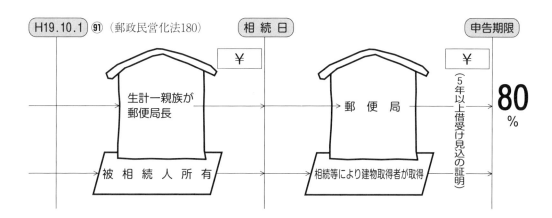

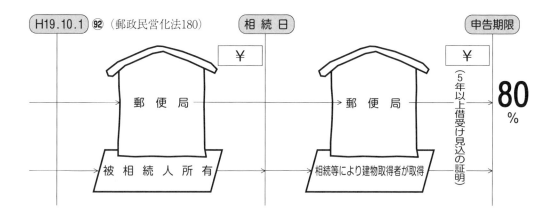

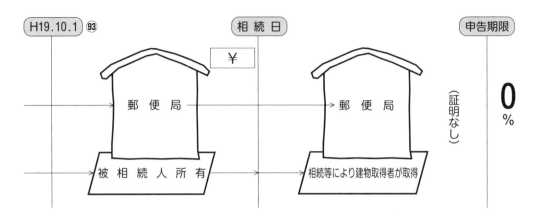

ⓐ　地 代 が 無 償

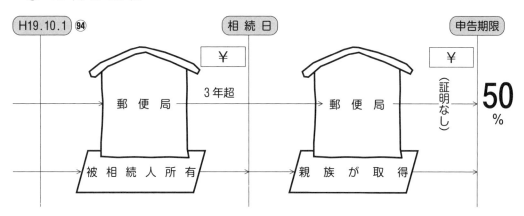

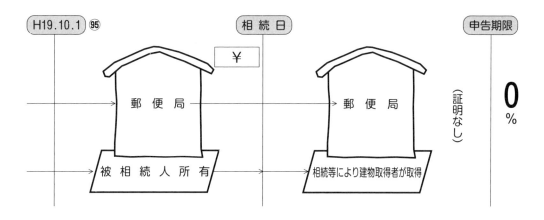

ⓑ　地代が有償

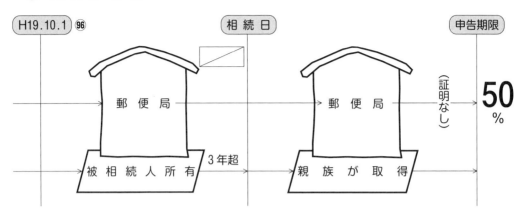

C　建物の所有者が生計別親族（相続人）である場合

地代の有償・無償を問わない。

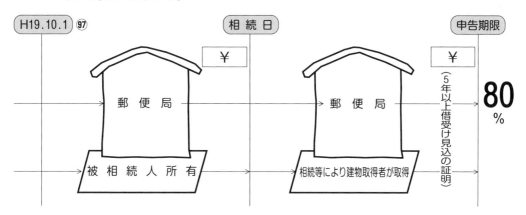

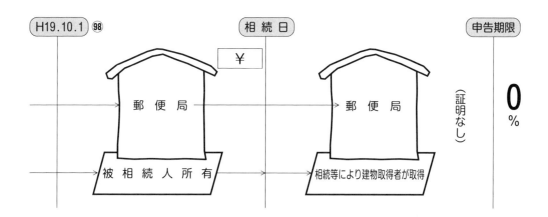

ⓐ　地 代 が 無 償

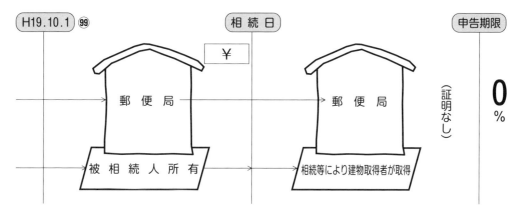

ⓑ　地 代 が 有 償

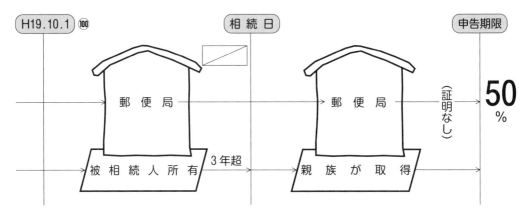

第2編

特定計画山林の特例・
山林についての相続税
　　の納税猶予及び免除・
個人の事業用資産に係
　　る相続税の納税猶予
　　及び免除・
非上場株式等の相続税
　　の納税猶予及び免除・
相続税における配偶者
　　居住権等の評価額

第5 特定計画山林特例の内容

特定計画山林についての相続税の課税価格の計算の特例の内容（措法69の5）

1 特例の趣旨

　地価の下落が続く中で、中小企業の株式等についての事業承継及び低迷する森林施業の事業承継や地球環境保全の観点から特定事業用資産の特例として平成14年に設けられた軽減措置です。

　この「特定事業用資産」のうち「特定同族会社株式等」、「特定受贈同族会社株式等」については非上場株式等についての相続税の納税猶予制度の創設（後掲）にともなって平成21年3月31日に廃止され「特定森林経営計画対象山林」、「特定受贈森林経営計画対象山林」について、「特定計画山林についての相続税の課税価格の計算の特例」として租税特別措置法第69条の5が生まれかわり、次のように相続税の軽減が図られました。

　また、この特例は小規模宅地等についての相続税の課税価格の計算の特例（措法69の4）と併用して適用を受けることができますので、適用要件に注意すれば最も有利になるように選択することができます。

　本書ではこの選択による課税価格の違いを事例として分かりやすく解説いたしました（事例63）ので併せてお読みください。

2　特定森林経営計画対象山林及び特定受贈森林経営計画対象山林の軽減規定の内容（措法69の5①）

特定森林経営計画対象山林及び特定受贈森林経営計画対象山林の軽減規定は次のとおり。

> イ　「特定計画山林相続人等」^(注1)が
>
> ロ　相続又は遺贈及び相続時精算課税の選択をした贈与（特定贈与という）により
>
> ハ　「特定計画山林」^(注2)を取得し
>
> ニ　この特例を受けるものとして選択届出し^(注5)
>
> ホ　その相続税の申告書提出期限までその全てを有している場合は^(注6)
>
> ヘ　5％の減額ができる。

（注1）「特定計画山林相続人等」（措法69の5②三イ(1)(2)、ロ(1)(2)）

　　(1)　特定森林経営計画対象山林の場合

　　　①　相続等により取得した被相続人の親族であること。

　　　②　申告期限まで引き続き市町村長等の認定を受けた森林経営計画に基づき施業を行っている個人であること。

　　(2)　特定受贈森林経営計画対象山林の場合

　　　①　特定受贈森林経営計画対象山林の受贈者で相続時精算課税適用者であること。

　　　②　受贈時から相続税の申告期限まで引き続き市町村長等の認定を受けた森林経営計画に基づき施業を行っている個人であること。

（注2）「特定計画山林」（措法69の5①、②四イ、ロ）

　　「特定森林経営計画対象山林」^(注3)又は「特定受贈森林経営計画対象山林」^(注4)をいう。

（注3）「特定森林経営計画対象山林」（措法69の5②一、措規23の2の2①）

　　　①　被相続人が相続開始直前に有していた立木又は土地等であること。

　　　②　相続開始の前に一定の市町村長等の認定を受けた森林経営計画が定められた区域内に存するもの。

（注4）「特定受贈森林経営計画対象山林」（措法69の5②二）

　　　①　特定贈与者であった被相続人が贈与した立木又は土地等であること。

　　　②　その贈与の前に一定の市町村長等の認定を受けた森林経営計画が定められた区域内に存するもの。

（注5）　選択のための必要添付書類（措法69の5①⑧、措令40の2の2①一、二、②⑭）

　　　①　適用を受けるものとして選択した特定対象山林、特定対象受贈山林についての明細を記載した書類

　　　②　選択しようとする特定対象山林、特定対象受贈山林の全てが、特定計画山林に該当する旨を記載した書類

　　　③　特例対象山林、特例対象受贈山林、又は特例対象宅地等を取得した全ての個人のこの選択についての同意を証する書類（ただし、取得した個人が1人の場合は不要）

（注6）　森林経営計画の定めるところに従い、立木を伐採した場合はそれ以外の選択特定事業用資産の全てを申告期限まで有していた場合は減額の適用がある（措令40の2の2③一、二）。

3　小規模宅地等についての相続税の課税価格の計算の特例（措法69の4）と、上記特定計画山林についての相続税の課税価格の計算の特例の適用関係について

(1)　選択ができる範囲

　　　下記のそれぞれに定める特例については、納税者の選択により、(イ)と(ロ)は一定の範囲で併用して選択することができます。すなわち(ロ)の適用が、その適用できる限度面積に満たない場合はその満たない範囲で(イ)と併用して選択することができることとされました（措法69の5④⑤）。

　(イ)　特定計画山林についての相続税の課税価格の計算の特例（措法69の5）

　　　　上記の特定森林経営計画対象山林又は特定受贈森林経営計画対象山林に係る特定計画山林についての相続税の課税価格の計算の特例

　(ロ)　小規模宅地等についての相続税の課税価格の計算の特例（措法69の4）

(2)　選択した小規模宅地等の特例（措法69の4）と特定計画山林の特例（措法69の5）

との併用をする場合に適用できる選択特定計画山林の限度価額の計算の方法（旧措法69の5⑤）

$$\frac{400\text{㎡}－選択した小規模対象宅地の合計面積（400\text{㎡}換算）}{400\text{㎡}}×\left(選択特定計画山林の価額\right)$$

＝適用できる選択特定計画山林の価額

例えば

　被相続人が特定事業用宅地200平方メートルと時価総額1億円の特定計画山林を所有し、特定事業用宅地を優先適用する場合の特定計画山林の選択できる限度額は次のとおりに計算します（要件はすべて具備）。

　（400㎡－200㎡）÷400㎡×1億円＝5,000万円

　したがって、特定事業用宅地200平方メートルに相当する評価額の80％の減額と特定計画山林5,000万円（課税減額は250万円＝5,000万円×5％）の適用が受けられます。

　平成27年1月1日以後の相続等による取得は次のようになります（措法69の5⑤）。

$$\frac{200\text{㎡}－下記計算^{（※）}の合計面積（200\text{㎡}未満）}{200\text{㎡}}×\left(選択特定計画山林の価額\right)$$

＝　適用できる選択特定計画山林の価額

※　特定事業用等宅地等の面積$×\frac{200}{400}$＋特定居住用宅地等の面積$×\frac{200}{330}$＋貸付事業用宅地等の面積

4　特定計画山林の分割要件

原則：「特定計画山林」の特例を受けるためには、相続税の申告書の提出期限（相続開始の日の翌日から10カ月以内）までに共同相続人又は包括受遺者によって特例対象の特定計画山林が分割されていることが必要となります（措法69の5③本書）。

例外：次の場合も適用を受けられます（措法69の5③ただし書）。

①　相続税の申告期限から3年以内に分割された場合

②　相続税の申告期限から3年以内に分割されなかったことにつき、やむを得ない事情があり所轄税務署長の承認を受けた場合は、分割できることとなった日の翌日から4カ月以内に分割された場合

5　申告手続きの要件

(1)　特定森林経営計画対象山林の「特定計画山林」の特例を受けるための手続き要件
（措法69の5⑦⑩⑪、措令40の2の2①一、②、措規23の2の2④一）

　　イ　相続税の申告書（期限後申告書及び修正申告書含む）に

　　ロ　特定森林経営計画対象山林の「特定計画山林」の特例の適用を受ける旨を記載
　　　　し

　　ハ　特定計画山林に係る計算の明細等の書類を添付する。

　　　①　選択しようとする特例対象山林についての明細を記載した書類

　　　②　選択しようとする特例対象山林の全てが、特定計画山林に該当する旨を記載
　　　　した書類

　　　③　特例対象山林及び特例対象受贈山林並びに特例対象宅地等を取得した全ての
　　　　個人のこの選択についての同意を証する書類（ただし、取得した個人が1人の
　　　　場合は不要）

　　　④　遺言書の写し、財産分割協議書の写しその他財産の取得状況を証する書類

　　　⑤　認定済み森林経営計画書の写し、森林法の通知の写し等

　　　⑥　相続税の申告書の提出期限から2月以内に、森林経営計画に基づき経営が行
　　　　われた旨等を証する市町村長の証明書等の書類（措法69の5⑩⑪、措規23の2の
　　　　2⑭一）。

(2)　特定受贈森林経営計画対象山林の「特定計画山林」の特例を受けるための手続き
　　要件（措法69の5⑦、措令40の2の2①二、②、措規23の2の2⑥）

　　イ　相続税の申告書（期限後申告書及び修正申告書含む）に

　　ロ　特定受贈森林経営計画対象山林の「特定計画山林」の特例の適用を受ける旨を
　　　　記載し

　　ハ　特定計画山林に係る計算の明細書及び次の書類を添付する。

　　　①　選択しようとする特例対象受贈山林についての明細を記載した書類

　　　②　選択しようとする特例対象受贈山林の全てが、特定計画山林に該当する旨を
　　　　記載した書類

　　　③　特例対象山林及び特例対象受贈山林並びに特例対象宅地等を取得した全ての

　　　個人のこの選択についての同意を証する書類（ただし、取得した個人が1人の
　　　場合は不要）

　④　遺言書の写し、財産分割協議書の写しその他財産の取得状況を証する書類

〈特定贈与の申告〉（措法69の5⑧、措令40の2の2⑬、措規23の2の2⑧⑨）

イ　特定贈与者ごとに作成した贈与税の申告書を申告期限までに提出する。

ロ　特定受贈森林経営計画対象山林の「特定計画山林」の特例の適用を受ける旨を
　　記載し

ハ　特定計画山林に係る次の書類を添付する。

　①　特定計画山林相続人等の氏名及び住所又は居所

　②　特定贈与者の氏名及び住所又は居所

　③　相続時精算課税適用該当者たる旨、相続時精算課税選択届出書提出税務署の
　　　名称、提出に係る年令

　④　特例対象受贈山林の明細

　⑤　贈与前の市町村長等認定の森林計画書の写し、同認定書の写し、その他参考
　　　事項

6　特例の適用が受けられない場合

特定物納制度適用者の適用除外

　特定物納制度は従来の物納制度とは異なり、延納から物納への切り替え時の時価によ
ることになっているため、特定計画山林の特例を受けている相続財産には馴染まないた
め対象外となっています（措法69の5⑫）。

第6

山林についての相続税の納税猶予及び免除の内容

山林についての相続税の納税猶予及び免除の内容（措法70の6の6）

山林についての相続税の納税猶予及び免除の規定は次のとおり。

イ　林業経営相続人[注1]が、

ロ　相続又は遺贈により、

ハ　森林経営計画（市町村長等の認定・農林水産大臣の確認を受けたものに限る。以下「認定計画」という。）が定められている区域内に存する山林（立木及び林地）について

ニ　当該認定計画に従って施業を行ってきた被相続人[注2]から

ホ　その山林を一括して取得した場合において、

ヘ　その林業経営相続人が当該認定計画に基づいて引き続き施業を継続していくときは、

ト　その林業経営相続人が納付すべき相続税額のうち、

チ　特例対象山林[注3]に係る課税価格の80％に対応する相続税額については、

リ　その林業経営相続人の死亡の日までその納税を猶予する。

(1)　概要

　　この規定は、林業経営相続人が、森林経営計画（以下「認定計画」といいます。）が定められている区域内に存する山林（立木及び林地）について当該認定計画に従って施業を行ってきた被相続人からその山林を一括して取得し、当該認定計画に基づいて引き続き施業を継続していく場合には、その林業経営相続人が納付すべき相続税額のうち、その山林（施業及び路網整備を行う区域内に存するもののうち一定のものに限ります。）に係る課税価格の80％に対応する相続税の納税を猶予するというものです（措法70の6の6、同②五）。

（注1）「林業経営相続人」とは、被相続人の推定相続人であって、認定計画が定められている区域内に存する山林（特定森林経営計画が定められている区域内に存するものに限る。）を一括して取得することにつき、農林水産大臣の確認を受けた後継者をいう（措法70の6の6②四）。

（注2）「認定計画に従って施業を行ってきた被相続人」とは、自ら所有し、かつ、施業を行う100ヘクタール以上の山林について、認定計画の始期（以下「当初認定日」という。）から継続して、施業拡大・作業路網整備の計画量を達成しながら認定取消事由に該当することなく、当該認定計画に従って施業を行ってきた被相続人をいう（措令40の7の6①一）。

（注3）「特例対象山林」とは、認定計画が定められている区域（施業及び路網整備を行う区域に限る。）内に存する一定の山林をいう。ただし、立木にあっては、相続開始時において、林業経営相続人に係る平均余命期間（最長30年間）中に標準的な伐期（市町村森林整備計画に定める主伐可能な林齢をいう。以下同じ。）を迎えないこととされるものに限る（措法70の6の6①三）。

(2)　猶予税額の計算

　①　相続税の納税猶予の適用がないものとして、通常の相続税額の計算を行い、林業経営相続人の相続税額を算出します。

　②　林業経営相続人以外の相続人の取得財産は不変とした上で、林業経営相続人が、通常の課税価格による特例対象山林のみを相続したものとして計算した場合の当該林業経営相続人の相続税額と、課税価格を20％に減額した特例対象山林のみを相続するものとして計算した場合の当該林業経営相続人の相続税額の差額が、当該林業経営相続人の猶予税額となります。

　　なお、①により算出した林業経営相続人の相続税額からこの猶予税額を控除した額が、当該林業経営相続人の納付税額となります。

(3)　猶予税額の免除

　　その林業経営相続人が特例対象山林を死亡の時まで所有し、かつ、引き続き認定計画に従って施業をし続けた場合は、猶予税額を免除されます。

(4)　猶予税額の納付

　①　当初認定日から10年を経過する日までに認定計画に記載した作業路網の整備が完了していない等、市町村長等の認定の取消事由に該当する事実が生じた場合等には、猶予税額の全額を納付します。

　②　特例対象山林の譲渡等をした場合（立木の間伐等を除く。）には、相続開始時の特例対象山林の課税価格の総額に対するその譲渡等をした特例対象山林の課税価格の割合に応じて猶予税額を納付します。

　※　特例対象山林の全面積の２割超の譲渡等をした場合には、猶予税額の全額を納付します。

(5)　利子税の納付

　　上記(4)により、猶予税額の全部又は一部を納付する場合には、相続税の法定申告期限からの期間に係る利子税を併せて納付します。

(6)　担保の提供

　　相続税の納税猶予の適用を受けるためには、猶予税額に相当する担保を提供しなければなりません。

(7)　その他

　①　林業経営相続人は、当初認定日から10年を経過する日までの間（相続税の法定申告期限後の期間に限る。）は毎年、その後は３年毎に継続届出書を税務署長に提出しなければなりません。

　②　特定計画山林についての相続税の課税価格の計算の特例（措法69の５）いわゆる５％軽減特例とは選択となり、この軽減特例を受けた場合は納税猶予を適用することができないこととなっています（措法70の６の６⑨）。

　③　相続税の申告期限までに、山林の一部又は全部が未分割である場合は適用できません。

　④　平成24年４月１日以後の相続又は遺贈により取得する山林について適用されます。

個人の事業用資産に係る相続税の納税猶予及び免除の内容

1 特例創設の趣旨

　平成30年度税制改正における法人の事業承継税制に続き、個人事業者についても、高齢化が急速に進展する中で、円滑な世代交代を通じた事業の持続的な発展の確保が喫緊の課題となっていることを踏まえ、個人事業者の事業承継を促進するための相続税・贈与税の新たな納税猶予制度が創設されました。

2 個人の事業用資産に係る相続税の納税猶予及び免除の内容（措法70の6の10）

　「認定相続人」^(注1)が、平成31年1月1日から令和10年12月31日までの間に、相続等により「特定事業用資産」^(注2)を取得し、「承継計画」^(注3)に基づいて事業を継続して相続税の申告期限から3年ごとに「継続届出書」を提出していく場合には、担保の提供を条件に、その認定相続人が納付すべき相続税額のうち、相続等により取得した特定事業用資産の課税価格に対応する相続税の納税を認定相続人の死亡まで猶予し、免除されます（措法70の6の10）。

　（注1）　上記の「認定相続人」とは、承継計画に記載された後継者であって、中小企業における経営の承継の円滑化に関する法律の規定による認定を受けた者をいう。

　（注2）　上記の「特定事業用資産」とは、被相続人の事業（「資産管理事業」^(注4)及び性

風俗関連特殊営業を除く。以下同じ。）の用に供されていた土地（面積400㎡までの部分に限る。）、建物（床面積800㎡までの部分に限る。）及び建物以外の機械・器具備品（例：工作機械・パワーシャベル・診療機器等）、車両運搬具、生物（乳牛等、果樹等）、無形償却資産（特許権等）等の減価償却資産（固定資産税又は営業用として自動車税若しくは軽自動車税の課税対象となっているものその他これらに準ずるもの及び事業用に供されている乗用自動車で、その取得価額が500万円を超える場合にはその相続時の価額に500万円がその取得価額のうちに占める割合を乗じて計算した金額に対応する部分（措規23の8の8②二ハ）に限る。）で相続開始の前年分の事業所得に係る青色申告書に添付される貸借対照表に計上されているものをいう。

（注3）　上記の「承継計画」とは、認定経営革新等支援機関の指導及び助言を受けて作成された特定事業用資産の承継前後の経営見通し等が記載された計画であって、平成31年4月1日から令和8年3月31日までの7年間に都道府県に提出されたものをいう。

（注4）「資産管理事業」とは、有価証券、自ら使用していない不動産、現金・預金等の特定の資産の保有割合が特定事業用資産の事業に係る総資産の総額の70％以上となる事業（資産保有型事業）やこれらの特定の資産からの運用収入が特定事業用資産に係る事業の総収入金額の75％以上となる事業（資産運用型事業）をいう。

　なお、先代事業者が、配偶者の所有する土地の上に建物を建て、事業を行っている場合における土地など、先代事業者と生計を一にする親族が所有する資産も「特定事業用資産」に該当します。

　また、後継者が複数人の場合の宅地等及び建物の面積は、各後継者が取得した面積の合計で判定します。

3　猶予税額の計算

　猶予税額の計算方法は、非上場株式等についての相続税の納税猶予制度の特例に準じて計算します。

4　猶予税額の免除

イ　全額免除

次の場合には、猶予税額の全額が免除されます。

㈰　認定相続人が、その死亡の時まで、特定事業用資産を保有し、事業を継続した場合

㈪　認定相続人がやむを得ない理由（一定の身体障害者等に該当）で事業継続ができなくなった場合

㈫　認定相続人について破産手続開始の決定があった場合

㈬　相続税の申告期限から 5 年経過後に、次の後継者へ特定事業用資産を贈与し、その後継者がその特定事業用資産について贈与税の納税猶予制度の適用を受ける場合

ロ　一部免除

次の場合には、非上場株式等についての相続税の納税猶予制度の特例に準じて、猶予税額の一部が免除されます。

㈰　同族関係者以外の者へ特定事業用資産を一括して譲渡する場合

㈪　民事再生計画の認可決定等があった場合

㈫　経営環境の変化を示す一定の要件 (注5) を満たす場合において、特定事業用資産の一括譲渡又は特定事業用資産に係る事業の廃止をするとき

（注 5 ）　上記の「経営環境の変化を示す一定の要件」は、非上場株式等についての相続税の納税猶予制度の特例に準じた次の要件をいう。

A　その年の前年以前 3 年間のうち 2 年以上事業所得の金額が赤字の場合

B　その年の前年以前 3 年間のうち 2 年以上事業所得の総収入金額が前年を下回る場合　等

なお、上記イハ又はロの場合には、過去 5 年間に認定相続人の青色事業専従者に支払われた給与等で必要経費として認められない額は免除されません。

5　猶予税額の納付

イ　認定相続人が、特定事業用資産に係る事業を廃止した場合等には、猶予税額の全額を納付することとなります。

ロ　認定相続人が、特定事業用資産の譲渡等をした場合には、その譲渡等をした部分に対応する猶予税額を納付することとなります。

6　利子税の納付

上記5により、猶予税額の全部又は一部を納付する場合には、その納付税額について相続税の法定申告期限からの利子税（年3.6％）（利子税の特例（貸出約定平均利率の年平均が0.6％の場合）を適用した場合には、年0.7％）を併せて納付することとなります。

7　その他

イ　被相続人は相続開始前において、認定相続人は相続開始後において、それぞれ青色申告の承認（正規の簿記の原則によるものに限る）を受けていなければなりません。

ロ　認定相続人は、相続税の申告期限から3年毎に継続届出書を税務署長に提出しなければなりません。

ハ　認定相続人が、相続税の申告期限から5年経過後に特定事業用資産を現物出資し、会社を設立した場合には、当該認定相続人が当該会社の株式等を保有していることその他一定の要件を満たすときは、納税猶予を継続することとなります。

ニ　被相続人に債務がある場合には特定事業用資産の価額から当該債務の額（明らかに事業用でない債務の額を除く。）を控除した額を猶予税額の計算の基礎とする、非上場株式等についての相続税の納税猶予制度における資産管理会社要件を踏まえた要件を設定する等の租税回避行為を防止する措置を講ずる必要があります。

ホ　認定相続人がこの納税猶予の適用を受ける場合には、特定事業用宅地等について小規模宅地等についての相続税の課税価格の計算の特例の適用を受けることができません。ただし、認定相続人以外の相続人が特定同族会社事業用宅地又は貸付事業

用宅地等について小規模宅地等の特例を適用する場合は、特定事業用資産である宅地等について面積調整が必要になります。

個人版事業承継（納税猶予制度）との関係

適用を受ける小規模宅地等の区分	個人版事業承継税制の適用
イ　特定事業用宅地等	適用を受けることはできない。
ロ　特定同族会社事業用宅地等	「400㎡－特定同族会社事業用宅地等の面積」が、適用対象となる宅地等の限度面積となる^{（注6）}。
ハ　貸付事業用宅地等	「400㎡－2×（A×200／330＋B×200／400＋C）」が、適用対象となる宅地等の限度面積となる^{（注7）}。
ニ　特定居住用宅地等	適用制限なし^{（注1）}。

（注6）　他に貸付事業用宅地等について小規模宅地等の特例の適用を受ける場合には、ハによる。

（注7）　Aは特定居住用宅地等の面積、Bは特定同族会社事業用宅地等の面積、Cは貸付事業用宅地等の面積である。

ヘ　被相続人に債務がある場合には、特例事業用資産の価額から当該債務の額（明らかに事業用でない債務を除く。）を控除した額を猶予税額の計算の基礎とすることとされており、非上場株式等の納税猶予制度と計算方法が異なります。

ト　その他非上場株式等についての相続税の納税猶予制度の特例に準ずる措置のほか所要の措置を講ずる必要があります。

〈計算事例〉

◎事業用資産に係る納税猶予税額

(1)　前提条件

①　相続人：子A（後継者）、Bの2人

②　資産；400,000千円；内訳、A；特定事業用資産　200,000千円

宅　地　100,000千円

その他　100,000千円

その他の資産　200,000千円

A：　50,000千円

B；150,000千円

③　負債：200,000千円（内訳；A：事業用債務　　150,000千円

B：その他の債務　　50,000千円

④　純資産：200,000千円

(2)　基本計算

200,000千円－42,000千円＝158,000千円

$158,000千円 \times \dfrac{1}{2} = 79,000千円$

（79,000千円×0.3－7,000千円＝16,700千円）× 2 ＝33,400千円

$A：33,400千円 \times \dfrac{100,000千円}{200,000千円} = 16,700千円$

$B：33,400千円 \times \dfrac{100,000千円}{200,000千円} = 16,700千円$

(3)　猶予税額

150,000千円（200,000千円－150,000千円＋150,000千円－50,000千円

150,000千円－42,000千円＝108,000千円

$108,000千円 \times \dfrac{1}{2} = 54,000千円$

（54,000千円×0.3－7,000千円＝9,200千円）× 2 ＝18,400千円

$A：18,400千円 \times \dfrac{50,000千円}{150,000千円(0.33)} = 6,072千円$　（猶予税額）

(4)　納付税額

A：16,700千円－6,072千円＝<u>10,628千円</u>

B：<u>16,700千円</u>

◎小規模宅地適用の場合

120,000千円＝200,000千円－80,000千円（100,000千円×0.8）

120,000千円－42,000千円＝78,000千円

$78,000千円 \times \dfrac{1}{2} = 39,000千円$

（39,000千円×0.2－2,000千円＝5,800千円）× 2 ＝11,600千円

$$A：11,600千円 \times \frac{20,000千円}{120,000千円　(0.17)} = \underline{1,972千円}$$

$$B：11,600千円 \times \frac{100,000千円}{120,000千円(0.83)} = \underline{9,628千円}$$

◎小規模宅地適用の場合

ただし、～事業用資産2億円の内宅地が10,000千円の場合

　192,000千円＝200,000千円－8,000千円（10,000千円×0.8）

　192,000千円－42,000千円＝150,000千円

$$150,000千円 \times \frac{1}{2} = 75,000千円$$

　（75,000千円×0.3－7,000千円＝15,500千円）× 2 ＝31,000千円

$$A：31,000千円 \times \frac{92,000千円}{192,000千円(0.48)} = \underline{14,880千円}$$

$$B：31,000千円 \times \frac{100,000千円}{192,000千円(0.52)} = \underline{16,120千円}$$

以上の納付すべき相続税額比較表　　　　　　　　　　　　　　単位：千円

	A（承継者）	B	計
個人の事業用資産の相続税の納税猶予	10,628	16,700	27,328
小規模宅地等の特例～同上条件	1,972	9,628	11,600
小規模宅地等の特例～宅地1千万円	14,880	16,120	31,000

小規模宅地等の特例と個人の事業用資産の納税猶予特例の比較

	小規模宅地等の相続税の課税価格の特例（特定事業用宅地等）	個人の事業用資産の相続税の納税猶予、免除
適用条文	措法69の4②一、③一	措法70の6の10
制度の内容	相続税の課税価格の減額	相続税の納税猶予及び免除
認定の必要	なし	経営承継円滑化法の認定者
適用期間	なし	平成31年1月1日から令和10年12月31日
承継計画	なし	平成31年4月1日から令和8年3月31日
承継パターン	相続・遺贈	贈与・相続等
事業の承継	被相続人の事業を承継	被相続人事業の類似事業の承継
対象資産	・土地等（400㎡）	・土地等（400㎡） ・建物（床面積800㎡） ・事業用減価償却資産
対象業種	・個人事業者で不動産賃貸業等を除く	・中小企業基本法上の中小企業たる一定の個人（個人医院、士業等も含む）で資産管理事業（資産保有型事業、資産運用型事業）及び性風俗関連事業を除く
減額,猶予割合	・80％の課税価格の減額	・100％納税猶予（事業用の債務を控除した額が納税猶予額の計算の基礎）
適用要件	・申告期限までに事業の引き継ぎ ・申告期限まで宅地等の保有 ・申告期限まで引き続き事業継続 ・相続開始3年前事業共用	・認定承継計画に基づき事業引継 ・被相続人、相続人共に青色申告者 ・担保の提供 ・事業用資産の保有、事業継続
事業の継続	申告期限まで	終身
適用手続	・相続税申告書に、本適用の旨等を記載し、一定の書類添付	・承継計画を期間内に提出 ・申告期限から3年ごとに継続届出書の提出
後継者以外の税額の影響	・後継者以外の相続人が負担する相続税額も減額	・後継者以外の相続人が負担する相続税額は減額されない

第8

非上場株式等の相続税の
納税猶予及び免除の内容

Ⅰ　非上場株式等についての相続税の納税猶予
　及び免除の特例の内容（措法70の7の6）

1　特例創設の背景

　中小企業においても高齢化が進行しており、今後10年の間に70歳（平均引退年齢）を超える中小企業・小規模事業者の経営者は約247万人、うち約半数の127万（日本企業全体の3分の1）が後継者未定とされています。現状を放置すると、中小企業廃業の急増により、2025年頃までの10年間累計で約650万人の雇用、約22兆円のGDPが失われる可能性があり、特に地方においての事業承継は深刻な問題となっています（以上、「中小企業・小規模事業者の生産性向上について」（平成29年10月経済産業省）より）。

　こうした背景のもとに、次項Ⅱの「非上場株式等についての相続税の納税猶予及び免除の規定（措法70の7の2）」について、平成30年1月1日から令和9年12月31日の10年間の時限措置として特例が創設されたものです。

2　特例の内容

　この特例は、平成30年4月1日から令和8年3月31日までの8年間に、特例承継計画を都道府県に提出することを条件に次の5項目の特例を設けています。

　(1)　対象株式数の上限等の撤廃

　(2)　雇用要件の実質的撤廃

(3)　対象者の拡充

(4)　経営環境の変化に応じた減免

(5)　相続時精算課税制度の適用範囲の拡大

(6)　後継者適用要件

　また、その概要は下記の通りです（以下の(6)を除く解説は「平成30年度事業承継税制の改正の概要」（中小企業庁）をもとに作成）。

（概要）

・事業承継の際の贈与税・相続税の納税を猶予する「事業承継税制」を、今後5年以内に特例承継計画を提出し、10年以内に実際に承継を行う者を対象とし、抜本的に拡充。

・①対象株式数・猶予割合の拡大、②対象者の拡大、③雇用要件の弾力化、④新たな減免制度の創設等を行う。

〈税制適用の入り口要件を緩和〜事業承継に係る負担を最小化〜〉

（現行制度）	（特例制度）
・納税猶予の対象になる株式数には2/3の上限があり、相続税の猶予割合は80％。後継者は事業承継時に多額の贈与税・相続税を納税することがある。 ・税制の対象となるのは、一人の先代経営者から一人の後継者へ贈与・相続される場合のみ。	・対象株式数の上限を撤廃し全株式を適用可能に。また、納税猶予割合も100％に拡大することで、承継時の税負担ゼロに。 ・親族外を含む複数の株主から、代表者である後継者（最大3人）への承継も対象に。中小企業経営の実状に合わせた、多様な事業承継を支援。

〈税制適用後のリスクを軽減〜将来不安を軽減し税制を利用しやすく〜〉

（現行制度）	（特例制度）
・後継者が自主廃業や売却を行う際、経営環境の変化により株価が下落した場合でも、承継時の株価を基に贈与・相続税が課税されるため、過大な税負担が生じうる。 ・税制の適用後、5年間で平均8割以上の雇用を維持できなければ猶予打切り。人手不足の中、雇用要件は中小企業にとって大きな負担。	・売却額や廃業時の評価額を基に納税額を計算し、承継時の株価を基に計算された納税額との差額を減免。経営環境の変化による将来の不安を軽減。 ・5年間で平均8割以上の雇用要件を未達成の場合でも、猶予を継続可能に（経営悪化等が理由の場合、認定支援機関の指導助言が必要）。

　※　相続時精算課税制度の適用範囲の拡大及び所要の措置を講じる。

以下、個別に詳しくみていきます。

(1)　対象株式数の上限等の撤廃

・現行制度では、先代経営者から贈与／相続により取得した非上場株式等のうち、議決権株式総数の2/3に達する部分までの株式等が対象（贈与／相続前から後継者が既に保有していた部分は対象外）。例えば、相続税の場合、猶予割合は80％であるため、猶予されるのは2/3×80％＝約53％のみ。

・対象株式数の上限を撤廃（2/3→3/3）、猶予割合を100％に拡大することで、事業承継時の贈与税・相続税の現金負担をゼロにする。

現行制度

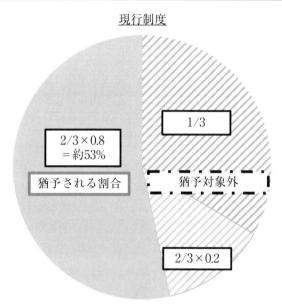

（中小企業庁資料より）

（現行制度）
納税猶予の対象になるのは、発行済議決権株式総数の2/3までであり、相続税の納税猶予割合は80％。そのため、実際に猶予される額は全体の約53％にとどまる

➡

（特例制度）
・対象株式数の上限を撤廃し議決権株式の全てを猶予対象とする。
・猶予割合を100％に拡大。⇒事業承継に係る金銭負担はゼロとなる

---

(2)　雇用要件の実質的撤廃

> ・現行制度では、事業承継後5年間平均で、雇用の8割を維持することが求められている。仮に雇用8割を維持出来なかった場合には、猶予された贈与税・相続税の全額を納付する必要がある。
> ・制度利用を躊躇する要因となっている雇用要件を実質的に撤廃することにより、雇用維持要件を満たせなかった場合でも納税猶予を継続可能に。(※雇用維持が出来なかった理由が経営悪化又は正当なものと認められない場合、認定支援機関の指導・助言を受ける必要がある。)

(現行制度)
5年間の雇用平均が8割未達の場合、猶予された税額を全額納付

➡

(特例制度)
5年間の雇用平均が8割未達でも猶予は継続
※5年平均8割を満たせなかった場合には理由報告が必要。経営悪化が原因である場合等には、認定支援機関による指導助言の必要

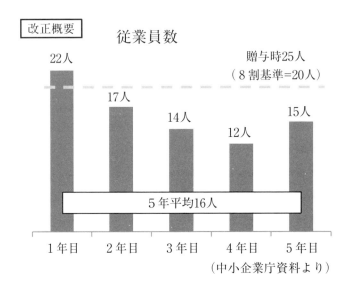

改正概要

従業員数

贈与時25人
(8割基準=20人)

22人
17人
14人
12人
15人

5年平均16人

1年目　2年目　3年目　4年目　5年目

(中小企業庁資料より)

(3)　対象者の拡充

- ・現行制度では、一人の先代経営者から一人の後継者へ贈与・相続される場合のみが対象。
- ・親族外を含む複数の株主から、代表者である後継者（最大3人）への承継も対象に。中小企業経営の実状に合わせた、多様な事業承継を支援。

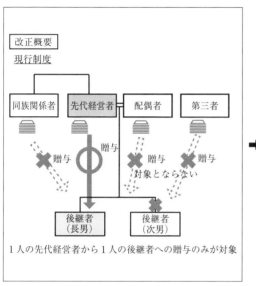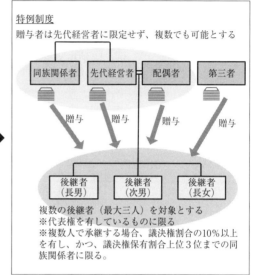

（中小企業庁資料より）

(4)　経営環境の変化に応じた減免

- ・現行制度では、後継者が自主廃業や売却を行う際、経営環境の変化により株価が下落した場合でも、承継時の株価を基に贈与・相続税を納税するため、過大な税負担が生じうる。
- ・売却額や廃業時の評価額を基に納税額を再計算し、事業承継時の株価を基に計算された納税額との差額を減免。経営環境の変化による将来の不安を軽減。

（現行制度）
事業承継時の株価を元に贈与税額・相続税額を算定し、猶予取消しとなった場合には、その贈与税額・相続税額を納税する必要がある

（特例制度）
経営環境の変化を示す一定の要件を満たす場合において、事業承継時の価額と差額が生じているときは、売却・廃業時の株価を基に納税額を再計算し、減免可能とすることで将来不安を軽減

制度概要

X社の株価総額の推移（イメージ図）

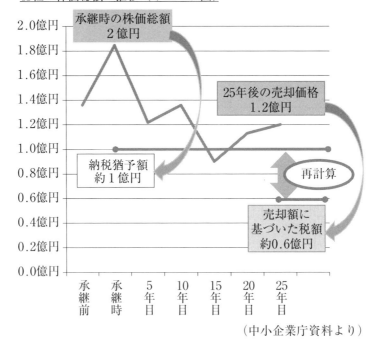

（中小企業庁資料より）

(5)　相続時精算課税制度の適用範囲の拡大

・現行制度では、相続時精算課税制度は、原則として直系卑属への贈与のみが対象。

・事業承継税制の適用を受ける場合には、相時精算課税制度の適用範囲を拡大することにより、猶予取消し時に過大な税負担が生じないようにする。

| （現行制度）
60歳以上の父母又は祖父母から、18歳以上（令和4年3月31日以前20歳以上）の子又は孫への贈与が相続時精算課税制度の対象 | → | （特例制度）
現行制度に加えて、事業承継税制の適用を受ける場合には、60歳以上の贈与者から、18歳以上（令和4年3月31日以前20歳以上）の後継者への贈与を相続時精算課税制度の対象とする。（贈与者の子や孫でない場合でも適用可能。） |

特例制度
贈与者は先代経営者に限定せず、複数でも可能とする

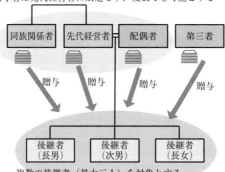

複数の後継者（最大三人）を対象とする
※代表権を有しているものに限る
※複数人で承継する場合、議決権割合の10％以上
を有し、かつ、議決権保有割合上位３位までの同
族関係者に限る。

（中小企業庁資料より）

(6)　後継者適用要件

> 　下記に該当する場合は、後継者が被相続人の相続開始の直前において特例認定承継
> 会社の役員でないときであっても、適用を受けることができる。
>
> (1)　被相続人が70歳未満（改正前は60歳未満）で死亡した場合（措規23の12の３①
> 　⑪）
>
> (2)　後継者が中小企業における経営の承継の円滑化に関する法律施行規則の確認を
> 　受けた特例承継計画に特例後継者として記載されている者である場合（措規23の
> 　12の３⑪一）

個人と法人の納税猶予制度の主な比較

	個人の事業用資産の相続税の納税猶予、免除	非上場株式等についての相続税の納税猶予、免除（特例措置）
適用条文	措法第70条の6の10	措法第70条の7の6
適用期間	平成31年1月1日から令和10年12年31日	平成30年1月1日から令和9年12年31日
承継計画	平成31年4月1日から令和8年3年31日	平成30年4月1日から令和8年3年31日
対象資産	・土地（400㎡） ・建物（床面積800㎡） ・事業用減価償却資産	・非上場株式等
対象業種	中小企業基本法上の中小企業たる一定の個人（個人医院、士業等も含む）で不動産賃貸業者を除く	中小企業基本法上の中小企業たる一定の法人（医療法人、社会福祉法人、外国法人、士業法人は除く）で不動産賃貸業者を除く
猶予割合	100％（事業用の債務を控除した額が納税猶予額の計算の基礎）	100％（猶予適用対象株式以外の財産から優先して債務控除）
全額免除の条件	・後継者の死亡 ・後継者の破産手続き開始 ・後継者が身体障害者等に該当 ・申告期限から5年経過後に次の後継者に贈与し、後継者がこの贈与税の適用を受ける。	・後継者の死亡 ・5年経過後に破産手続等、次の後継者に贈与し、後継者がこの贈与税の適用を受ける。
一部免除の条件	・同族関係者以外への一括譲渡 ・民事再生計画の認可決定 ・経営環境の変化等の要件を満たして譲渡、廃業する場合	・5年経過後に、同族関係者以外への一括譲渡、民事再生計画の認可決定、経営環境の変化等の要件を満たして譲渡、廃業する場合、一定の合併、株式交換等
継続届出書の提出	3年ごとに1回	・当初5年間は年1回 ・5年経過後は3年ごとに1回
猶予税額の計算	対象資産から債務を控除	対象資産以外から債務を控除
その他	・青色申告者 ・小規模宅地等の特例との選択 ・法人成り後も一定要件で継続	

Ⅱ　非上場株式等についての相続税の納税猶予及び免除の内容（措法70の７の２）

非上場株式等についての相続税の納税猶予及び免除の規定は次のとおり。

イ　「経営承継相続人等」（後継者）^(注1)が

ロ　「認定承継会社」^(注2)の非上場株式等を有していた被相続人（先代経営者）^(注3)から

ハ　相続又は遺贈（相続等という）により

ニ　「認定承継会社」の「非上場株式等」^(注4)の取得をし

ホ　「認定承継会社」の経営をしていく場合^(注5)には

ヘ　その相続税の期限内申告書提出により納付する相続税額のうち、

ト　非上場株式等の発行済株式等の総数（総額）の３分の２に達するまでの部分に係る課税価格の80％に対応する相続税額について

チ　担保を提供した場合に限り

リ　「経営承継相続人等」の死亡の日まで納税を猶予し、死亡の日を以って免除する。

---

(1)　概要

　　この規定は「経営承継相続人等」が、相続等により、「中小企業における経営の承継の円滑化に関する法律」（以下「円滑化法」という。）に基づき経済産業大臣の認定を受けた非上場会社の議決権株式等を取得し、その会社を経営していく場合には、その経営承継相続人等が納付すべき相続税額のうち、相続等により取得した議決権株式等（相続開始前から既に保有していた議決権株式等を含めて、その中小企業者の発行済議決権株式等の総数等の３分の２に達するまでの部分に限る。以下「対象非上場株式等」という。）に係る課税価格の80％に対応する相続税額についてはその経営承継相続人等の死亡の日までその納税を猶予し、死亡の日を以って免除するというものです。

　　なお、平成25年４月１日より事前確認制度は廃止されました。

（注1）「経営承継相続人等」（後継者）（措法70の7の2②三）

　　　　被相続人から相続等により対象非上場株式等を取得した、次の要件を満たす者1人をいう。

　　①　親族要件；相続開始直前に、被相続人の親族であること。

　　②　代表権要件；相続開始日の翌日から5月を経過する日において、認定承継会社の代表権を有していること。

　　③　過半数グループ帰属要件；相続開始時に、個人及びその親族等特別の関係がある者（措令40の8の2⑪）の有する非上場株式等（議決権）の合計が、50%超であること。

　　④　筆頭株主要件；相続開始時に、③のグループ内で筆頭株主であること。

　　⑤　株式継続保有要件；相続税の申告期限（死亡した場合は、死亡の日）まで取得した対象非上場株式等のすべてを保有していること。

　　⑥　経営承継要件；会社の特定後継者で、かつ相続開始直前に役員であったこと（措規23の10⑧）。

　　　　ただし、次のいずれかに該当すればこの要件は不要。

　　(i)　代表者の被相続人が70歳未満で死亡した場合

　　(ii)　代表者が相続開始直前に役員であった場合であって、相続開始直前にその代表者が有していた分と、相続等により取得した分を含めた合計で、議決権数の50%超であること。

　　(iii)　会社の後継者となることが見込まれること。

（注2）「認定承継会社」（認定対象会社）（措法70の7の2②一）

　　　　円滑化法第2条に規定する中小企業者（※）のうち経済産業大臣の認定を受けた会社で、相続開始時において、次に掲げるすべての要件を満たすものをいう。

　　①　常時使用従業員要件；会社の常時使用従業員数が1人以上であること。

　　②　非資産管理会社要件；会社が、資産保有型会社（特定資産等㊟割合70%以上の会社）又は資産運用型会社（特定資産等運用収入75%以上の会社）に該当しないこと。

　　㊟　現預金、有価証券、不動産等の合計額（その後の資産管理会社の判定においては、この「合計額」に、過去5年間に、後継者と同族関係者に支払われた配当等を加える。）（措法70の7の2②八、措法70の7②八、措規23の9⑮、円滑化規1

⑰二イ～ホ）

③　非上場会社要件；会社（特定会社）の株式等及び特別関係会社（特定会社と政令で定める特別の関係がある会社）のうち当該特定会社と密接な関係を有する会社として政令で定める会社（特定特別関係会社）の株式等が、非上場株式等に該当すること。

④　非風俗営業会社要件；会社等が、風俗営業会社に該当しないこと。

⑤　特別の関係がある会社が外国会社の場合はその会社の常時使用従事員が5人以上であること。

⑥　政令委任要件；次の要件に該当すること。

（ⅰ）総収入金額要件；相続開始日の属する事業年度の直前事業年度の総収入金額があること。

（ⅱ）種類株式所有者制限要件；経営承継相続人等以外の者が、拒否権付種類株式（黄金株）を有しないこと。

（ⅲ）関係会社中小企業者要件；認定承継会社と特別の関係がある会社が、円滑化法第2条に規定する中小企業者（※）に該当すること。

※中小企業者の範囲；次の表による、業種目別の資本金又は従業員数に該当する法人又は個人をいう。

業　種　目	資本金 又は	従業員数
製造業・建設業・運輸業その他（以下の業種を除く）	3億円以下	300人以下
卸売業	1億円以下	100人以下
小売業	5千万円以下	50人以下
サービス業	5千万円以下	100人以下
①　ゴム製品製造業（自動車又は航空機用タイヤ及びチューブ製造業並びに工業用ベルト製造業を除く。）	3億円以下	900人以下
②　ソフトウエア業又は情報処理サービス業	3億円以下	300人以下
③　旅館業	5千万円以下	200人以下

（注3）　被相続人（先代経営者）（措令40の8の2①）

次の要件を満たすものをいう。

①　認定承継会社の代表者であったこと。

②　先代経営者とその同族関係者で、発行済議決権株式総数の50％超の株式を保有し、

③ かつ同族内で筆頭株主であったこと。

（注 4 ） 「非上場株式等」（措法70の 7 の 2 ②二）

① 非上場要件；会社の株式のすべてが金融商品取引所に上場（上場の申請を含む。）されていないこと。

② 会社要件；合名会社、合資会社又は合同会社の出資のうち、①要件を満たすこと。

（注 5 ） 「事業継続要件」（措法70の 7 の 2 ②六、七）

経営承継相続人等は、経済産業大臣の認定の有効期間（経営承継期間＝ 5 年間；第 1 種基準日）内は毎年、その後は 3 年毎（第 2 種基準日）に継続届出書を税務署長に提出しなければならない。

〈事業継続要件； 5 年間〉（措法70の 7 の 2 ③）

① 経営承継相続人等は代表者であること。

② 認定承継会社の雇用は 5 年間平均 8 割以上を維持すること。～厚生年金保険及び健康保険加入者ベース（「パート」等の非正規社員は除く。）

③ 相続した対象非上場株式等は継続保有すること等。～組織再編を行った場合であっても、実質的な事業継続が行われているときには認定を継続

(2) 猶予税額の計算

① 相続税の納税猶予の適用がないものとして、通常の相続税額の計算を行い、各相続人の相続税額を算出する（経営承継相続人等以外の相続人の相続税額は、この額となる。）。

② 経営承継相続人等以外の相続人の取得財産は不変としたうえで、経営承継相続人等が、対象非上場株式等（100％）のみを相続するものとして計算した場合の経営承継相続人等の相続税額と、対象非上場株式等（20％）のみを相続するものとして計算した場合の経営承継相続人等の相続税額の差額を、経営承継相続人等の猶予税額とする。

なお、①により算出した経営承継相続人等の相続税額からこの猶予税額を控除した額が経営承継相続人等の納付税額となる。

③ 計算例

遺産総額： 3 億円、法定相続人：子 2 人、子A1.5億円（うち対象株式 1 億円）子B1.5億円

①の計算〜（3億円－7,000万円）／2×40％－1,700万円＝2,900万円（子Bの納付税額）

②の計算〜　{（1億円＋1.5億円－7,000万円）／2×30％－700万円}×2／2.5
＝1,600万円 α

{2,000万円＋1.5億円－7,000万円）／2×20％－200万円}×2×2／17＝188万円 β

1,600万円 α －188万円 β ＝1,412万円（子Aの猶予税額）

子Aの納付税額〜2,900万円－1,412万円＝1,488万円

平成27年1月1日以後の相続等の場合は次のとおり。

①の計算〜（3億円－4,200万円）／2×40％－1,700万円＝3,460万円（子Bの納付税額）

②の計算〜　{（1億円＋1.5億円－4,200万円）／2×40％－1,700万円}×2／2.5
＝1,968万円 α

{2,000万円＋1.5億円－4,200万円）／2×30％－700万円}×2×2／17＝287万円 β

1,968万円 α －287万円 β ＝1,681万円（子Aの猶予税額）

子Aの納付税額〜3,460万円－1,681万円＝1,779万円

(3)　猶予税額の免除

その経営承継相続人等が対象非上場株式等を死亡の時まで保有し続けた場合は、猶予税額の納付を免除する。

このほか、経済産業大臣の認定の有効期間（経営承継期間＝5年間）経過後における猶予税額の納付の免除については次による。

①　対象非上場株式等に係る会社について、破産手続開始の決定又は特別清算開始の命令があった場合には、猶予税額の全額を免除する。

②　次の後継者へ対象非上場株式等を贈与した場合において、その対象非上場株式等について贈与税の納税猶予制度の適用を受けるときは、その適用を受ける対象非上場株式等に係る相続税の猶予税額を免除する。

③　同族関係者以外の者へ保有する対象非上場株式等を一括して譲渡した場合において、その譲渡対価又は譲渡時の時価のいずれか高い額が猶予税額を下回るときは、その差額分の猶予税額を免除する。

　　なお、租税回避行為に対応するため、上記①、③の場合において免除するとされる額のうち、過去5年間の経営承継相続人等及び生計を一にする者に対して支払われた配当及び過大役員給与等に相当する額は免除しない。

(4)　猶予税額の納付

　①　経済産業大臣の認定の有効期間（経営承継期間＝5年間）内に、次に該当する事実が生じた場合には、猶予税額の全額を納付する。

　　・経営承継相続人が代表者でなくなった場合

　　・雇用の8割の維持ができなかった場合

　　・対象非上場株式等の譲渡等をした場合など

　②　①の期間経過後において、対象非上場株式等の譲渡等をした場合には、対象非上場株式等の総数に対する譲渡等をした対象非上場株式等の割合に応じて猶予税額を納付する。

(5)　利子税の納付

　　上記(4)により、猶予税額の全部又は一部を納付する場合には、相続税の法定申告期限からの利子税（年3.6％※）を併せて納付する。

　　　※各年の「特例基準割合」が7.3％に満たない場合は次の通りとなる。

　　　　3.6％×「特例基準割合」÷7.3％（0.1未満の端数切捨）

　　　　「特例基準割合」とは各年の前年の12月15日までに財務大臣が告示する割合に、年1％の割合を加算した割合をいう。

(6)　担保の提供

　　相続税の納税猶予（措法70の7の2）の適用を受けるためには、原則として、対象非上場株式等のすべてを担保に供さなければならない。

(7)　その他

　①　租税回避行為への対応

　　イ　資産保有型会社の判定において、過去5年間に経営承継相続人等及びその同族関係者に対して支払われた配当や過大役員給与等に相当する額を特定資産及び総資産の額に加算する。

　　ロ　相続開始前3年以内に経営承継相続人等の同族関係者からの現物出資又は贈与により取得した資産の合計額の総資産に占める割合が70％以上である会社に係る株式等については、本特例を適用しない（措法70の7の2㉚）。

　ハ　同族会社等の行為又は計算の否認等の規定の準用

　　　相続税法第64条第1項及び第4項（同族会社等の行為又は計算の否認等）を準用する（措法70の7の2⑮）。

②　他の特例との適用関係

　　相続税の納税猶予（措法70の7の2）の適用を受ける場合も、小規模宅地等についての相続税の課税価格の計算の特例（措法69の4）の適用を認める。

③　適用関係等

　　取引相場のない株式等に係る相続税の納税猶予制度は、中小企業における経営の承継の円滑化に関する法律の施行日（平成20年10月1日）以後の相続等について適用する。

〈非上場株式等についての相続税の納税猶予の流れ〉（財務省資料より抜粋、一部加筆修正）

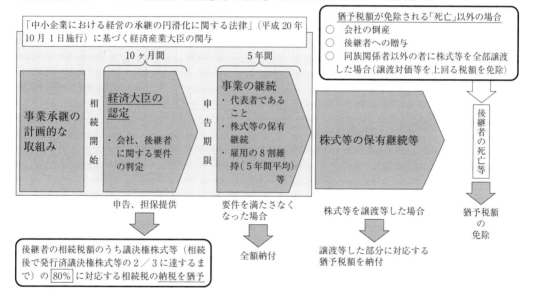

〈相続税の納税猶予制度のフレーム〉（経済産業省資料より抜粋、一部加筆修正）

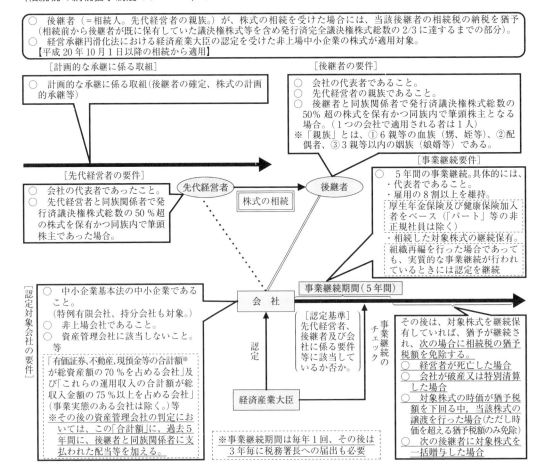

〈平成27年1月1日以後の相続等による取得の主な改正点〉

1．後継者の親族間承継要件（特定後継者）の廃止

2．雇用確保要件毎年8割以上維持を5年間平均8割以上維持に緩和

3．経営承継期間経過後、納税猶予税額の全部又は一部納付は利子額を免除

4．納税猶予税額の全部又は一部納付の利子税の割合を年0.86（特例基準割合1.8％）とする（平成27年1月1日以後）

5．民事再生計画の認可決定等があった場合の猶予税額の再計算、納税猶予継続

6．納税猶予税額計算上債務葬式費用は対象非上場株式等以外の財産から控除

7．一定の要件を満たした株式不発行会社への適用拡大

8．雇用確保要件が満たされず経済産業大臣の認定が取り消された場合の猶予税額に対する延納及び物納制度の適用

〈平成29年4月1日以後の相続等による取得の主な改正点〉

○雇用確保要件につき、従業員5人未満の事業所については端数切捨てで計算

（参考）　相続税における配偶者居住権等の評価額の内容

1　趣旨

民法（相続関係）の改正に伴い、配偶者居住権（民法1028）が創設されたことにより、その評価額について次の措置を講じています。

2　内容

相続税における配偶者居住権等の評価額は次のとおりとなります（相法23の2）。

イ　配偶者居住権の価額

$$\text{建物の時価}^{(注1)} - \text{建物の時価} \times \frac{\text{残存耐用年数}^{(注2)} - \text{存続年数}^{(注3)}}{\text{残存耐用年数}} \times \text{存続年数に応じた民法の法定利率による複利現価率}^{(注5)}$$

➡（建物の相続税評価額）－（建物所有権の相続税評価額）

＊残存耐用年数＝住宅用の法定耐用年数×1.5－建築経過年数（相令5の7②、相規12の2）

ロ　配偶者居住権が設定された建物（以下「居住建物」という。）の所有権の価額

建物の時価－配偶者居住権の価額

➡（建物の相続税評価額）－（配偶者居住権の相続税評価額）

＊建物の時価は、配偶者居住権の設定をしていないものとした場合の時価

建物の時価について

(1)　通常のケース（相法23の2①一）＝建物の時価

(2)　建物の一部賃貸（相令5の7①一）＝建物の時価×$\dfrac{\text{賃貸部分以外面積}}{\text{建物床面積}}$

(3)　建物を配偶者と共有（相令5の7①二）＝建物の時価×被相続人の建物持分割合

(4)　建物の一部賃貸及び配偶者と共有（相令5の7①三）＝建物の時価×

$\dfrac{\text{賃貸部分以外面積}}{\text{建物床面積}}$×被相続人の建物持分割合

＊建物の時価は、配偶者居住権の設定や建物を賃貸に供していないものとした場合の時価

ハ　配偶者居住権に基づく居住建物の敷地の利用に関する権利の価額

土地等の時価$^{(注1)}$－土地等の時価×存続年数に応じた民法の法定利率による複利現価率$^{(注5)}$

　➡　（土地等の相続税評価額）－（土地等所有権の相続税評価額）

ニ　居住建物の敷地の所有権等の価額

　土地等の時価－敷地の利用に関する権利の価額

　➡　（土地等の相続税評価額）－（配偶者居住権に基づく土地等利用の相続税評価額）

　土地等の時価について

(1)　通常のケース（相法23の2③一）＝土地等の時価

(2)　建物の一部賃貸（相令5の7④一）＝土地等の時価×$\dfrac{\text{賃貸部分以外面積}}{\text{建物床面積}}$

(3)　建物を他の者と共有又は配偶者と共有（相令5の7④二）＝土地等の時価×被相続人の土地等又は建物持分割合

　＊持分割合は、建物、土地両方の持ち分を有する場合はいずれか低い割合

(4)　建物の一部賃貸及び敷地を他の者と共有又は配偶者と共有（相令5の7④三）

　　＝土地等の時価×$\dfrac{\text{賃貸部分以外面積}}{\text{建物床面積}}$×被相続人の土地等又は建物持分割合

　＊持分割合は、建物、土地両方の持ち分を有する場合はいずれか低い割合

（注1）　上記の「建物の時価」及び「土地等の時価」は、それぞれ配偶者居住権が設定されていない場合の建物の時価又は土地等の時価とする。

（注2）　上記の「残存耐用年数」とは、居住建物の所得税法に基づいて定められている耐用年数（住宅用）に1.5を乗じて計算した年数から居住建物の築後経過年数を控除した年数（6月以上の端数は1年とし、6月未満の端数は切り捨てる。）をいう（相法23の2①二イ）。

（注3）　上記の「存続年数」とは、次に掲げる場合の区分に応じそれぞれ次に定める年数をいう。

　　㋑　配偶者居住権の存続期間が配偶者の終身の間である場合　配偶者の平均余命年数（6月以上の端数は1年とし、6月未満の端数は切り捨てる。相令5の7③一、相規12の3）$^{(注6)}$

　　㋺　㋑以外の場合　遺産分割協議等により定められた配偶者居住権の存続期間の年数（配偶者の平均余命年数（6月以上の端数は1年とし、6月未満の端数は切り捨てる。相令5の7③一、相規12の3）$^{(注6)}$を上限とする。）

（注4）　残存耐用年数又は残存耐用年数から存続年数を控除した年数が零以下となる場合

には、上記イの「$\dfrac{（残存耐用年数－存続年数）}{残存耐用年数}$」は、零とする（相法23の 2 ①二）。

（注 5 ）　存続年数に応じた民法の法定利率による複利現価率（小数点以下三位未満四捨五入。相法23の 2 ①三、相規12の 4 ）（別表（186頁）参照）

（注 6 ）　厚生労働省公表の完全生命表（ 6 月以上の端数は 1 年とし、 6 月未満の端数は切り捨てる。相令 5 の 7 ③）（別表（186頁）参照）

3 　譲渡・物納

　配偶者居住権の譲渡はできませんが（民法1032②）、配偶者居住権が合意解除又は放棄により消滅したり、建物所有者による消滅の意思表示の規定により消滅して対価の支払いがない場合は贈与税の課税が生じることとなります（相基通 9 –13の 2 ）。

　配偶者居住権の消滅事由等と課税関係

事　　由	民法条文等	課税関係
合意解除（対価なし）	相基通 9 —13の 2	贈与税
合意解除（対価あり）	—	所得税（譲渡）
放　　棄（対価なし）	相基通 9 —13の 2	贈与税
放　　棄（対価あり）	—	所得税（譲渡）
所有者の消滅請求（対価なし）	1032④	贈与税
所有者の消滅請求（対価あり）	1032④	所得税（譲渡）
存続期間満了	1036、597①	課税なし
配偶者の死亡	1036、597③	課税なし
居住建物全部の滅失等	1036、616の 2	課税なし

　物納劣後財産の範囲に居住建物及びその敷地を加えます（相令19五）。

4 　登記

　配偶者居住権の設定の登記について、居住建物の価額（固定資産税評価額）に対し1,000分の 2 の税率により登録免許税を課税することとなります。

5 　適用時期

　上記の改正は令和 2 年 4 月 1 日から適用されています。

〈計算事例1〉

(1)　前提条件

　　①　建物の相続税評価額；　　500万円

　　②　土地（300㎡）の相続税評価額；　5,000万円

　　③　配偶者居住権の存続期間；　終身

　　④　民法404条の法定利率；　3％

　　⑤　建物の法定耐用年数；　22年～22年×1.5＝33年

　　⑥　残存耐用年数（木造、築10年）；　23年（33年－10年）

　　⑦　配偶者の年齢・性別・平均余命；　70歳、女性、20年

　　⑧　残存年数（平均余命年数）；　20年

　　⑨　同上の3％の複利現価率；　0.554

　　⑩　相続人；　配偶者と長男

(2)　配偶者居住権の評価額

	建　　物	土　　地	合　　計
配 偶 者	464万円 500万円－36万円	2,230万円 5,000万円－2,770万円	2,694万円 配偶者居住権
長　　男	36万円 500万円×(23－20)÷23×0.554	2,770万円 5,000万円×0.554	2,806万円 所有権
合　　計	500万円	5,000万円	5,500万円

(3)　同上の配偶者が年齢80歳の場合（平均余命年数12年、複利現価率0.701）

	建　　物	土　　地	合　　計
配 偶 者	473万円 500万円－27万円	1,495万円 5,000万円－3,500万円	1,968万円 配偶者居住権
長　　男	27万円 500万円×(13－12)÷13×0.701	3,505万円 5,000万円×0.701	3,532万円 所有権
合　　計	500万円	5,000万円	5,500万円

(4)　同上の配偶者が年齢85歳の場合（平均余命年数 8 年、複利現価率0.789）

	建　　　物	土　　　地	合　　計
配 偶 者	500万円 500万円 − 0 万円	1,055万円 5,000万円 − 3,945万円	1,555万円 配偶者居住権
長　　男	0 万円 500万円×（ 8 年 − 8 年）÷ 8 年×0.789	3,945万円 5,000万円×0.789	3,945万円 所有権
合　　計	500万円	5,000万円	5,500万円

⑸　(3)のケースで特定居住用宅地等の特例の適用（措令40の 2 ⑥）

　　配偶者居住権は、借家権類似の建物の権利ですので、小規模宅地等の特例の対象とはなりません。小規模宅地等の特例の対象となるのは、配偶者居住権の対象となる敷地利用権で次のように適用されます。

　　(イ)　配偶者居住権に対する特例適用対象面積 $= 300\text{㎡} \times \dfrac{1{,}495万円}{5{,}000万円} = 89.7\text{㎡}$

　　(ロ)　配偶者居住権に対する特例適用後の課税価格 $= 1{,}495万円 \times 20\% = 299万円$

　　(ハ)　敷地所有権に対する特例適用対象面積 $= 300\text{㎡} \times \dfrac{3{,}505万円}{5{,}000万円} = 210.3\text{㎡}$

　　(ニ)　敷地所有権に対する特例適用後の課税価格 $= 3{,}505万円 \times 20\% = 701万円$

　　(ホ)　特定居住用宅地等の特例の適用限度面積

　　　　$89.7\text{㎡} + 210.3\text{㎡} = 300\text{㎡} \leqq 330\text{㎡}$

　　なお、適用対象者は、配偶者のほか被相続人と同居の親族と同一生計の親族に限られ、別居の親族（いわゆる「家なき子」）には適用されません。

⑹　(3)のケースで放棄又は合意解除して所定の対価を受けた場合の譲渡所得計算

　　①　配偶者に支払った金額　　　　　　　　3,000万円

　　②　所有権者が譲渡した金額　　　　　　　9,000万円

　　③　建物の取得価額　　　　　　　　　　　2,000万円

　　④　土地の取得価額　　　　　　　　　　　5,000万円

　　⑤　配偶者居住権等の取得後 6 年後に有償放棄等

　　⑥　定額法33年　償却率；0.031

イ　配偶者

A；配偶者居住権（建物）の取得価額

2,000万円－2,000万円×0.031×20年＝760万円

$760万円×0.946\left(\dfrac{473}{500}\right)－2,000万円×0.031×6年≒374万円$

B；配偶者敷地利用権の取得価額

$＝5,000万円×0.299\left(\dfrac{1,495}{5,000}\right)＝1,495万円$

所得＝3,000万円－（374万円＋1,495万円）＝1,131万円

ロ　所有権者

C；建物所有権の取得価額

2,000万円－374万円＝1,626万円

D；敷地所有権の取得費

5,000万円－1,495万円＝3,505万円

所得＝9,000万円－（3,000万円＋1,626万円＋3,505万円）＝869万円

なお、この譲渡所得の課税関係は、次のようになります。

配偶者居住権関係	所有権関係
配偶者居住権（総合課税）	居住建物所有権（分離課税）
配偶者敷地利用権（総合課税）	敷地所有権（分離課税）

　上記の課税計算上、短期、長期の判定は、遺贈、遺産分割等により取得した日からの期間での計算でなく、被相続人の取得の日からの期間での計算となります。

別　表

平成27年（第22回）完全生命表

年齢	平均余命（年）		年齢	平均余命（年）	
	男性	女性		男性	女性
0	80.75	86.99	51	31.44	37.12
1	79.92	86.14	52	30.54	36.18
2	78.94	85.17	53	29.63	35.24
3	77.96	84.19	54	28.74	34.31
4	76.97	83.20	55	27.85	33.38
5	75.98	82.20	56	26.97	32.45
6	74.99	81.21	57	26.09	31.53
7	74.00	80.22	58	25.23	30.61
8	73.00	79.22	59	24.36	29.68
9	72.01	78.23	60	23.51	28.77
10	71.02	77.23	61	22.67	27.85
11	70.02	76.24	62	21.83	26.94
12	69.03	75.24	63	21.01	26.04
13	68.03	74.25	64	20.20	25.14
14	67.04	73.25	65	19.41	24.24
15	66.05	72.26	66	18.62	23.35
16	65.06	71.27	67	17.85	22.47
17	64.07	70.28	68	17.08	21.59
18	63.09	69.29	69	16.33	20.72
19	62.11	68.30	70	15.59	19.85
20	61.13	67.31	71	14.85	18.99
21	60.16	66.32	72	14.13	18.14
22	59.19	65.33	73	13.43	17.30
23	58.22	64.34	74	12.73	16.46
24	57.25	63.36	75	12.03	15.64
25	56.28	62.37	76	11.36	14.82
26	55.31	61.39	77	10.69	14.02
27	54.34	60.40	78	10.05	13.23
28	53.37	59.42	79	9.43	12.46
29	52.40	58.44	80	8.83	11.71
30	51.43	57.45	81	8.25	10.99
31	50.46	56.47	82	7.70	10.28
32	49.49	55.49	83	7.18	9.59
33	48.52	54.51	84	6.69	8.94
34	47.55	53.53	85	6.22	8.30
35	46.58	52.55	86	5.78	7.70
36	45.62	51.57	87	5.37	7.12
37	44.65	50.59	88	4.98	6.57
38	43.69	49.61	89	4.61	6.05
39	42.73	48.64	90	4.27	5.56
40	41.77	47.67	91	3.95	5.11
41	40.81	46.70	92	3.66	4.68
42	39.86	45.73	93	3.40	4.29
43	38.90	44.76	94	3.18	3.94
44	37.96	43.80	95	2.98	3.63
45	37.01	42.83	96	2.79	3.36
46	36.07	41.87	97	2.62	3.11
47	35.13	40.92	98	2.46	2.88
48	34.20	39.96	99	2.36	2.68
49	33.28	39.01	100	2.18	2.50
50	32.36	38.07			

出典：厚生労働省公表資料より作成

民法法定利率3%の複利現価率

年数	年3%の複利現価	年数	年3%の複利現価
1	0.971	36	0.345
2	0.943	37	0.335
3	0.915	38	0.325
4	0.888	39	0.316
5	0.863	40	0.307
6	0.837	41	0.298
7	0.813	42	0.289
8	0.789	43	0.281
9	0.766	44	0.272
10	0.744	45	0.264
11	0.722	46	0.257
12	0.701	47	0.249
13	0.681	48	0.242
14	0.661	49	0.235
15	0.642	50	0.228
16	0.623	51	0.221
17	0.605	52	0.215
18	0.587	53	0.209
19	0.570	54	0.203
20	0.554	55	0.197
21	0.538	56	0.191
22	0.522	57	0.185
23	0.507	58	0.180
24	0.492	59	0.175
25	0.478	60	0.170
26	0.464	61	0.165
27	0.450	62	0.160
28	0.437	63	0.155
29	0.424	64	0.151
30	0.412	65	0.146
31	0.400	66	0.142
32	0.388	67	0.138
33	0.377	68	0.134
34	0.366	69	0.130
35	0.355	70	0.126

3位未満4捨5入　　　出典；国税庁
（相規12の4）

〈計算事例２〉

　＊相続税法基本通達の一部改正について（法令解釈通達）のあらまし（情報）（令和２年２月21日　資産評価企画官情報第１号　資産課税課情報第６号　管理運営課情報第１号）より抜粋。評価明細書は省略

【設例（イメージ）】

　○　事実関係

　　2010年12月１日　被相続人が居住建物（１階（100㎡）を居住用、２階（100㎡）を賃貸用とする賃貸併用住宅）を新築し、２階２室※のうち１室を第三者Ａへ賃貸

　　2020年10月１日　相続開始

　　2021年３月20日　遺産分割協議が成立し、配偶者が配偶者居住権を取得

　　2021年10月１日　配偶者は、老人ホームへの入居のため、居住建物の所有者である長男の承諾を得て第三者Ｂへ居住建物の一部（配偶者が居住していた１階部分）を賃貸

　　2022年10月１日　長男が孫へ居住建物（持分全部）を贈与（居住建物の敷地は、孫が長男から使用貸借により借り受ける。）

	事実関係の詳細
相続開始前	建　物　所　有　者：被相続人 土　地　所　有　者：被相続人 賃　貸　の　状　況：第三者Aへ賃貸（2階2室[※]のうち1室） 2　階　の　賃　貸　割　合：50%
相続開始時 （2020年10月1日）	相　続　税　評　価　額：建物2,000万円（自用）、土地6,000万円（自用） 借　家　権　割　合：30% 借　地　権　割　合：40% 賃　貸　の　状　況：第三者Aへ賃貸（2階2室[※]のうち1室） 2　階　の　賃　貸　割　合：50% 建　物　建　築　日：2010年12月1日 建　物　構　造：木造
遺産分割時 （2021年3月20日）	建　物　相　続　人：長男 土　地　相　続　人：長男 賃　貸　の　状　況：第三者Aへ賃貸（2階2室[※]のうち1室） 2　階　の　賃　貸　割　合：50% 配　偶　者　の　年　齢：80歳10ヶ月 平　均　余　命：11.71年 配偶者居住権の存続期間：終身 法　定　利　率：3%
遺産分割後 〜 2021年9月30日	建　物　所　有　者：長男 土　地　所　有　者：長男 賃　貸　の　状　況：第三者Aへ賃貸（2階2室[※]のうち1室） 2　階　の　賃　貸　割　合：50%
贈与時 （2022年10月1日）	相　続　税　評　価　額：建物1,400万円（自用） 借　家　権　割　合：30% 賃　貸　の　状　況：第三者Aへ賃貸（2階2室[※]のうち1室） 　　　　　　　　　　第三者Bへ賃貸（1階部分） 2　階　の　賃　貸　割　合：50% 配　偶　者　の　年　齢：82歳4ヶ月 平　均　余　命：10.28年 配偶者居住権の存続期間：終身 法　定　利　率：3%

※　2階2室は各室とも同一床面積である。

○相続時の評価

【配偶者居住権の価額】

$$\underset{\substack{\text{[自用・単独所有]}\\\text{[居住建物の時価]}}}{2{,}000\text{万円}} \times \underset{\substack{\text{[賃貸以外の床面積]}\\\text{[／居住建物の床面積]}}}{150\text{㎡}/200\text{㎡}^{(注)}} = \underset{\substack{\text{[配偶者居住権の]}\\\text{[評価の基礎となる]}\\\text{[居住建物の時価]}}}{1{,}500\text{万円}}$$

（注）　２階２室のうち賃貸されていない１室については、配偶者が配偶者居住権に基づき使用・収益することができ、賃借人に権利を主張できないということはないため、当該部分は「賃貸以外の床面積」に含めて評価する。具体的には次のとおり計算する。

（１階）　　　　（２階）
100㎡ ＋（100㎡×（1－50％））＝ 150㎡

$$\underset{\substack{\text{[配偶者居住権の]}\\\text{[評価の基礎となる]}\\\text{[居住建物の時価]}}}{1{,}500\text{万円}} - \underset{\substack{\text{[配偶者居住権の]}\\\text{[評価の基礎となる]}\\\text{[居住建物の時価]}}}{1{,}500\text{万円}} \times \frac{\underset{\text{[耐用年数]}}{33\text{年}} - \underset{\text{[経過年数]}}{10\text{年}} - \underset{\text{[存続年数]}}{12\text{年}}}{\underset{\text{[耐用年数]}}{33\text{年}} - \underset{\text{[経過年数]}}{10\text{年}}} \times \underset{\text{[複利現価率]}}{0.701} = \underset{\text{[配偶者居住権の価額]}}{\underline{9{,}971{,}087\text{円}}}$$

（参考）　耐 用 年 数：33年（22年×1.5）
　　　　　経 過 年 数：10年（2010年12月１日～2021年３月20日：10年３ヶ月）
　　　　　存 続 年 数：12年（第22回生命表に基づく平均余命11.71年）
　　　　　複利現価率：0.701（端数処理前0.7014）

【居住建物の価額】

$$\underset{\text{（居住建物の時価）}}{1{,}850\text{万円}^{(注)}} - \underset{\text{（配偶者居住権の価額）}}{9{,}971{,}087\text{円}} = \underset{\text{（居住建物の価額）}}{\underline{8{,}528{,}913\text{円}}}$$

（注）　居住建物の時価は、相続税法第22条に規定する時価をいう。
　　　　自用家屋部分：2,000万円×100㎡/200㎡＝1,000万円
　　　　貸家部分：2,000万円×100㎡/200㎡＝1,000万円
　　　　居住建物の時価：1,000万円＋（1,000万円－1,000万円×0.3×50％）
　　　　　　　　　　　　＝1,850万円

【敷地利用権の価額】

$$\underset{\substack{\text{[自用・単独所有]}\\\text{[居住建物の]}\\\text{[敷地の時価]}}}{6{,}000\text{万円}} \times \underset{\substack{\text{[賃貸以外の床面積]}\\\text{[／居住建物の床面積]}}}{150\text{㎡}/200\text{㎡}^{(注)}} = \underset{\substack{\text{[敷地利用権の]}\\\text{[評価の基礎と]}\\\text{[なる居住建物の]}\\\text{[敷地の時価]}}}{4{,}500\text{万円}}$$

（注）　２階２室のうち賃貸されていない１室については、配偶者が配偶者居住権に基づき使用・収益することができ、賃借人に権利を主張できないということはないため、当該部分は「賃貸以外の床面積」に含めて評価する。具体的には次のとおり計算する。

（１階）　　　　　（２階）
100㎡ ＋（100㎡×（1－50％））＝ 150㎡

[敷地利用権の評価の基礎となる居住建物の敷地の時価]　[敷地利用権の評価の基礎となる居住建物の敷地の時価]　（複利現価率）　（敷地利用権の価額）

4,500万円 － 4,500万円 × 0.701 ＝ 13,455,000円

【居住建物の敷地の価額】

（居住建物の敷地の時価）　（敷地利用権の価額）　（居住建物の敷地の価額）

5,820万円（注） － 13,455,000円 ＝ 44,745,000円

（注）　居住建物の敷地の時価は、相続税法第22条に規定する時価をいう。

自用地部分：6,000万円×100㎡/200㎡＝3,000万円

貸家建付地部分：6,000万円×100㎡/200㎡＝3,000万円

居住建物の敷地の時価：3,000万円＋（3,000万円－3,000万円×0.4×

0.3×50％）＝5,820万円

○　贈与時の評価

【居住建物の価額】

（居住建物の時価）　（配偶者居住権の価額）　（居住建物の価額）

12,950,000円（注1） － 6,408,000円（注2） ＝ 6,542,000円

（注1）　居住建物の時価は、相続税法第22条に規定する時価をいう。

自用家屋部分：1,400万円×100㎡/200㎡＝700万円※

貸家部分：1,400万円×100㎡/200㎡＝700万円

居住建物の時価：700万円＋（700万円－700万円×0.3×50％）

＝12,950,000円

※　居住建物の時価は、贈与により当該居住建物を取得した時における「配偶者居住権が設定されていないものとした場合の時価」である。

設例の場合、第三者Bの有する賃借権は、基本となる配偶者居住権の存在を前提として、配偶者居住権者が有する権利の範囲内で成立していると考えられることから、当該配偶者居住権が設定されていなければ、当該賃借権も存し得ないものと考えられる。

したがって、「配偶者居住権が設定されていないものとした場合の時価」を求める場合には、配偶者居住権の上に存する第三者Bの賃借権も、配偶者居住権と同様に設定されていないものとして（自用家屋として）評価するのが妥当である。

（注2）　配偶者居住権の価額は次のとおり計算する。

[自用・単独所有居住建物の時価]　[賃貸以外の床面積／居住建物の床面積]　[配偶者居住権の評価の基礎となる居住建物の時価]

1,400万円 × 150㎡/200㎡※ ＝ 1,050万円

※　2階2室のうち賃貸されていない1室については、配偶者が配偶者居住権に基づき使用・収益することができ、賃借人に権利を主張できないということはないため、当該部分は「賃貸以外の床面積」に含めて評価する。

また、配偶者が居住していた1階部分については、配偶者居住権の設定

　　後に配偶者が老人ホームへ入居のため、居住建物の所有者である長男の承諾を得て第三者Bに賃貸しているところ、当該賃貸は配偶者居住権に基づく使用・収益であるため、当該賃貸部分は「賃貸以外の床面積」に含めて評価する。

　　具体的には次のとおり計算する。

（1階）　　　（2階）
100㎡ ＋（100㎡×（1−50％））＝150㎡

$$\underset{\substack{\text{配偶者居住権の}\\\text{評価の基礎となる}\\\text{居住建物の時価}}}{1{,}050\text{万円}} - \underset{\substack{\text{配偶者居住権の}\\\text{評価の基礎となる}\\\text{居住建物の時価}}}{1{,}050\text{万円}} \times \frac{\overset{\text{(耐用年数)}}{33\text{年}} - \overset{\text{(経過年数)}}{12\text{年}} - \overset{\text{(存続年数)}}{10\text{年}}}{\underset{\text{(耐用年数)}}{33\text{年}} - \underset{\text{(経過年数)}}{12\text{年}}} \times \underset{\substack{\text{複利現}\\\text{価率}}}{0.744} = \underset{\text{(配偶者居住権の価額)}}{\underline{6{,}408{,}000\text{円}}}$$

（参考）　耐 用 年 数：33年（22年×1.5）

　　　　　経 過 年 数：12年（2010年12月1日〜2022年10月1日：11年10ヶ月）

　　　　　存 続 年 数：10年（第22回生命表に基づく平均余命10.28年）

　　　　　複利現価率：0.744（端数処理前0.7441）

第 3 編

事例と法令通達

第9

事　例　集

　ここに掲載した事例は、実際にあった事例等をもとに、読者の理解をしやすくするため修正したものです。

　また、回答（Ａ）については著者の私見であり、実際に相続税の申告をする場合はこの回答を参考にし、専門家とよく相談をして行って下さい。

〈事例　1〉（居住用不動産の申告期限前売却）

Q　Aはその妻B及び長男C夫婦と同居していたが、関西への出張中突然倒れ死亡した。Bも身体が弱く健康上の不安があり、空気の良い郊外での生活で長男夫婦に面倒をみてもらうことを希望していることから、Aの所有していた居住用不動産（土地及び建物）は長男のCが相続することにし、この不動産を売却して相続開始9ヵ月後に郊外に一戸建ての住宅を取得した。

　相続税の小規模宅地の特例の適用はどうなるか？

A　小規模宅地の特例を受けることができません。同居親族が80％の減額を受けるためには、申告期限まで保有し、かつ居住する必要があります。事例のように相続した居住用不動産を売却して買い換えた場合は特定居住用宅地等に該当しなくなり、小規模宅地の特例を受けることができなくなります（本文91頁㉝参照）。

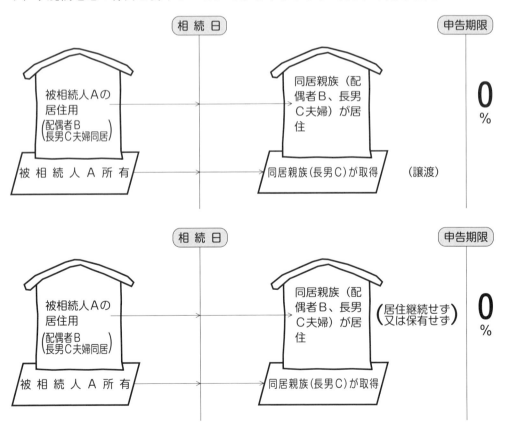

　ただし、配偶者Ｂがその居住用の敷地の全部（330平方メートル（平成26年12月31日以前の相続等による取得の場合は240平方メートル）が限度）を相続するようにすれば、次のように80％の減額を受けることができます（本文90頁㉜参照）。

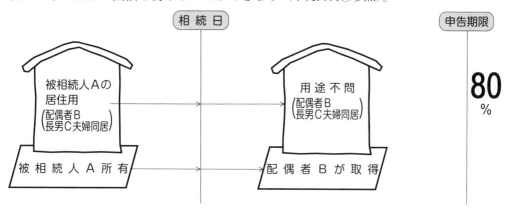

〈事例　2〉（居住用不動産を別居の親族が取得した場合）

Q　　Aはその妻Bとの2人暮らしをしていたが、持病の心臓病のため急死した。Bも身体が弱く今後1人暮らしは不安があるので、子供3人のうち生前から被相続人Aの面倒をみてくれた長女C夫婦に来てもらい同居することになった。

そこでA所有の居住用不動産（土地及び建物）はCが相続することになった。

長女C夫婦は近くのアパートに住んでいたが、相続税の小規模宅地の特定居住用宅地等として80％の評価減が受けられるだろうか？

A　　長女C夫婦のような同居親族（生計一親族を含む。）以外の親族が取得して特定居住用宅地等となるためには次のように被相続人Aに配偶者又は同居相続人がいない場合に限ります（本文95頁㋝－4参照）。

＊　相続開始前3年以内にその者とその者の配偶者の他、それらの3親等以内の親族及び特別の関係のある法人の所有家屋に居住しない。相続開始時に居住している家屋を過去に所有したことがないこと。

本事例は配偶者Bがいるため、次のように小規模宅地の特例を受けることができません（本文91頁㉝－2参照）。

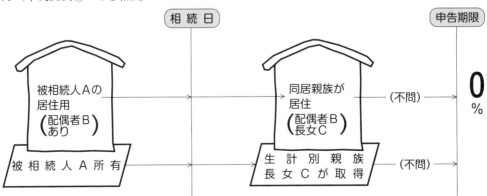

　ただし、配偶者Ｂがその居住用の敷地の全部（330平方メートル（平成26年12月31日以前の相続等による取得の場合は240平方メートル）が限度）を相続するようにすれば、次のように80％の減額を受けることができます（本文90頁㉜参照）。

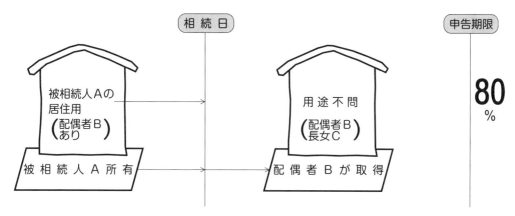

〈事例　3〉（同居の親族がいる場合で別居の親族が取得した場合）

Q　Aは妻Bのほか子供2人（a、b）と父Cの5人で横浜で同居していたところ、転勤命令により妻Bと子供のうちbと共に仙台へ赴任し、社宅住まいとなり父Cと生計が別になった。その後父Cが急死したが、相続人はAだけなので父Cの所有していた居住用土地建物を相続することになった。

相続税の小規模宅地の特例として80%の減額が受けられるだろうか？

また、Aが単身赴任した場合はどうか。

A　Aが相続した居住用不動産を相続税の申告期限まで保有すれば、小規模宅地の特例を受けることができます。かつ、次のように特定居住用宅地等に該当し、80%の減額を受けることができます（措法69の4③二ロ(1)）。

このケースの場合、平成10年までは被相続人Cに同居の親族aがいたために50%の減額しか認められませんでしたが、平成11年度の改正で同居の親族が被相続人Cの相続人以外であれば80%の減額を受けることができるようになりました（本文95頁㊲−5参照）。

＊　相続開始前3年以内にその者とその者の配偶者の他、それらの3親等以内の親族及び特別の関係のある法人の所有家屋に居住しない。相続開始時に居住している家屋を過去に所有したことがないこと。

　なお、Aが単身赴任の場合は被相続人Cとは生計一となりますし、仮にCと生計が別だとしても、同居している相続人がいないことになりますので80%の減額を受けることができます（本文91頁㉞参照）。

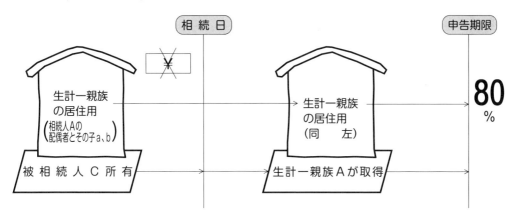

〈事例　4〉（同居の相続人がいて別居の親族が取得した場合）

Q 被相続人Aは2世帯型1棟の居住用建物（区分所有の登記がされていない。）を所有し居住していた。一方の住居にはAの長男B家族が居住し、この度の相続でこの土地建物を取得し引き続き居住している。

　なお、長女Cは被相続人Aと同居してAの世話をしていたが、その必要もなくなったことから、被相続人たる父Aから遺贈により取得した財産を持って引っ越して行った。

　Bの取得した居住用不動産について相続税の小規模宅地の特例は適用できるか？

A 平成25年度の税制改正により、平成26年1月1日以後の相続開始からは、次のように区分所有の登記がされていない一棟の建物に居住している場合はその建物の敷地が小規模宅地等の特例の対象となることになりました（措令40の2⑬二）。

　したがって生計別親族の長男Bが取得した宅地は特定居住用宅地等として330平方メートル（平成26年12月31日以前の相続開始の場合は240平方メートル）まで80％の減額ができます（本文94頁㊲参照）。

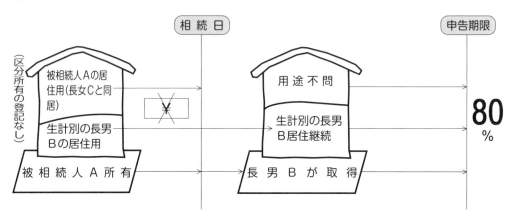

　Bが相続した居住用不動産は被相続人Aの居住用不動産ですから、平成22年3月31日以前の相続開始までは小規模宅地の特例を受けることができ、被相続人Aの居住部分について50％の減額を受けることができました。しかし平成22年4月1日から平成25年12月31日までの相続開始からは次のように小規模宅地の特例が受けられなくなりました。（本文96頁㊳－2参照）。

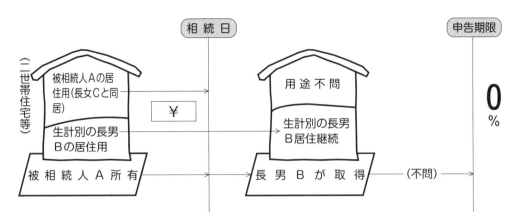

　このケースの場合、被相続人Aに長男Bが家賃を支払っていたために、小規模宅地の特例を受けることができませんでした。ただし、かりにその同居の相続人Cが取得して申告期限まで保有し、居住すれば次のように被相続人Aの居住部分について80％の減額を受けることができます（本文89頁㉛参照）。

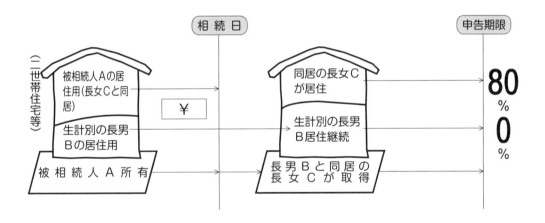

〈事例　5〉（有料老人ホーム入居中に死亡した場合）

 私は1人子で、現在は結婚して夫、子供と共に実家近くのアパートに住んでいる。父は既に死亡していて、実家には母が1人で生活しており時々面倒をみてきたが、最近認知症が進んだために介護付きの有料老人ホームに入居し、以来実家は空家になっている。

　ただし、母とは老人ホーム入居時の約束で、何時でも自宅に戻れるように私が清掃等の維持管理をしている。

　こうした状況の中で母が死亡した場合、小規模宅地の特例を受けることができるか？

A　通常有料老人ホームへの入居は生活の本拠を移すことになることから、空家になった実家の家屋は居住の用に供しているとはみなされないことになります。老人ホームへの入居は病気治療の目的での病院への入院と異なり生活の本拠を移すとみなされているためこうした取扱いとなっています。

　したがって、小規模宅地の特例を受けることができないことになります。

　しかしながら有料老人ホームへの入居であっても、介護が必要なために入居するなど、病院への入院と同様な状況であることから平成26年1月1日以後の相続等による取得からは次のように改正されました。

　平成25年12月31日までは、「居住の用」とは相続開始直前において被相続人等の居住の用に供されていたことをいいましたが、平成26年1月1日以後は現に居住の用に供されていない場合であっても次の条件を満たしていて、老人ホーム等に入居（所）していた場合を含みます。

① 被相続人が介護認定を受け介護が必要なため一定の老人ホーム等に入居（所）した場合

② その家屋が事業（貸付け等）の用途及び新たに被相続人等以外の者の居住の用に供されていない場合

　ここでいう一定の老人ホーム等とは次の施設等をいいます（措令40の2②一、二）。

1. 被相続人が介護保険法による要介護認定者の場合、次の施設等

　イ・認知症対応型老人共同生活援助事業が行われる住居（老人福祉法5の2⑥）

　　・養護老人ホーム（老人福祉法20の４）

　　・特別養護老人ホーム（老人福祉法20の５）

　　・軽費老人ホーム（老人福祉法20の６）

　　・有料老人ホーム（老人福祉法29①）

　ロ　介護老人保健施設又は介護医療院（介護保険法８ ㉘㉙）

　ハ　サービス付き高齢者向け住宅

　　ただし、有料老人ホームを除く（高齢者の居住の安定確保に関する法律５①）

2.　被相続人が障害者総合支援法による障害認定者の場合、次の施設等

　　・障害者支援施設（障害者総合支援法５⑪）

　　・共同生活援助を行う住居（障害者総合支援法５⑰）

　なお、平成25年12月31日以前の相続開始分については、概ね次の条件に当てはまる場合には、空家となった家屋を居住の用に供しているとみなして小規模宅地の特例の適用が受けられるものとして取り扱われていました。

　1　お母様の身体又は精神上の理由により介護を受ける必要があるため、老人ホームへ入居することとなったものと認められること。

　2　お母様がいつでも生活できるように、実家の家屋が維持管理されていること。

　3　老人ホームに入居後、新たにその実家の家屋を他の者の居住の用その他の用に供していた事実がないこと。

　4　その老人ホームは、お母様が入居するためにお母様又はその親族によって所有権が取得され、あるいは終身利用権が取得されたものでないこと。

　以上のことから事例の場合は実家に戻ることを前提にして、認知症の介護の目的で老人ホームに入居し、空家の状態で維持管理がされているなど上記の条件に当てはまる場合には、小規模宅地の特例の適用が受けられていました。

　事例の場合には通称「家なき子」としての条件を満たす限り、特定居住用宅地として330平方メートル（平成26年12月31日以前の相続等による取得の場合は240平方メートル）まで80％の減額の適用を受けることができます（国税庁　質疑応答事例「老人ホームへの入所により空家となっていた建物の敷地についての小規模宅地等の特例（平成26年１月１日以後に相続又は遺贈により取得する場合の取扱い）」参照）。

〈事例　6〉（被相続人が老人ホームに入居する前に同居していた親族が敷地を取得する場合）

 　　私（甲）は、配偶者乙と長女丙の家族と同居（生計一）していたが、介護の必要が生じ、要介護認定を受けて老人ホームに入居している。

　したがって、現在の自宅家屋には配偶者乙と長女丙の家族が同居している。

　この状況で私が死亡した場合、長女丙に私甲の所有する自宅家屋及びその敷地を相続させようと思っている。

　なお、私は不動産収入があり、老人ホームの費用を含めて生活費は自分で負担しており、老人ホーム入居後は長女丙とは生計は別である。

　こうした状況で、小規模宅地の特例を受けることができるか？

 　　特定居住用宅地等に該当して、小規模宅地の特例の適用を受けることができると思います。

　特定居住用宅地等の適用の前提は、相続開始の直前において被相続人等の居住用に供していることです。

　ただし、平成26年1月1日以降の相続開始からは、被相続人が居住の用に供することができない事由として、次のように政令（措令40の2②）の定める事由により相続開始の直前において当該被相続人の居住の用に供されていなかった場合は居住の用に供されなくなる直前の当該被相続人の居住の用に含まれることになりました。

① 　被相続人が介護認定を受け介護が必要なため一定の老人ホーム等に入居（所）した場合

② 　その家屋が事業（貸付け等）の用途及び新たに被相続人等以外の者の居住の用に供されていない場合

　ここでいう一定の老人ホーム等とは次の施設等をいいます（措令40の2②一、二）。

イ　被相続人が介護保険法による要介護認定者の場合、次の施設等

　㋑　認知症対応型老人共同生活援助事業が行われる住居（老人福祉法5の2⑥）

　　・養護老人ホーム（老人福祉法20の4）

　　・特別養護老人ホーム（老人福祉法20の5）

　　・軽費老人ホーム（老人福祉法20の6）

　　　・有料老人ホーム（老人福祉法29①）

　㋺　介護老人保健施設又は介護医療院（介護保険法8㉘㉙）

　㋩　サービス付き高齢者向け住宅

　　※ただし、有料老人ホームを除きます（高齢者の居住の安定確保に関する法律5

　　　①）

　ロ　被相続人が障害者総合支援法による障害認定者の場合、次の施設等

　　　・障害者支援施設（障害者総合支援法5⑪）

　　　・共同生活援助を行う住居（障害者総合支援法5⑰）

　なお、甲と丙は、相続開始直前において生計が別であるため、被相続人等の生計を一にする親族に当たらないかという疑問が生じますが、次のように租税特別措置法施行令第40条の2第3項かっこ書きに該当します。特例が適用できないのは、甲が老人ホームに入居した後に、新たに被相続人等以外の者の居住の用に供された場合となります（措通69の4－7(2)）。

租税特別措置法施行令第40条の2第3項

　法第69条の4第1項に規定する政令で定める用途は、同項に規定する事業の用又は同項に規定する被相続人等（被相続人と前項各号の入居又は入所の直前において生計を一にし、かつ、同条第1項の建物に引き続き居住している当該被相続人の親族を含む。）以外の者の居住の用とする。

〈事例 7〉（老人ホーム入居中に自宅を相続により取得し、その後に死亡したためその親族が敷地を取得する場合）

 被相続人甲は、平成29年4月、X有料老人ホーム（老人福祉法第29条第一項に規定する有料老人ホーム）に入居した。

被相続人甲は、平成29年6月、X老人ホームに入居する直前において居住の用に供していた家屋（以下「本件家屋」という。）及びその敷地の用に供されていた宅地等（以下「本件宅地等」という。）を、別の老人ホームYに入居（平成28年7月）していた配偶者乙から相続により取得した。

被相続人甲は、平成30年2月、本件家屋に戻ることなく死亡した。なお、本件家屋は、被相続人甲がX有料老人ホームに入居後は、空き家になっていた。

被相続人甲は、死亡する前に介護保険法第19条第1項に規定する要介護認定を受けている。

このような事実関係を前提として、本件家屋及び本件宅地等を長男丙が相続により取得した場合において、丙は本件宅地等について租税特別措置法69条の4第1項に規定する被相続人の居住の用に供されていた宅地等に該当するとして、小規模宅地等についての相続税の課税価格の計算の特例を受けることができるか？

なお、丙は、本件特例に係る他の要件を満たしている。

〈時系列〉

甲及び乙	平成28年7月	平成29年4月	平成29年6月	平成30年2月
居住開始	乙Y老人ホーム入居	甲X老人ホーム入居	乙死亡	甲死亡

 特定居住用宅地等に該当して、小規模宅地の特例の適用を受けることができると思います。

1　本件において、被相続人甲はX有料老人ホームへの入居前に、本件宅地等を居住の用に供していましたが、X有料老人ホームに入居中に本件家屋及び本件宅地等を相続により取得し、その後本件家屋に戻ることなく死亡しました。

被相続人の居住の用に供されていた宅地等で一定のものについては、本件特例の対

象となるところ、相続開始の直前において被相続人の居住の用に供されていなかった宅地等であっても、租税特別措置法施行令第40条の2第2項に定める事由（要介護認定又は要支援認定を受けていた被相続人が同項の住居又は施設（以下「有料老人ホーム等」といいます。）に入居又は入所（以下「入居等」といいます。）していたこと）により居住の用に供さなくなる直前に被相続人の居住の用に供されていた宅地等（被相続人が有料老人ホーム等に入居等した後に、事業の用又は新たに被相続人等以外の者の居住の用に」供されている場合を除きます。）については、本件特例の対象となる宅地等に該当するとされています（措法69の4①）。

　被相続人が有料老人ホーム等に入居等する直前において宅地等の所有者であればその宅地等が本件特例の対象となる宅地等に当たることは明らかですが、本件における被相続人甲は、X有料老人ホーム入居の直前においては本件宅地等を居住の用に供していたものの本件宅地等の所有者ではなく、本件宅地等を取得した後はこれを居住の用に供していない場合であっても、本件宅地等が本件特例の対象となると解してよいか疑義が生じるところです。

2　上記事由により相続開始の直前において被相続人の居住の用に供されていなかった宅地等が、本件特例の対象となる居住の用に供されていた宅地等に該当するか否かについては、被相続人が有料老人ホーム等に入居等して居住の用に供されなくなった直前の利用状況で判定することとされますが、その時において被相続人が宅地等を所有していたか否かについては、法令上特段の規定は設けられていません。

3　したがって、本件宅地等は、被相続人甲がX有料老人ホームに入居し居住の用に供されなくなった直前において、被相続人甲の居住の用に供されていたものですから、その時において被相続人甲が本件宅地等を所有していなかったとしても本件特例の対象となる宅地等に該当すると解され、丙は本件特例の適用を受けることができるものと考えます。

（平成30年12月7日付東京国税局照会事例より）

〈事例 8〉（土地を取得しての居住用建物建設の場合）

 　被相続人Aは自らの住宅を建てるため、都内の土地を購入し、建築会社との間で住宅建築に係る工事請負契約を締結した後急逝した。住宅建築工事はその後着工され、Aに係る相続税の申告期限までに竣工し、Aの配偶者Bと長男C家族が入居し、その居住用土地建物は配偶者のBと長男Cが相続した。

　相続税の小規模宅地の特例を受けることができるか？

A 　残念ながら相続税の小規模宅地の特例を受けることはできません。

　ここでの適用のポイントは居住用の宅地に該当するかどうかという点にあります。

　この事例の場合は次のように被相続人所有の宅地は、居住する事を予定したその建物の建築用地ではありますが相続開始直前において居住用宅地となっていません。本来相続税についての小規模宅地は居住用等の場合の特例として一定の減額を認める制度です。

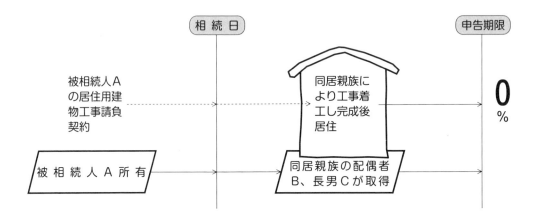

　そしてこのケースの場合、居住用となるか否かのポイントは次のようにその建物が建築中かどうかにかかっています（本文90頁㉛－5参照）。

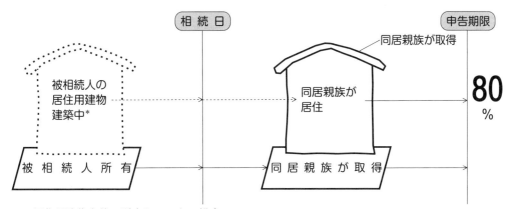

＊　居住用建物を他に所有していない場合

（注）　申告期限後でもそれが相当の期間内であり、完成後速やかに居住の用に供すれば可

　建築中ということであれば80％減額が適用されますが、この事例では残念ながら建築中とみなされていません。税務の上では、建築のための契約締結だけでは建築中とは認められず、少なくとも建物の建築が着工されている必要があります。ここでの着工とはたとえば基礎工事が始められているなどの場合であるといえるでしょう（平成10年6月25日最高裁判決参照）。

〈事例 9〉（居住用建物の建替えの場合）

 被相続人Aはその住宅が老朽化して、老夫婦には住みにくくなってきたことから、バリアフリー住宅に建て替えるため、建築会社との間で住宅建築に係る工事請負契約を締結したが、住宅を取り壊した翌日に仮住まいとなった引っ越し先のアパートで急逝した。住宅建築工事はその後予定どおりに進み、Aに係る相続税の申告期限までに竣工し、Aの配偶者Bが入居し、その居住用土地建物は配偶者のBが相続した。

相続税の小規模宅地の特例は適用できるか？

 ここでの特例適用のポイントは居住用の宅地に該当するかどうかという点にあります。そして居住用の宅地となるか否かはその宅地が、相続開始直前において被相続人等の居住用として使用されていたかどうかにかかっています。

本事例の場合は、住居の建替えのために仮住まい先で相続が開始したわけでありますから、形式的には相続開始直前にこの宅地は居住の用に供していないことになります。

しかしながら、居住用の建物は建て替えることもあるため、こうした建替え等のため、建築工事をしていて原則的に相続税の申告期限までに完成し、居住の用に供していれば特例の適用が受けられることになっています（措通69の4−8）。

そこで本事例は、建築請負契約を締結して取壊しした後に相続が開始した場合、建築工事をしていたことになるかどうかということになります。建築中と見なされれば特例の適用を受けることができますし、そうでなければ受けることができません。私見を申し上げれば、この場合は建築を依頼した会社によって取壊し工事が行われていますので、建築中と見なされ、特定居住用宅地等となり、次のように80％の減額を受けることができると思います（本文90頁㉛−5参照）。

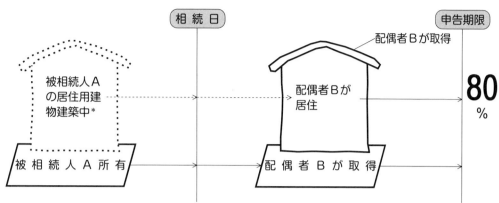

＊　居住用建物を他に所有していない場合
（注）　申告期限後でもそれが相当の期間内であり、完成後速やかに居住の用に供すれば可

〈事例 10〉（居住用の建物が災害にあった場合）

 　　甲乙夫婦は、永年住み慣れた居住用建物を火災によって全焼失した。やむを得ず近くのアパートを借りて移住し、自宅の建築について検討していた矢先に甲は心労により急逝した。残された妻の乙は甲の意思を引き継ぎ自宅を新築しようと思っているが高齢でもあり具体的見通しが立たないでいる。

　この場合、相続税の小規模宅地の特例は適用できるか？

　また、建物が建築中であった場合は相続税の小規模宅地の特例は適用に違いがあるか？

A 　この事例を図解すると以下のようになります。

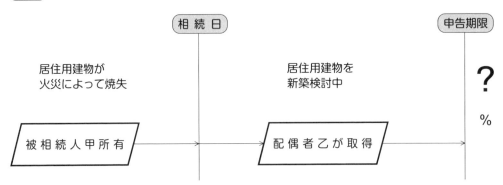

　相続税の小規模宅地の特例は、租税特別措置法第69条の4の規定によって、相続開始の直前において居住の用に供していなければ適用が受けられないことになっています。

　また、相続開始の直前において居住の用に供していない場合であっても租税特別措置法第69条の4の関連通達（措通69の4－8）によって、居住用建物を建築中であれば相続税の小規模宅地の特例を受けることができるとしています。

　しかるに、この事例では相続開始の時点で居住の用に供していないばかりでなく建築中でもありません。

　したがってこのケースでは相続税の小規模宅地の特例は受ける余地がないように思われます。

　しかし、租税特別措置法第69条の4の関連通達（措通69の4－17）において「災害のため事業が休止された場合」として、次のように取り扱っています。

　「特定事業用宅地の要件の判定において、被相続人等の事業の用に供されていた施設が災害により損害を受けたため、申告期限において当該事業が休業中である場合には、特定事業用宅地の要件に規定する親族により<u>当該事業の再開のための準備が進められていると認められるときに限り、</u>当該施設の敷地は、当該申告期限においても当該親族の当該事業の用に供されているものとして取り扱う。」（下線は筆者付加）

　としており、この取扱いは特定居住用宅地の要件にも準用されています。

　こうしたケースでは、居住用建物の建築の準備が進められていれば特定居住用宅地として相続税の小規模宅地の特例は適用できます。

　この事例のケースでは、居住用建物の建築の具体的計画が立っていないとはいえ新築する意思があるので、相当の期間内に居住用建物を建築するのであれば特定居住用宅地として相続税の小規模宅地の特例は適用できると思います。

　なお、建物が建築中であった場合、相続税の小規模宅地特例の適用については、居住用には供していませんが居住用建物の建替え建築中であり、申告期限までに完成しているか否かに関係なく、次のように特定居住用宅地として相続税の小規模宅地の特例を受けることができます。

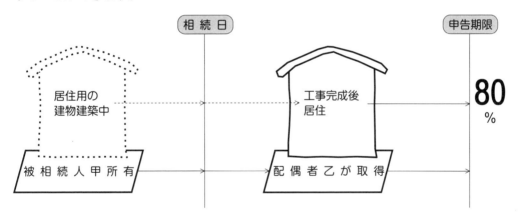

（注）　東日本大震災において被災された方達の取扱いについては、次葉の「災害に関する相続税及び贈与税の取扱いFAQ」によることとなりますが、ここでも上記通達でいう「事業再開のために準備を進めているとき」を適用の前提としています。

災害に関する相続税及び贈与税の取扱いFAQ（下線は筆者付加）

平成23年4月
国税庁

　この度の東日本大震災の発生に伴い、災害に関する相続税及び贈与税の取扱いについて、よくある質問を取りまとめましたので、参考にしてください。

（注）このFAQは、平成23年3月31日現在の法令・通達等に基づいて作成しています。

【小規模宅地等についての相続税の課税価格の計算の特例】

［Q2］　相続により取得した被相続人の事業用の宅地について、災害によりその事業を営むことができなくなった場合には、「小規模宅地等についての相続税の課税価格の計算の特例」は適用できないのですか。

［A］　被相続人の事業の用に供されていた施設が災害により損害を受けたため相続税の申告期限においてその事業が休業中である場合であっても、その施設を相続により取得した被相続人の親族が事業再開のために準備を進めているときには、その施設の敷地は、その申告期限においてもその相続人の事業の用に供されているものとして取り扱われます。これにより、「小規模宅地等についての相続税の課税価格の計算の特例」の要件の1つである事業の継続要件（注）は満たすことになります。

　　したがって、事業の継続要件以外の他の要件のすべてを満たす場合には、「小規模宅地等についての相続税の課税価格の計算の特例」の適用を受けることができます。

　　なお、特定居住用宅地等、特定同族会社事業用宅地等及び貸付事業用宅地等の居住又は事業の継続要件の判定においても、上記に準じた取扱いとなります。

（注）　特定事業用宅地等として「小規模宅地等についての相続税の課税価格の計算の特例」の適用を受けるためには、被相続人から被相続人の事業の用に供されていた宅地等を相続により取得した親族が、相続の開始の時から相続税の申告期限までの間にその宅地等の上で営まれていた被相続人の事業を引き継ぎ、申告期限まで引き続きその宅地等を有し、かつ、その事業を営んでいることが必要となります。

【関係法令等】

措法第69条の4第3項、措通69の4-17

〈事例　11〉（居住用建物の土地区画整理事業等による建替えの場合）

Q　甲はA市との間で居住用土地建物について土地区画整理事業に基づく物件移転等補償契約を締結し、その後の仮換地指定通知に伴い仮設住宅等使用願を提出して仮設住宅に転居した。居住用建物はまもなく取り壊され土地は更地となったがその後甲は仮設住宅で死亡した。

その後A市はこの仮換地の使用収益の開始日を通知してきたので、甲の配偶者乙はその通知に基づき新居を建築するための工事請負契約を締結し、新居はまもなく竣工して入居した。入居は甲の死亡から2年半が経過していた。

甲の配偶者乙は甲に係る相続税の申告に当たって、甲が従前から居住していた居住用宅地について特定居住用宅地等の小規模宅地の特例を適用して申告したが、この場合小規模宅地の特例を受けることが認められるか？

A　このケースを形式的に見ると下図のように相続開始の日に居住用の宅地は居住用建物の用に供しておらず、仮換地と共に申告期限にも居住の用に供していません。

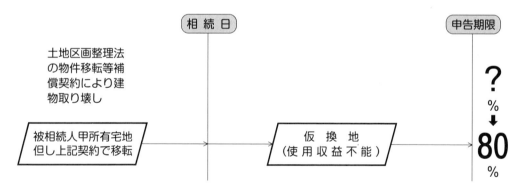

したがって、小規模宅地の特例の要件を具備していないことになります。

この事実関係からすれば、確かに甲の元々の居住用宅地（以下「居住用宅地」という）及び仮換地は、相続開始時においていずれも更地であり、居住用建物の敷地に供されていません。

しかしながら、甲は居住用宅地をA市の施行する土地区画整理事業のために仮換地が指定され、かつ共に使用収益が禁止されたために仮設住宅への転居を余儀なくされ、住居の建築もできない状態のまま死亡したものであります。そしてその後使用収益が認め

られた後居宅を建築し入居しています。

　以上のとおり相続開始の直前においては居住用宅地も仮換地も居住の用に供しておりませんが、これは公共事業である土地区画整理事業における仮換地指定により土地の使用収益が禁止された結果、やむを得ずこうした事態になったものであります。しかるに相続開始ないし相続税申告の時点において、甲及び乙が仮換地を居住の用に供する予定がなかったと認めるに足りる特段の事情のない限り、居住用宅地は、租税特別措置法第69条の4（小規模宅地の特例）にいう「相続の開始の直前において…居住の用に供されていた宅地」に該当することになります。

　したがって、配偶者乙の行った甲に係る相続税の申告に当たり、甲が従前から居住していた居住用宅地について特定居住用宅地等の小規模宅地の特例を適用しての申告は認められることになります（平成19年1月23日最高裁判決参照）。

〈事例　12〉（居住用敷地の一部譲渡の場合）

Q 　被相続人Ａ（父）は200年以上つづく家柄の長男であったため、居住してきた家、屋敷も大きく、相続した一人息子の私Ｂ家族には広すぎていささか不経済でもあることから建て替えることにした。資金は相続した屋敷の一部を売却して充当し、相続税の申告期限前に完成して居住している。なお、私Ｂ家族は父Ａと同居していた。

　この場合、相続税の小規模宅地の特例を受けることができるか？

A 　被相続人の居住用宅地であり同居の親族が取得した場合ですから、その一部を売却した場合であっても、次のように平成22年３月31日以前相続開始の場合は80％の減額を受けることができました（旧措令40の2⑥）。

〈平成22年３月31日以前相続開始〉

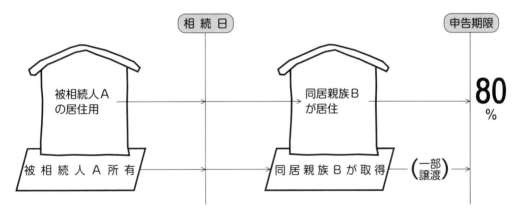

　しかし、平成22年４月１日以後相続開始の場合は次のように一部譲渡した部分については、小規模宅地の特例を受けることはできません。

〈平成22年４月１日以後相続開始〉

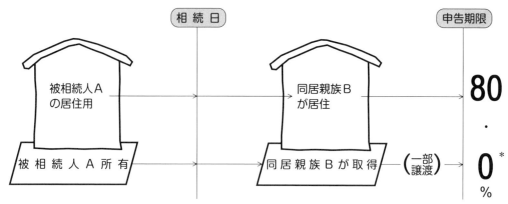

＊　一部譲渡の部分　０％

　また、参考までに事業用の場合は事例29のように譲渡又は貸付部分については０％（小規模宅地の特例は受けられません。）、それ以外の部分については80％の減額となります。

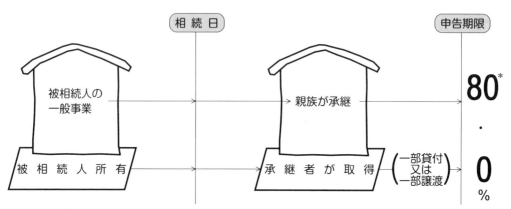

＊　譲渡、貸付以外の部分80％　譲渡、貸付の部分０％

〈事例　13〉（居住用宅地等の庭先部分の一部が分筆された場合の小規模宅地等の適用の可否）

 相続人甲（被相続人の子）及び乙（被相続人の養子であり、甲の子）は被相続人から被相続人の居住用家屋の敷地の2筆の土地（X、Y）をそれぞれ相続した。

被相続人と居住用家屋に同居していた甲が、申告期限まで引き続きX部分の土地を有し、かつその家屋に居住することとした場合、X部分の土地は特定居住用宅地等に該当するとして、小規模宅地等の特例は受けることができるか？

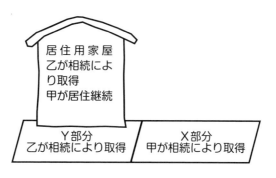

 X部分の土地は、特定居住用宅地等に該当して、小規模宅地の特例の適用を受けることができると思います。

小規模宅地等の特例では、被相続人等の居住の用に供されていた小規模な宅地等は、一般に、相続人等の生活基盤の維持のために欠くことのできないもので、相続人が居住の用を廃してこれを処分することは相当の制約を受けるため、相続税の課税価格に算入すべき価額を計算する上で、政策的な観点から一定の減額をするという趣旨があると解されています（東京地裁平成23年8月26日判決等）。

本事例では、X部分の土地は相続の直前において、被相続人が所有し、居住の用に供していた家屋の敷地の一部であるものの、X部分の土地の上にはその家屋が存していないため、居住の用を廃することなく、X部分の土地のみを処分することが可能であることからすると、小規模宅地等の特例の趣旨に照らし、小規模宅地等の特例は認められないのではないかとの疑問が生じる。

しかし、X部分及びY部分の土地は一体として被相続人の居住用家屋の敷地の用に供

されていた事実関係から、Ｘ部分の土地は居住の用を廃する必要があるかどうかにかかわらず「相続の開始直前において被相続人の居住の用に供されていた家屋で被相続人が所有していたものの敷地の用に供されていた宅地（要件１）」に該当します（措通69の４－７）。

　また、甲は「被相続人の親族であり、相続開始の直前において被相続人の居住の用に供されていた一棟の建物に居住していた者（要件２）」に該当することから、甲がＸ部分の土地を相続により取得し、申告期限まで引き続きＸ部分の土地を有し、かつ家屋に居住している場合には、Ｘ部分の土地は「特定居住用宅地等」として小規模宅地等の特例の対象になります（措法69の４③二イ、平成28年８月22日関東信越国税局文書回答）

本事例における特定居住用宅地等の要件（措法69の４③二イ）

被相続人の居住の用に供されていた宅地等を一定の者が相続等により取得した場合
　　　　　　　　　　要件１　　　　　　　　　　　　要件２

〈事例 14〉(特定居住用宅地の1棟の取扱い)

> **Q** 私は4階建てのマンション1棟を所有している。4階は居住用で妻と2人暮らしであり、2階と3階は賃貸中であるが1階は将来の子供の事業用にする予定もあるので空室にしてある。
>
> この状態で相続が開始した場合はこのマンション1棟は妻に相続させる予定である。
>
> この場合、小規模宅地の特例を受けることができるか?
>
> できるとした場合、どのように適用を受けることができるか?

A この事例の場合、居住用部分については330平方メートル(平成26年12月31日以前の相続等による取得の場合は240平方メートル)に相当する部分を限度として80%の減額を受けることができます。更に330平方メートル(同上)に満たない部分については3年超賃貸中の2、3階部分に相当する宅地について200平方メートルに相当する面積を限度として50%減額の適用が受けられます。残った空室部分についてはたとえ適用できる面積があったとしても小規模宅地の特例の適用を受けることはできません。

〈平成22年4月1日以後相続開始〉

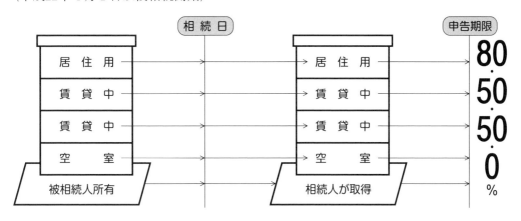

なお、平成22年3月31日以前に相続が開始された場合は、下図のように空室部分も含めて240平方メートルを限度として敷地全体に80%減の特定居住用宅地の特例を受けることができました。

〈平成22年 3 月31日以前相続開始〉

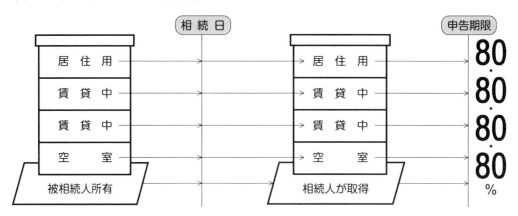

〈事例　15〉（１棟のマンションに居住用の財産を複数所有している場合）

> **Q**　　被相続人Aは孫B（長男夫婦（共に既に死亡）の子）とマンションの１室に住んでおり、同じマンションの隣の部屋には次男Cの家族が住んでいる（家賃無償）。Aはこの２室の他にも同マンションに貸室を５室所有し、４室は賃貸中、残り１室は空室である。
>
> 　この度の相続により被相続人Aの所有するマンション７室すべてを次男Cが取得した。
>
> 　相続税の小規模宅地の特例は適用できるか？

A　　本事例での小規模宅地等の特例の適用は平成25年の税制改正でその取扱いが変わりました。

　すなわち平成26年１月１日以後の相続開始からは本事例のような区分所有建物で登記がされているマンションの場合は、次のように被相続人Aの居住部分に相当する宅地等のみが小規模宅地等の特例の対象宅地等となりました（本文94頁㊲－２参照）。

　しかしながら、本事例は生計別の次男Cが宅地の全てを取得していますので、生計別の次男Cの居住部分も含めて下記のとおり区分所有建物の登記がされているマンションであるため、小規模宅地等の特例の適用を受けることはできません（措令40の２⑬一）。

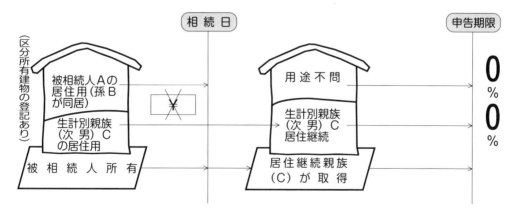

　ただし、ほかに賃貸していた５室については、相続開始前３年超賃貸していたものであれば、貸付事業用宅地として200平方メートルまで50％の減額ができます（本文59頁③等参照）。

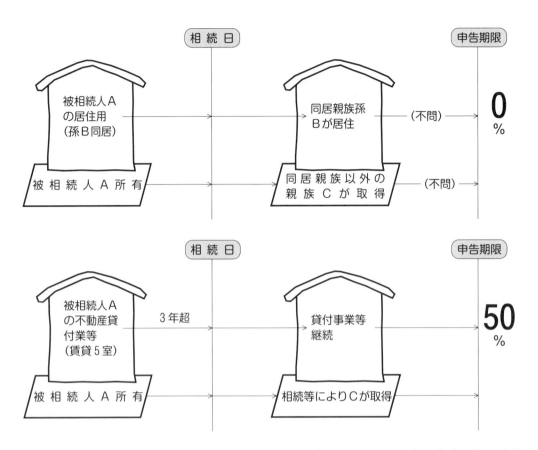

　もし、被相続人Ａと同居の親族（この場合は孫Ｂ）が相続した場合は特定居住用宅地の適用が受けられますので、その部分の敷地が330平方メートル（平成26年12月31日以前の相続等による取得の場合は240平方メートル）まで80％減額の対象となります（本文89頁㉛及び118頁〈参考〉参照）。

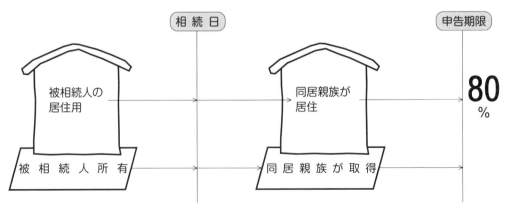

（注）　同居親族が申告期限までに死亡した場合には、その死亡の日まで居住し、かつ、保有すればよい。

　同居親族Bが相続した場合の特定居住用宅地の適用状況をまとめると、以下のように
なります。

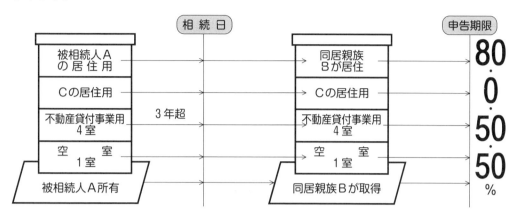

〈事例　16〉（共有地にそれぞれの居住用建物がある場合）

 Q　AとBが共有して所有している宅地に3階建てビルが1棟ずつ連結した形で建てられている。1棟は2、3階部分をAが所有し居住用として使用し、1階部分はAの子供が所有し居住している（区分所有建物の登記がされている。）。他の1棟はBの子供が所有し、1、2階に居住し3階にはBが居住している（区分所有建物の登記がされていない。）。

なお、Aの居住部分は外階段がありAの子供とは生計が別である（BとBの子についても生計は別である。）。また、地代、家賃等の授受は全くない。A及びBに相続が開始され、それぞれの子供がこの宅地を取得した場合、相続税の小規模宅地の特例は適用できるか？

A　この事例を図解すると次のようになります。

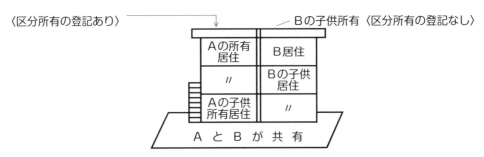

〈区分所有の登記あり〉　　　　　　Bの子供所有〈区分所有の登記なし〉

Aの所有居住	B居住
〃	Bの子供居住
Aの子供所有居住	〃

A　と　B　が　共　有

本事例は平成25年度の税制改正で小規模宅地等の特例の適用が変わりました。

平成26年1月1日以後の相続開始の場合は、次のようになります。

1.　Aの相続について

Aの相続については、AとAの子供によって建物に対する区分所有の登記がなされているので次のようにAの居住部分の宅地（この事例では宅地の6分の2に相当する部分）についてのみ、小規模宅地等の対象宅地となりますが、Aの居住部分に同居の親族がおり、その親族が対象宅地を取得しない場合は、次のように小規模宅地等の特例は適用できません（本文94頁㊲-2参照、措令40の2⑬一）。

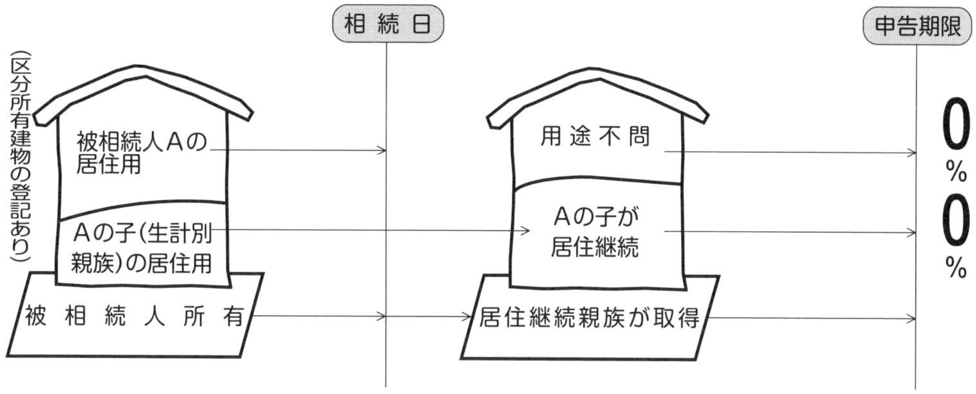

2.　Bの相続について

Bの相続については、Bの子供の単独所有の建物で区分所有の登記がされていないので、次のようにBの居住及びBの子供居住部分、すなわち一棟の建物全体の宅地（この事例では宅地の6分の3に相当する部分）が特定居住用宅地として80％の減額ができます（本文94頁㊲参照、措令40の2⑬二）

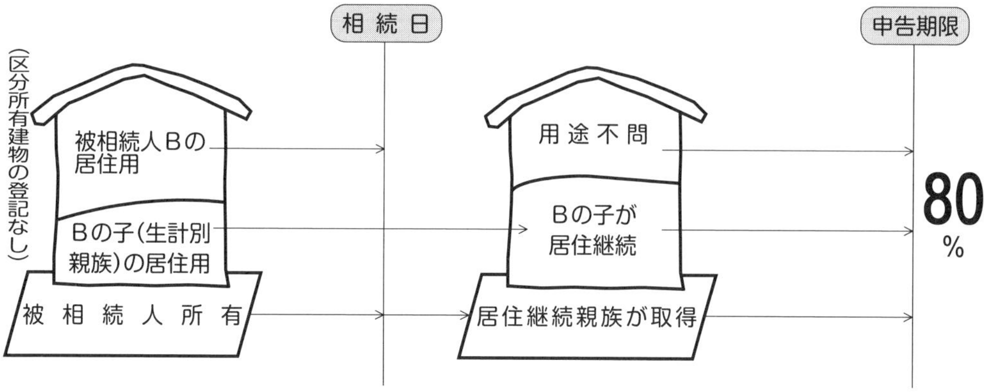

一方、平成25年12月31日以前の相続開始の場合は、AやBに配偶者又は同居の相続人がいなければ、取得したそれぞれの子供が居住及び所有を継続し、その旨の申告をすることにより特定居住用宅地として240平方メートルまで80％の減額を受けることができました。その場合にはA、B共に建物全部について80％の減額を受けることができることになっていました（本文111頁(55)－2、114頁(59)、118頁〈参考〉参照）。

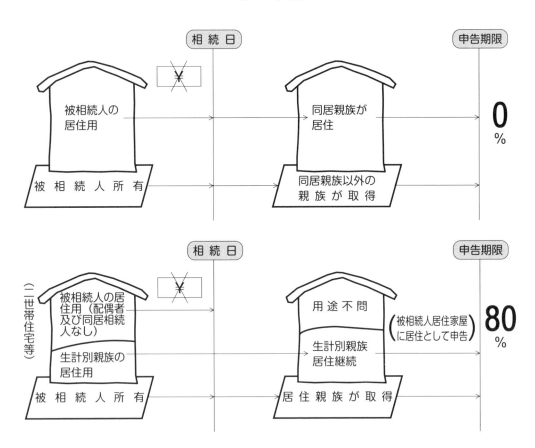

〈事例　17〉（共有建物の一部が居住用である場合）

　Aの所有する宅地に10階建てのビルがある。このビルはAが2割、Aが経営する同族会社Xが8割所有している。AとX社はその宅地について使用貸借契約を締結している。

　なお、9、10階はAが長女Bと居住用として使用しており、他の階はX社がオフィス用として賃貸している。

　Aに相続が開始された場合、相続税の小規模宅地の特例は適用できるか？

　この事例を図解すると次のようになります。

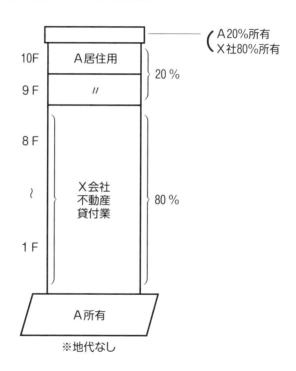

※地代なし

　10階建てのビルのうち、Aの居住用である9、10階部分が全体の2割に当たるためAが所有しているものと思われます。そうであるならばAの居住部分である2割相当の宅地には小規模宅地の特例が適用され、次のように相続の条件により80％の減額が受けられると思います（本文89頁㉛、91頁㉝－2等参照）。

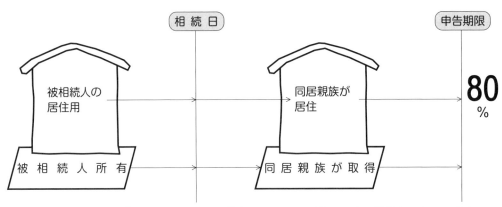

(注)　同居親族が申告期限までに死亡した場合には、その死亡の日まで居住し、かつ、保有すればよい。

　Aの所有する宅地を同居親族以外の親族が取得した場合はAの居住部分について小規模宅地の特例は受けられず、その他の部分は法人が所有し、かつ宅地の利用形態が賃貸借でないため、事業用に該当しませんので小規模宅地の特例の対象にはなりません（本文78頁⑳参照）。

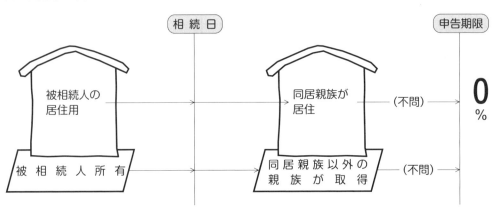

〈事例　18〉（借地権付共有建物の居住用としての適用関係）

　　甲は、乙（地主）他2名と共同ビルを建築し建物全体の約25％の共有持ち分（借地権付建物）を所有している。また、甲は共同ビルの1室に居住している。自宅部分も25％の共有持ち分である。

　なお、甲他2名は乙地主に建物の共有持ち分を一括賃貸し、甲は、自宅部分を改めて乙より賃借している。

　甲が死亡し、相続が発生した場合、相続税の小規模宅地の特例は適用できるか？

　もし適用できないとすれば、特例を受けるためにはどのようにすればよいのだろうか。

A　　甲は所有する自宅部分を賃貸しているため、賃貸料が相当の対価である限り、借地権部分が貸付事業用となって50％の減額を受けることができます。

　しかし、このケースでは、改めて居住部分を賃借しているとのことなので、賃料の相殺をして金銭の授受をしていないとした場合、貸している部分については税務上不動産所得の対象となり、確定申告の問題が発生します。

　ここが曖昧ですと事業性に疑問が出ることも予想され、貸付事業等として50％の減額が受けられないこともあります。

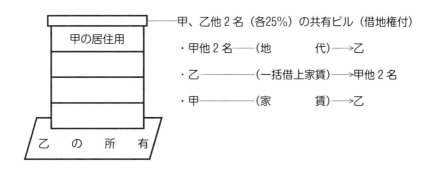

　こうした契約形態をとる必然性がどこにあるのかわかりませんが、単純に共有持ち分25％を居住用として、地主乙には地代を支払っていれば、その他の要件を具備する限り特定居住用宅地等として80％の減額を受けることができます（本文89頁㉛その他参照）。

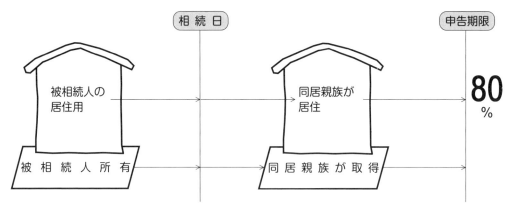

（注）　同居親族が申告期限までに死亡した場合には、その死亡の日まで居住し、かつ、保有すればよい。

〈事例　19〉（2世帯住宅の取扱い；区分所有建物の登記がされていない1棟の建物の敷地の場合）

Q 　被相続人甲は、自己の所有する宅地の上に一棟の建物を所有し、甲とその配偶者乙及び生計を別にする子丙の居住の用に供していた（建物は、区分所有建物の登記がされていない。）。

　配偶者乙、子丙は、当該宅地の2分の1の持分をそれぞれ下記のとおり相続により取得し、申告期限まで引き続き所有し、かつ居住の用に供している。

　甲の所有していた宅地は、特定居住用宅地等に該当するか？

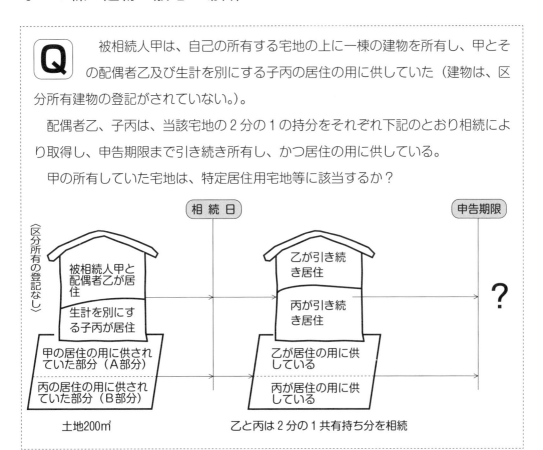

A 　本事例のような2世帯型の住宅の取扱いについては平成25年度の税制改正で小規模宅地等の特例の適用が大幅に変わりました。

　すなわち、平成26年1月1日以後の相続開始から次のように宅地全体が80％の減額となりました。

第9 事例集

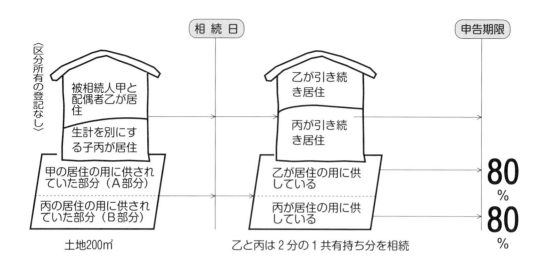

1 被相続人等の居住の用に供されていた宅地等の判定

　甲の居住の用に供されていた一棟の建物の敷地には、被相続人甲の居住の用に供されていた部分（以下「A部分」という。）と、生計を別にする親族丙の居住の用に供されていた部分（以下「B部分」という。）があります。

　この一棟の建物は、区分所有建物である旨の登記がされていないことから、生計を別にしていた親族丙の居住の用に供されていた部分についても、被相続人等の居住の用に供されていた宅地等の部分に含まれることになります（措令40の2④）。

　したがって、敷地の全体が、措置法第69条の4第1項に規定する被相続人等の居住の用に供されていた宅地等に該当することになります。

2 特定居住用宅地等の判定

　敷地全体が、被相続人等の居住の用に供されていた宅地等に該当することから、配偶者である乙が取得した、A部分（100㎡）及びB部分（100㎡）の持分の割合（2分の1）に応ずる部分（100㎡）は、特定居住用宅地等に該当することになります（措法69の4③二柱書、措令40の2⑫）。

　丙は、甲の居住の用に供されていた一棟の建物（区分所有建物である旨の登記がされていない建物）の措置法令第40条の2第11項第2号に規定する「当該被相続人の親族の居住の用に供されていた部分」に居住していた者であって、相続開始から申告期限まで、被相続人等の居住の用に供されていた宅地等を有し、かつ、当該建物に居住していることから、措置法第69条の4第3項第2号イの親族に該当します。

　したがって、丙が取得したＡ部分（100㎡）及びＢ部分（100㎡）の持分の割合（2分の1）に応ずる部分（100㎡）は、特定居住用宅地等に該当します（措法69の4③ニイ、措令40の2⑫）。

（以上国税庁資料より）

〈参考事例〉（2世帯住宅の取扱い；平成25年12月31日以前の相続開始）

Q 　私は1人子で、現在は結婚して母の所有する2世帯型住宅の2階に妻子と住んでいる。父は既に死亡していて、1階には母が1人で年金生活して居り時々面倒をみてきている。

　この度母は入院先の病院で亡くなった。

　こうした状況で、小規模宅地の特例を受けることができるか？

A 　平成25年度の税制改正により小規模宅地等の特例において建物の区分所有の有無により適用要件が変更になり、平成26年1月1日以後の相続開始から改正後の適用がされることになりました。

　したがって平成25年12月31日以前の相続開始の場合の取扱いは区分所有の有無にかかわらず、次のようになっていました。

　1人子の相続人について、被相続人の母の居住の用に供されていた家屋に居住していた者に当たる者であるものとして申告をすれば、これを同居と認めるものとする取扱いにより特定居住用宅地として小規模宅地の特例を受けることができます（旧措通69の4－21なお書き）。

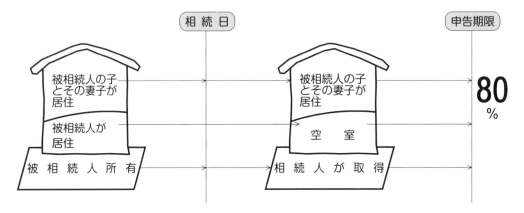

　旧租税特別措置法通達69の4－21の本文からこのケースを検討すると、親子とも独立して生計を営んでおり、小規模宅地の特例を受けることができないことになります。

　ただし、1人子のこのケースでは被相続人の母の所有する家屋に居住しており、いわゆる家なき子に該当するので相続開始後空家になった部分に相当する宅地、このケースでは2分の1に相当する宅地については、租税特別措置法第69条の4第3項第2号ロの

規定により小規模宅地の特例を受けることができます。

　一方、１人子の居住用部分の宅地については平成22年の改正後は１棟の規定が適用されないため小規模宅地の特例が受けられないことになります。

　しかしながら税務研究会発行「週刊　税務通信」（No.3138（H22.11.8）、No.3139（H22.11.15））によると旧租税特別措置法通達69の４−21なお書きの読み方として「被相続人の居住の用に供されていた家屋に居住していた者に当たる者」とは「同居者」とみなすと解釈するとのことであり、このケースでは敷地全体が小規模宅地の特例の対象として取り扱うことができるようです。

　平成26年１月１日以後の相続等による取得から居住継続の要件が次のように取り扱われます。

①　相続開始の直前において、

②　その宅地等の上に存する

③　被相続人の居住の用に供されていた一棟の建物(※)に居住しており、

④　かつ相続税の申告期限までそこに居住していること。

（※）　①　区分所有等の法律の規定に該当する建物の場合は被相続人の居住部分

　　　　②　それ以外の場合は被相続人又は被相続人の親族の居住部分

＜参考＞　租税特別措置法通達（但し下線は筆者が付加したもの。）

（被相続人の居住用家屋に居住していた者の範囲）

旧69の４−21　措置法第69条の４第３項第２号イに規定する当該被相続人の居住の用に供されていた家屋に居住していた者とは、当該被相続人に係る相続の開始の直前において当該家屋で被相続人と共に起居していたものをいうのであるから留意する。この場合において、当該被相続人の居住の用に供されていた家屋については、当該被相続人が建物でその構造上区分された数個の部分の各部分（以下69の４−21において「独立部分」という。）を独立して住居その他の用途に供することができるもの（以下69の４−21において「共同住宅」という。）の独立部分の一に居住していたときは、当該独立部分をいうものとする。

　なお、同号イに規定する親族で、被相続人の居住に係る共同住宅（その全部を被相続人又は被相続人の親族が所有するものに限る。）の独立部分のうち被相続人が当該相続の開始の直前において居住の用に供していた独立部分以外の独立部分に居住していた者がいる場合（当該被相続人の配偶者又は当該被相続人が居住の用に供していた独立部分に共に起居して

いた当該被相続人の民法（明治29年法律第89号）第５編第２章に規定する相続人（相続の放棄があった場合には、その放棄がなかったものとした場合における相続人）がいない場合に限る。）において、その者について同号イに規定する当該被相続人の居住の用に供されていた家屋に居住していた者に当たる者であるものとして申告があったときは、これを認めるものとする。（平20課資２－１、課審６－１改正）

（注）　措置法第69条の４第３項第２号ロに規定する被相続人の居住の用に供されていた家屋に居住していた親族についても、上記に準じて取り扱う。

＜参考＞　小規模宅地特例の対象

	生　計　一	生　計　別
同　　居	○	○
別　　居	○	×

〈事例　20〉（２世帯住宅の取扱い；区分所有建物の登記がされている１棟の建物の敷地の場合）

Q　被相続人甲は、自己の所有する宅地の上に子丙と一棟の建物を所有し、甲とその配偶者乙及び生計を別にする子丙の居住の用に供していた（建物は、区分所有建物の登記があり、甲及び丙はそれぞれの専用部分について、区分所有権を登記し、居住の用に供している）。

配偶者乙、子丙は、当該宅地の２分の１の持分を各々相続により取得し、申告期限まで引き続き所有し、かつ居住の用に供している。

甲の所有していた宅地は、特定居住用宅地等に該当するか？

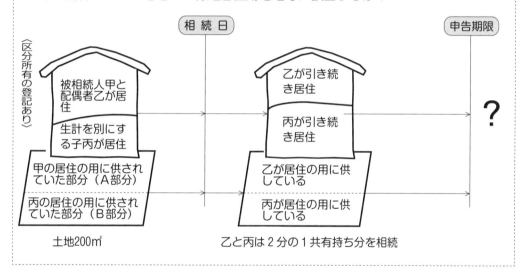

A　本事例のような２世帯型の住宅の取扱いについては平成25年度の税制改正で小規模宅地等の特例の適用が大幅に変わりました。

すなわち、平成26年１月１日以後の相続開始から次のように配偶者乙が居住の用に供している部分は80％、生計別の子丙が居住の用に供している部分は０％の減額となりました。

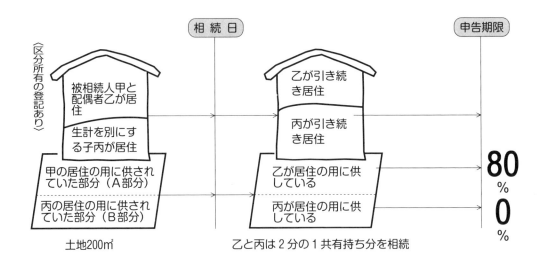

1　被相続人等の居住の用に供されていた宅地等の判定

　甲の居住の用に供されていた一棟の建物の敷地には、被相続人甲の居住の用に供されていた部分（以下「Ａ部分」という。）と、生計を別にする親族丙の居住の用に供されていた部分（以下「Ｂ部分」という。）があります。

　甲の居住の用に供されていた一棟の建物は、区分所有建物である旨の登記がされていることから、生計を別にする丙の居住の用に供されていた部分（Ｂ部分）は、措置法第69条の４第１項に規定する被相続人等の居住の用に供されていた宅地等の部分に含まれないこととなります（措令40の２④かっこ書き）。

　したがって、一棟の建物の敷地のうち、Ａ部分だけが、措置法第69条の４第１項に規定する被相続人等の居住の用に供されていた宅地等に該当することになります（措令40の2⑬一）。

2　特定居住用宅地等の判定

　乙は、Ａ部分及びＢ部分の持分（２分の１）を相続により取得していますが、被相続人等の居住の用に供されていた部分は、Ａ部分のみです。したがって、配偶者である乙が取得したＡ部分（100㎡）の割合（２分の１）に応ずる部分（50㎡）は、特定居住用宅地等に該当することになります（措法69の４③二柱書、措令40の２⑫）。

　なお、Ｂ部分（100㎡）の持分の割合（２分の１）に応ずる部分（50㎡）は、Ｂ部分が措置法第69条の４第１項に規定する被相続人等の居住の用に供されていた宅地等に該当しないことから、特定居住用宅地等には該当しないこととなります。

　丙は、甲の居住の用に供されていた一棟の建物（区分所有建物である旨の登記がされている建物）の措置法施行令第40条の２第13項第１号に規定する「当該被相続人の居住の用に供されていた部分」に居住していた者には該当しないことから、措置法第69条の４第３項第２号イの親族に該当しないことになります。また、丙は、自らの所有する家屋に居住し、かつ、被相続人と生計を一にしていないことから、措置法第69条の４第３項第２号ロ及びハの親族に該当しません。

　したがって、丙が取得したＡ部分（100㎡）及びＢ部分（100㎡）の持分の割合（２分の１）に応ずる部分（100㎡）は、特定居住用宅地等に該当しないことになります。
（以上国税庁資料より）

〈事例 21〉（２世帯住宅の取扱い；区分所有建物の登記がされていない１棟の建物を、居宅を持たない別居の親族（措法69の４③二ロの親族）が取得した場合）

 被相続人甲は、自己の所有する宅地の上に一棟の建物を所有し、甲及び生計を別にする子乙の居住の用に供していた（建物は、区分所有建物の登記がなく、甲単独で所有している。）。

相続人である子乙及び子丙は、この宅地の２分の１の持分を各々相続により取得し、申告期限まで引き続き所有し、かつ居住の用に供している。

なお、丙は、相続開始前３年以内に、丙又はその配偶者の所有する家屋に居住したことがない。

甲の所有していた宅地は、特定居住用宅地等に該当するか？

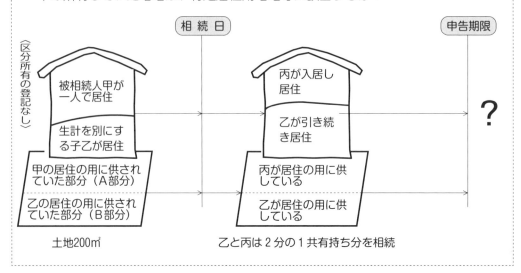

 本事例のような２世帯型の住宅の取扱いについては平成25年度の税制改正で小規模宅地等の特例の適用が大幅に変わりました。

すなわち、平成26年１月１日以後の相続開始から次のように宅地全体が80％の減額となりました。

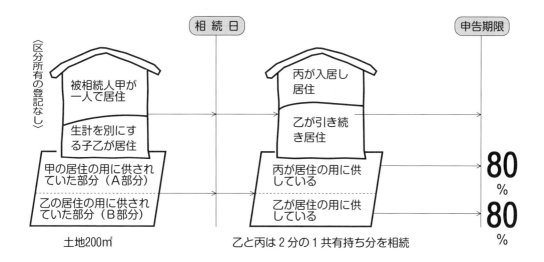

1　被相続人等の居住の用に供されていた宅地等の判定

　被相続人甲の居住の用に供されていた一棟の建物の敷地には、甲の居住の用に供されていた部分（以下「Ａ部分」という。）と、生計を別にする親族乙の居住の用に供されていた部分（以下「Ｂ部分」という。）があります。

　その一棟の建物は、区分所有建物である旨の登記がされていないことから、生計を別にしていた乙の居住の用に供されていた部分についても、被相続人等の居住の用に供されていた宅地等の部分に含まれることになります（措令40の2④）。

　したがって、敷地の全体が、措置法第69条の4第1項に規定する被相続人等の居住の用に供されていた宅地等に該当することになります。

2　特定居住用宅地等の判定

（1）　乙が相続により取得した部分

　乙は、甲の居住用に供されていた一棟の建物（区分所有建物の登記がされていない建物）の措置法施行令第40条の2第11項第2号に規定する「当該被相続人の親族の居住の用に供されていた部分」に居住していた者であって、相続開始から申告期限まで、被相続人等の居住の用に供されていた宅地等を有し、かつ、当該建物に居住していることから、措置法第69条の4第3項第2号イの親族に該当することになります。

　したがって、乙が取得したＡ部分（100㎡）及びＢ部分（100㎡）の持分の割合（2分の1）に応ずる部分（100㎡）は、特定居住用宅地等に該当します（措法69の4③二イ、措令40の2⑫）。

⑵　丙が相続により取得した部分

措置法第69条の４第３項第２号ロに掲げる親族は、被相続人の居住の用に供されていた宅地等を取得した者に限るとされています。

丙が取得したＡ部分（100㎡）の持分の割合（２分の１）に応ずる部分（50㎡）は、被相続人の居住の用に供されていた宅地です。

次に、Ｂ部分は、被相続人と生計を別にする親族の居住の用に供されていた宅地ですが、措置法令第40条の２第４項により被相続人等の居住の用に供されていた部分に含まれることから、被相続人の居住の用に供されていた宅地等に該当するものとして取り扱うことができ、丙は、措置法第69条の４第３項第２号ロに掲げる被相続人の居住の用に供されていた宅地等を取得した者に該当することとなります。

また、被相続人甲の居住の用に供されていた一棟の建物のうち、甲の居住の用に供されていた部分に甲と共に起居していた親族はいません。

以上のことから、丙は、措置法第69条の４第３項第２号ロに規定する他の要件（いわゆる「家なき子」の要件）を満たせば、同号ロに規定する親族に該当し、丙が取得したＡ部分（100㎡）及びＢ部分（100㎡）の持分の割合（２分の１）に応ずる部分（100㎡）は、特定居住用宅地等に該当することとなります（措法69の４③二ロ、措令40の２⑫）。

〈参考〉

本事例において、相続人である子乙が被相続人甲と生計を一にする親族である場合にも、丙が取得した乙の居住用の用に供されていたＢ部分は、措置法施行令第40条の２第４項の規定により被相続人等の居住の用に供されていた部分に含まれることから、被相続人の居住の用に供されていた宅地等に該当するものとして取り扱うことができます。

したがって、乙が甲と生計を一にする親族である場合にも、丙が取得した乙の居住の用に供されていたＢ部分は、上記「⑵　丙が相続により取得した部分」と同様に特定居住用宅地等に該当することになります。

（以上国税庁資料より）

〈事例　22〉（2世帯住宅の取扱い；区分所有建物の登記がされていない1棟の建物の敷地の場合）

Q 　私（甲）には、子AとBがおり、子Aには孫Cがいます。私（甲）は330平方メートルの宅地の上に3階建の建物（区分所有建物の登記がされていない）を所有し、私（甲）はその1階に、2階には子A夫婦が、そして3階には孫Cが居住している。子Bは近くの市営住宅に居住して3年以上になる（他に居住用の建物は所有していない）。

　そこで私（甲）が死亡した場合はこれらの居住用土地建物を子AとBに2分の1ずつ相続させようと思っている。

　こうした状況で、小規模宅地の特例を受けることができるか？

A 　平成25年の改正で平成26年1月1日以降に相続等により取得する被相続人等の居住用建物が1棟の場合で、建物について区分所有建物の登記がされていない場合には、被相続人とその親族の居住の用に供されていた部分も小規模宅地等の適用対象となりました（措令40の2④⑬二）。

　すなわち、下記のように建物全体が被相続人甲、その子A及びその孫Cの居住用となって、敷地全体が被相続人等の居住の用に供されていた宅地に該当することになります。

　仮に330平方メートルの宅地の評価額が1億円とすると次のように8,000万円の減額となります。

　　子A＝1億円×1／2×80％＝4,000万円

　　子B＝1億円×1／2×80％＝4,000万円

　　合計　8,000万円

　なお、子Bは3年以上市営住宅に居住しており、自分で居住用建物を所有していないということですから、所謂「家なき子」に該当するので、被相続人甲の居住家屋に法定相続人がいないなど他の要件を満たしていれば、下記のとおり特定居住用宅地として小規模宅地の特例を受けることができます（措通69の4−21）。

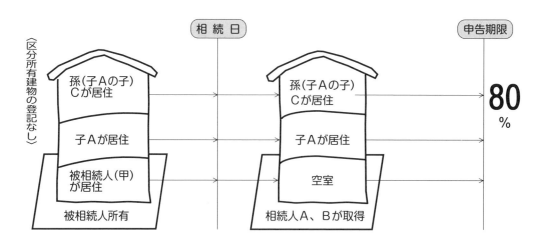

〈事例　23〉（相続開始前に被相続人の親族が国外にある当該親族の家屋を所有していた場合の小規模宅地等特例の適用の可否について）

　　　被相続人甲は自ら居住の用に供していたその所有する宅地を、相続人（子）乙に遺贈した。

乙は日本国籍を有しアメリカのシアトル郊外に所有する家屋に居住している。

甲は一人住まいで死亡したが、乙は甲の居住していた宅地について特定居住用宅地として小規模宅地等の特例を受けることができるか？

　　　特定居住用宅地等として小規模宅地等の特例を受けることはできないと思われます。

特定居住用宅地等として小規模宅地等の特例を受けられる親族として、被相続人の配偶者のほか同居の親族、一定の条件を満たした別居の親族（所謂家なき子）及び被相続人と生計を一にしていた親族があります。

事例のケースはこの内、一定の条件を満たした別居の親族（所謂家なき子）（措法69の4③二ロ）に該当するか否かの問題です。

〈一定の条件とは〉

(1)　人的構成の要件

　　イ　相続開始直前において被相続人の居住の用に供されていた家屋に

　　ロ　被相続人の配偶者及び

　　ハ　居住していた被相続人の法定相続人がいないこと。

(2)　居住用家屋を所有していないことの要件

　　イ　相続開始前3年以内に

　　ロ　日本国内にある

　　ハ　自己又は自己の配偶者及びその3親等以内の親族並びにその親族と特別の関係がある法人の所有する家屋に

　　ニ　居住したことがないこと。

(3)　相続開始時に当該親族が居住している家屋を相続前いずれかの時においても所有したことがないこと。

　　　ただし、この家屋には相続開始の直前において被相続人の居住用に供されていた

　家屋は含まれません。

　以上の条件を事例に当てはめると、(1)の条件は具備しているとして、(2)については自己の所有する家屋に居住しているがその家屋が国外にあるのでこの要件も満たしています。

　しかしながら、乙は自ら所有する家屋に居住しているので(3)の条件を満たさないことになります。(3)の条件には(2)の条件のような国内物件に限定する規定がありませんから国外であってもその所有家屋に居住していれば条件を満たさないことになります。

　したがって、この事例では特定居住用宅地等として小規模宅地等の特例を受けることはできないと思われます。

〈事例　24〉（被相続人が病気入院中の間、面倒をみていた別居の親族が取得した居住用宅地に小規模宅地等特例の適用の可否について）

Q　　被相続人甲（母）は病気治療のため自宅を離れて入院していて死亡した。甲の子である相続人乙は、別に自宅を持ち甲の入院中、毎日のように植木の面倒、郵便物の確認等被相続人甲の居宅の管理をしていた。甲の入院費に係る一切の費用は甲名義の普通預金口座から出金された金員で支払われており、被相続人の居宅に係る電気ガス料金等も甲名義の預金口座から引き落とされていた。

　被相続人甲死亡により、相続人乙は被相続人甲の居宅土地建物を相続により取得した。

　この居住用宅地について小規模宅地等の特例を受けることができるか？

（平成20年6月26日裁決（棄却）J75-4-38をもとに作成）

A　　相続により取得した被相続人甲の居住用宅地は別居の相続人乙が取得したが、乙は甲と生計を一にしていた親族に当たらないと思われるので、相続人乙が相続により取得した甲の居住用に供していた宅地は、特定居住用宅地等の小規模宅地等の適用の対象となる「被相続人と生計を一にしていた相続人の居住の用に供されていた宅地等」に該当しないから、特定居住用宅地等の小規模宅地等の適用を受けることができないと思われます。

　特定居住用宅地等とは、被相続人が所有していた被相続人又は被相続人と生計を一にしている被相続人の親族の居住用宅地等で、配偶者又は次の要件を満たす被相続人の親族が相続又は遺贈で取得し、申告期限まで居住及び保有していたものとなっています。

イ　一棟の建物（同居）に居住していた者

ロ　別居の親族である場合は所謂「家なき子」である者

ハ　被相続人と生計を一にしていた者

　本事例の場合は、イ及びロには該当しないので、ハの「被相続人と生計を一にしていた者」に該当するか否かの問題となります。

　「生計を一にする」とは同一の生活単位に属し、相助けて共同の生活を営み、あるいは日常生活の資を共通にしている場合をいうとされており、「生計」とは、暮らしを立

てるための手立てであって、通常、日常生活の経済的側面を指すものと解されています。

　したがって、被相続人と同居していた親族は、明らかにお互いに独立した生活を営んでいると認められる場合を除き、一般的に「生計を一にしている」ものと推認されていますが、この事例のように別居していた親族が「生計を一にしていた」ものとされるためには、その親族が被相続人と日常生活の資を共通にしていたことを要し、その判断は社会通念に照らして個々に判断されるもので、少なくとも居住費、食費、光熱費その他日常の生活に係る費用の全部又は主要な部分を共通にしていた関係にあったことを要すると解釈されています。

　しかるに、本事例では、被相続人甲は自らの入院費用や居宅に係るガス料金等の光熱費を支弁している一方、相続人乙は被相続人の入院中の毎日の植木の面倒、郵便物の確認等被相続人の居宅の管理をしていたが、これらの行為は生活の場を別にしている親子間の通常の助け合いであり、「日常生活の資を共通にしていた」とはいえず、これをもって「生計を一にしていた」とは認められないと思われます。

　したがって、相続人乙は「被相続人と生計を一にしていた親族」に該当せず特定居住用宅地等の小規模宅地等の特例の適用を受けることはできないと思われます。

〈事例　25〉（配偶者居住権が設定されている宅地への小規模宅地等の特例の適用について）

 被相続人甲は自宅の土地建物について、その妻乙に配偶者居住権を設定する旨の遺言を遺して死亡した。相続人はこの配偶者乙のほか同居の子丙との2人である。

自宅以外の不動産として都心に賃貸住宅（共同住宅）があるが、配偶者乙はそれなりの預貯金を有しているので、これは子丙に相続させる旨の遺言を遺している。

仮に遺産はこれ以外にないとした場合に相続税額は各自いくらになるか計算を求められた。

ただし、小規模宅地等の特例を適用して最も納税額の少ない方法を希望している。

〈主な財産の内容；乙の自宅は配偶者居住権等の評価額〉＊

1. 自　宅　建物　　　　　20,000千円；　乙　18,900千円　丙　　1,100千円

　　　　　　土地300㎡　120,000千円；　乙　36,000千円　丙　84,000千円

2. 共同住宅　建物　　　　12,000千円；　　　　　　　　　丙　12,000千円

　　　　　　土地200㎡　120,000千円；　　　　　　　　　丙　120,000千円

＊　配偶者居住権の評価やその意義については、別掲「第2編（参考）相続税における配偶者居住権等の評価額の内容」を参照。

 相続した宅地等については自宅用と共同住宅用共に遺言対象の宅地に小規模宅地等特例を適用することができます。

その場合に乙が取得した配偶者居住権の対象宅地36,000千円に対しても小規模宅地等特例を適用することができます。

〈配偶者居住権の対象宅地に小規模宅地等特例を適用した場合の納税額〉

・課税価額；170,600千円

　　　　　　自　宅　建物　　　20,000千円；乙　18,900千円　丙　　1,100千円

　　　　　　　　　　土地300㎡　24,000千円；乙　7,200千円　丙　16,800千円

　　　　　共同住宅　建物　　　12,000千円；　　　　　　　丙　12,000千円

土地200㎡　114,600千円；　　　　　　　　　丙　114,600千円

（注）　小規模宅地等の計算

乙　7,200千円＝36,000千円×0.2　丙　16,800千円＝84,000千円×0.2

丙　114,600千円

$= 120,000千円 - \{(120,000千円 ÷ 200㎡) × (200㎡ - 300㎡ × 200㎡ ÷ 330㎡)\}$

×0.5

・相続税納付額

$\{170,600千円 - (30,000千円 + 6,000千円 × 2) = 128,600千円\} ÷ 2 = 64,300千円$

$(64,300千円 × 0.3 - 7,000千円 = 12,290千円) × 2 = 24,580千円$

乙：$(24,580千円 × 26,100千円 ÷ 170,600千円 = 3,760千円) - 3,760千円 = 0$

丙：　$24,580千円 × 144,500千円 ÷ 170,600千円 = 20,820千円$

〈配偶者居住権の対象宅地に小規模宅地等特例を適用しない場合の納税額〉

・課税価額：183,200千円

自　宅　建物　　　20,000千円；乙　18,900千円　丙　　1,100千円

土地300㎡　52,800千円；乙　36,000千円　丙　16,800千円

共同住宅　建物　　　12,000千円；　　　　　　　　丙　12,000千円

土地200㎡　98,400千円；　　　　　　　　　丙　98,400千円

（注）　小規模宅地等の計算

丙　98,400千円

$= 120,000千円 - \{(120,000千円 ÷ 200㎡) × (200㎡ - 210㎡ × 200㎡ ÷ 330㎡)\}$

×0.5

・相続税納付額

$\{183,200千円 - (30,000千円 + 6,000千円 × 2) = 141,200千円\} ÷ 2 = 70,600千円$

$(70,600千円 × 0.3 - 7,000千円 = 14,180千円) × 2 = 28,360千円$

乙：$(28,360千円 × 54,900千円 ÷ 183,200千円 = 8,499千円) - 8,499千円 = 0$

丙：　$28,360千円 × 128,300千円 ÷ 183,200千円 = 19,861千円$

　　以上のように配偶者居住権の対象宅地に小規模宅地等特例を適用しない場合の納税額の方が959千円（20,820千円－19,861千円）少なくなります。

　これは配偶者については相続税の配偶者控除が適用されるため、相続税総額では配偶者居住権の対象宅地に小規模宅地等特例を適用した方が少ないのですがこの配偶者控除を適用することによって逆に納付税額は多くなってしまいます。

　したがって、配偶者居住権の対象宅地に小規模宅地等特例を適用する場合には、注意が必要です。

〈事例　26〉（居住用と事業用の共有持分の計算）

 私たち夫婦は下図のような共有地を所有し、この土地に私（甲）が居住用の建物と賃貸用のアパートを所有して賃貸している。

居住用建物の敷地は240平方メートルで、残りの160平方メートルは賃貸用のアパートの敷地として利用している。

私（甲）に相続が発生した時にはこれら土地、建物のすべてを妻（乙）が相続した場合に居住用建物の敷地の240平方メートルに対して特定居住用宅地としての小規模宅地の特例を受けることができるか？

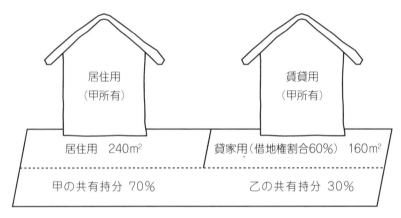

A このように敷地が共有である場合の利用面積の計算は、実際の利用区分の面積によって計算することはできません。したがって240平方メートル相当分を特定居住用宅地として小規模宅地の特例の適用を受けることはできず、次のように計算されます。

一般的に共有の場合の考え方は、共有者の権利は利用地全体に均等に及ぶとされているため（民法249）、次のように実際の利用面積をその共有の割合で利用しているとして計算されます。

居住用敷地の部分…168㎡

$$(240㎡ + 160㎡) \times 70\% \times \frac{240㎡}{240㎡ + 160㎡} = 240㎡ \times 70\%$$

貸家用敷地の部分…112㎡

$$(240㎡ + 160㎡) \times 70\% \times \frac{160㎡}{240㎡ + 160㎡} = 160㎡ \times 70\%$$

以上のことから各人の利用面積を示すと次のようになります。

	甲	乙	計
居住用	168㎡	72㎡	240㎡
貸家用	112㎡	48㎡	160㎡
計	280㎡	120㎡	400㎡

故に特定居住用宅地としての小規模宅地の特例を受けることができる面積は168平方メートルまでとなります。

したがって98.18平方メートル（＝200㎡×$\dfrac{330㎡-168㎡}{330㎡}$）については貸家用敷地112平方メートルのうち、貸付事業用宅地として50％の減額ができます。

〈事例 27〉（居住用不動産が複数ある場合）

Q 私達の夫婦は夫がサラリーマンであったため仕事の都合もあり、毎週月曜日から金曜日までは原則として都心のマンションに居住し、週末の土曜日や日曜日、祝祭日を含む会社の休日等は郊外の一戸建て住宅に居住して10年以上になった。この度、夫が60歳で死亡したのに伴い、これら居住用不動産はすべて私妻が相続する予定である。

小規模宅地の特例の適用は、この２か所の居住用の宅地の両方に適用することができるか？

マンションの敷地は持ち分で40平方メートルあり、この路線価格は１平方メートル当たり300万円。郊外の一戸建て住居の宅地は200平方メートルあり、この路線価格は１平方メートル当たり60万円である。

A そもそも居住用の宅地に小規模宅地等の特例が適用される理由は、居住の用に供せられている宅地のうち最小限必要な部分については、相続人等の生活基盤維持のために欠くことのできないものであって、その処分には相当の制約を受けるのが通常であるから、これに通常の相続税の財産評価額を適用するのは実情に沿わないために設けられたものと言われています。

こうした趣旨からして居住用の宅地が２か所以上ある場合には、このうち主として居住の用に供されていた１か所の宅地に適用する取扱いになっています。

このケースの場合、どちらの住居を主とした居住に当たるかを区別するのは難しいと思われますが、日常生活の状況、その家屋への入居目的、その家屋の構造及び設備の状況、他に拠点となり得る家屋の有無その他の事情を総合勘案して判定する必要があります。

なお、特定居住用宅地等の適用を受けるためには、相続開始日以降に作成された住民票の写しや戸籍の附票の写しの添付が必要です。このことも含めて総合的に判断することになるでしょう。

このケースでは、次のようにマンション用宅地の評価額と郊外の一戸建て用宅地の評価額が同額のため、どちらが主たる住居となっても特定居住用宅地等の評価額に変わりがありません。しかし他に小規模宅地等の適用対象宅地等がある場合は適用面積の違い

がありますので全体の減額される金額が違ってきます。

⑴　マンション用地：300万円× 40㎡＝１億2,000万円

⑵　一戸建て用地　：　60万円×200㎡＝１億2,000万円

　平成22年４月１日以後相続開始から次のとおり定められました。

　居住用宅地等が、次のそれぞれのように複数ある場合で、特定居住用宅地等が二以上ある場合は、次のようにそれぞれ主としてその居住の用に供している一の宅地等に限られます。生計一親族が２人以上いる場合は、それぞれ主とした一の居住用宅地等となります（措令40の２⑪）。

特定居住用宅地等の複数形態区分		主とした一の居住用宅地等
被相続人の居住用宅地等が二以上ある場合		被相続人の主とした一の居住用宅地等
被相続人と生計一親族の居住用宅地等が二以上ある場合		その親族の主とした一の居住用宅地
被相続人及び被相続人と生計一親族の居住用宅地等が二以上ある場合	被相続人及びその生計一親族の主とした一の居住用宅地等が同一である場合	その一の宅地等
	上記以外の場合	被相続人の主とした一の居住用宅地等及びその親族の主とした一の居住用宅地等

〈事例 28〉（タワーマンション（居住用区分所有財産）の評価方法と小規模宅地等特例の適用の計算方法について）

 被相続人甲は自ら居住するタワーマンション（居住用区分所有財産）を所有していたが、令和6年3月に死亡し、同居の相続人（子）乙がこれを相続した。

タワーマンション（居住用区分所有財産）の内容

　　種類；居宅、築年数；3年、総階数；40階、所在階；23階、

　　専有部分の面積；72㎡、敷地の面積；6,200㎡、

　　敷地権の割合；1,000,000分の1,800

　　従来の区分所有権の価額；1,000万円（家屋の固定資産評価額）

　　従来の敷地利用権の価額；2,000万円（路線価に基づく評価額）

　　タワーマンションの市場価額；約1億円

この場合、特定居住用宅地として小規模宅地等の特例を受ける金額はいくらになるか。

A タワーマンション（居住用区分所有財産）の相続税課税評価額については、令和5年9月28日付課評2−74ほか1課共同「居住用の区分所有財産の評価について」として発遣され、令和6年1月1日以降の相続、遺贈又は贈与により取得した「居住用の区分所有財産」として定められた個別通達により評価することになりました。

　そこで、事例に従って、タワーマンション（居住用区分所有財産）の評価額を算定し特定居住用宅地として小規模宅地等の特例を受ける金額を計算します。

　居住用区分所有財産の価額の計算は次の通り行います。

　　居住用区分所有財産の価額＝区分所有権の価額①＋敷地利用権の価額②

　　　①＝従来の区分所有権の価額（家屋の固定資産評価額）×区分所有補正率（注1）

　　　②＝従来の敷地利用権の価額（路線価を基にした評価額）×区分所有補正率（注1）

（注1）区分所有補正率

区　　　分	区分所有補正率
評価水準＜0.6	評価乖離率×0.6
0.6≦評価水準≦1	補正なし（従来の評価額で評価）
1＜評価水準	評価乖離率

（注2）評価水準（評価乖離率の逆数）＝1÷評価乖離率

（注3）評価乖離率＝A＋B＋C＋D＋3.220

　　　　　A：一棟の区分所有建物の築年数（1年未満は1年）×△0.033

　　　　　B：一棟の区分所有建物の総階数指数^{（※）}×0.239（小数点以下第4位切捨て）

　　　　　　　※建物の総階数（地階含めず）÷33（小数点以下第4位切捨て、1超は1）

　　　　　C：一室の区分所有権等に係る専用部分の所在階×0.018

　　　　　D：一室の区分所有権等に係る敷地持分狭小度^{（※1）}×△1.195（小数点以下第4位切上げ）

　　　　　　　※1　敷地持分狭小度（小数点以下第4位切上げ）＝敷地利用権の面積^{（※2）}÷専用部分の床面積

　　　　　　　※2　敷地利用権の面積＝一棟の区分所有建物の敷地面積×敷地権（共有持分）の割合

以上の計算方式により事例の計算をすると次のようになります。

・評価乖離率

　A＝3年×△0.033＝△0.099

　B＝{40階÷33（1.212＞1＝1）}×0.239＝0.239

　C＝23階×0.018＝0.414

　$D = \left\{ \left(6,200㎡ \times \dfrac{1,800}{1,000,000} = 11.16 \right) \div 72㎡ = 0.155 \right\} \times △1.195 = △0.186$

　∴△0.099＋0.239＋0.414＋△0.186＋3.220＝3.588

・評価水準＝1÷3.588＝0.2787068

・区分所有補正率

　0.2787068＜0.6

　　∴3.588×0.6＝2.1528

・区分所有権の価額＝1,000万円×2.1528＝21,528千円

・敷地利用権の価額＝2,000万円×2.1528＝43,056千円

・居住用区分所有財産の価額＝21,528千円＋43,056千円＝64,584千円

・特定居住用宅地として小規模宅地等の特例を受ける金額

　敷地利用権の価額43,056千円×80％〔※〕＝34,444,800円

　※　本文89頁㉛参照

・敷地利用権の価額の課税価格＝43,056千円－34,444,800円＝8,611,200円

〈事例 29〉（生計別親族の建物を賃借して事業を営んでいる場合）

 甲は30年以上にわたってパンの製造販売を営んでいる。

従業員は妻と生計別の長男との総勢3人でまずまずの業績だ。

店舗の敷地は甲の所有であるが、店舗建物は長男の所有だ。

長男には所定の給与のほかに家賃を毎月支払っている。

ただし、長男から地代は貰っていない。

甲が死亡した場合は長男がこの事業を引き継ぎ、その敷地を相続する予定であるが、この場合小規模宅地の特例を受けることができるか？

A 残念ながらこのケースの場合は、小規模宅地の特例を受けることができません。このケースのように建物が生計別親族所有で家賃を支払っている場合は小規模宅地の特例を受けることができません（本文86頁㉗－2参照）。

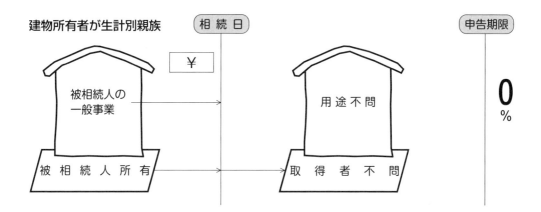

　したがって、小規模宅地の特例を受けるためには家賃の支払をしないことがポイントになります。

　このケースで家賃の支払をせず、相続の開始があり長男が事業の承継をして申告期限まで継続し、その敷地を取得して申告期限まで保有していれば特定事業用宅地として、次のとおり400平方メートルまで80％の減額ができます（本文78頁㉑参照）。

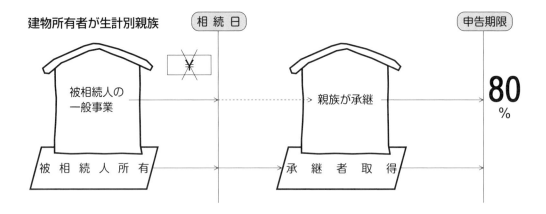

建物所有者が生計別親族　　相続日　　申告期限

被相続人の一般事業　→　親族が承継　80％

被相続人所有　→　承継者取得

〈事例　30〉（生計別親族の事業者が相続取得した場合）

 Q　被相続人Ａが所有する土地、建物を借りて、家賃を支払って事業をしていた生計別の長男Ｂがこの度の相続によってその土地、建物を取得した。

長男Ｂは引き続き事業を継続している。

この場合、相続税の小規模宅地の特例は適用できるか？

 A　この事例を図解すると以下のようになります。

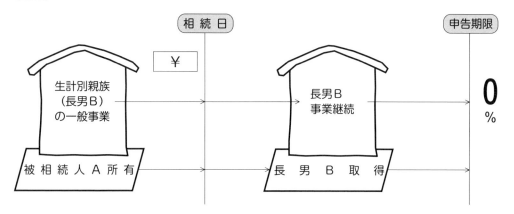

　このようなケースでは、生計別親族の長男Ｂが被相続人から無償で建物を借りて事業を営んでいる場合もあります。

　この場合は生計別親族の事業となり、被相続人又はその生計一親族の事業でないため相続税の小規模宅地の特例を受けることはできません。

　しかしこの事例では家賃を支払っているということなので被相続人の貸付事業となります。

　したがって下図のように事業者たる長男Ｂ以外の親族が相続又は遺贈によってこれらの不動産を取得して長男Ｂに引き続き貸し付けていれば貸付事業用宅地として相続税の小規模宅地の特例を受けることができます（本文64頁⑧－2参照）。

　しかしながらこの事例では、事業者たる長男Ｂがこれらの不動産を相続していますので貸付事業用宅地としての継続要件を満たさないことになり相続税の小規模宅地等の特例を受けることはできません。

　平成22年3月31日以前の相続開始であれば改正前の規定が適用されるため相続税の小

規模宅地等の特例を受けることができました。

〈平成22年 3 月31日以前相続開始〉

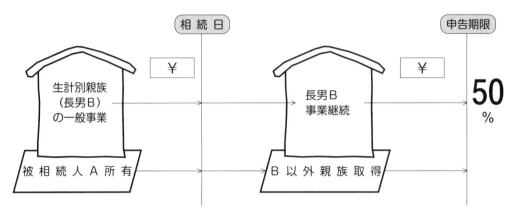

〈事例　31〉（相続開始前3年以内に事業を開始した場合のその宅地等についての小規模宅地等の特例の適用の可否）

 　令和元年10月に倉庫業を行うために、宅地付倉庫を1億4,400万円で取得した。

内訳は宅地が1億円、倉庫建物が税込みで4,400万円であった。

　令和2年3月に相続が開始した場合、この宅地は特定事業用宅地等の小規模宅地等の特例の適用を受けることができるか？

　なお、令和2年の当該宅地の相続税評価額は8,000万円であり、倉庫建物の固定資産評価額は1,100万円であった。

 　当該宅地は特定事業用宅地等の小規模宅地等の特例の適用を受けることができません。

　特定事業用宅地等の小規模宅地等の特例については、平成31年4月1日以降の相続開始より、同日以降に取得した宅地等について特定事業用宅地等の小規模宅地等の特例の適用を受けるためには取得後3年を経過していることが条件です。ただし、その宅地等の上にその宅地等の価額の15％以上の建物、構築物及び事業用減価償却資産がある場合は適用を受けることができます（措法69の4③一）。

　本件の場合、事業用宅地取得後3年未満であるが、宅地の取得価額が1億円で、減価償却資産たる倉庫建物の価額が4,400万円ですので、土地に対しては44％であり、減価償却資産は15％以上となるので小規模宅地等の特例を受けることができると判断しての取得開業と思われます。

　しかしながら、15％の判定は宅地等の相続開始時に行いますので、本件の減価償却資産たる倉庫建物の価額は1,100万円で宅地等評価額8,000万円の15％未満となります。

　本件の場合宅地の評価額が8,000万円ですので、その15％以上、すなわち1,200万円以上の減価償却資産がある場合は適用を受けることができますが、本件の減価償却資産の価額は1,100万円で15％未満となります。

　したがって、当該宅地は残念ながら、特定事業用宅地等の小規模宅地等の特例の適用を受けることができません。

〈事例　32〉（生前の事業承継の場合）

> **Q** 　Aは30年以上にわたり印刷工場を営んできたが、60歳の還暦を期して長男Bに譲ることにした。長男Bは自分の住居をもって父Aとは別に暮らしている。父Aは仕事から離れて安心したのか急に弱くなり、この度急逝した。
> 　長男Bは被相続人Aの所有した印刷工場の土地建物を相続し、引き続き印刷工場をつづけている。
> 　相続税の小規模宅地の特例は適用できるか？

A 　被相続人又は生計一親族の事業に供されていた宅地でないため、事業用の宅地に該当せず小規模宅地の特例を受けることはできません（本文64頁⑦他参照）。

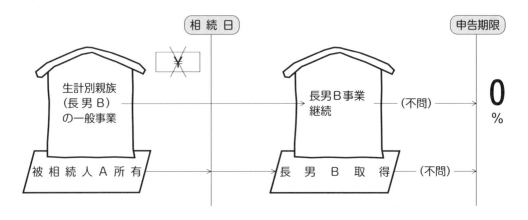

　相続税の小規模宅地の特例は相続の開始時点において、被相続人自身の事業の用か又は被相続人と生計を一にする親族の事業の用に供されていなければなりません。この事例では、事業者である長男Bが被相続人Aと生計を一にしていればこの特例を受けることができますし、それも80％減額の特定事業用宅地の対象となります。

　あるいは生計は別でもＡが相続開始まで事業を続けていれば、相続により引き継ぐことで同じく80％の減額を受けることができます（本文54頁①及び60頁④参照）。

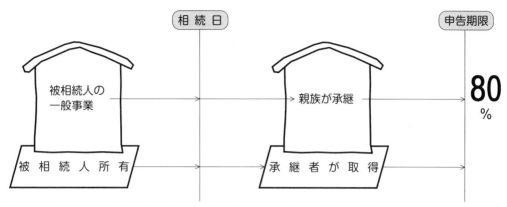

（注）　承継者が申告期限までに死亡した場合は、その相続人が事業を承継し、宅地を取得し、申告期限まで事業の継続と保有継続が必要（措通69の4－15）。

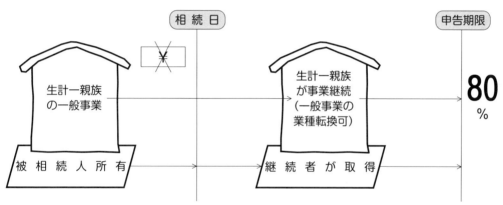

（注）　継続者が申告期限までに死亡した場合は死亡の日まで継続し保有すればよい。

　平成13年度の改正により、平成13年1月1日からの相続等については、特定事業用等宅地等について、その対象面積が330平方メートルから400平方メートルに拡がりました。しかし、本件のような生前の事業承継については残念ながら改正の対象になっておりません。したがって、こうした生前における事業承継については充分注意する必要があります。

〈事例　33〉（特定事業用宅地の共有取得の場合）

Q 　　Aは永年弁護士事務所を経営してきており、長男が税理士となって以来、法律税務会計事務所として親子で経営するようになっていた。その後長女が弁護士に合格したので親子3人で事務所を経営するようになって今日に至っている。

　　Aは自分に万一があった時には、事務所の土地建物をこの2人の子供に相続させて法律税務会計事務所の継続を願っている。

　　2人の子供もそのつもりでいるが、この場合、相続税の小規模宅地の特例は適用できるか？

A 　　Aが法律税務会計事務所の名の下に弁護士業と税理士業を経営しているのであれば、子供2人の相続は小規模宅地の特例を適用できるものと思われます。

　しかしながら、看板は法律税務会計事務所であっても、Aは弁護士業として確定申告し、長男は税理士業として確定申告していたとすると、長男の取得した土地はAの事業を承継したことにならないため相続税の小規模宅地の特例の適用を受けることができません。

　したがって、2人の子供の相続のうち、長女は弁護士として事業承継できるので、長女が取得した土地の部分についてのみ相続税の小規模宅地の特例が適用できることになり、長男の取得部分についてはこの適用を受けることができないことになります（措法69の4③一イ）。

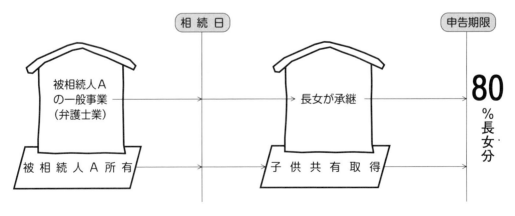

　平成22年3月31日以前の相続であれば、2人の子供について400平方メートルまで80％減の特定事業宅地としての適用が受けられましたが、税制改正により平成22年4月1日以降の相続開始からはこのように長女が取得した部分にのみ、相続税の小規模宅地の特例の適用が受けられることになりました。

　したがって、2人の子供の両方に相続税の小規模宅地の特例の適用を受けさせたい場合は、Aは税理士の登録もして文字どおりの法律税務会計事務所として経営し確定申告していくことがポイントとなります。

〈事例　34〉（事業用敷地の一部譲渡の場合）

Q 　被相続人Ａ（父）は先祖代々つづく酒問屋を営んでいた。この度の相続により長男である私が跡を継ぐことになったが、今は酒等の倉庫を必要とせず、全て電話やＦＡＸで商売をするため、倉庫を取り壊して、その部分の敷地を売却することにした。売却資金は借入金の返済や手形決済資金に充当して財務内容を改善した。

　売却した部分も含めて相続税の小規模宅地の特例は適用できるか？

A 　小規模宅地の特例を受けることができますが、被相続人の事業を引き継いでも、その引き継いだ敷地の一部を売却した場合は、次のように売却しなかった部分についてのみ特定事業用宅地として、400平方メートルまでの範囲で80％の減額が受けられます。したがって、売却した事業用の敷地は特定事業用宅地の適用が400平方メートル未満である場合であっても、小規模宅地の特例の適用を受けることができません。

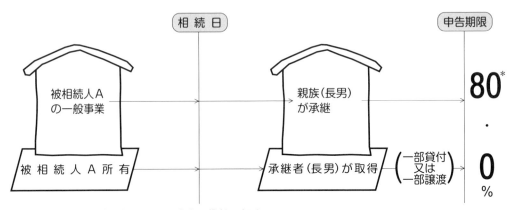

＊　譲渡、貸付以外の部分80％　譲渡、貸付の部分０％

　このように被相続人等の事業用の宅地は、売却するとその部分の宅地については小規模宅地の特例の適用対象となりませんが、売却しなかった部分の宅地については400平方メートルまで80％減額の対象になっています（措通69の4−18）。

　なお、事例10にあるように平成22年3月31日以前相続開始分の居住用の宅地については、売却しなかった部分について特定居住用宅地等の要件を満たせば、売却した部分も含めたすべて（240平方メートルまで）について80％の減額を受けることができました。

　しかし、平成22年4月1日以後相続開始からは、次のとおり事業用敷地の一部譲渡と同様の取扱いとなりました。

〈平成22年3月31日以前相続開始〉

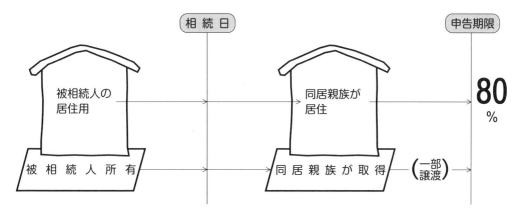

〈平成22年4月1日以後相続開始〉

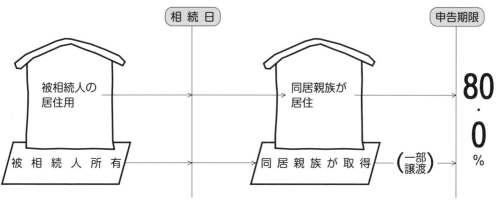

＊　一部譲渡の部分　　0％

〈事例　35〉（事業用の建物が建築中の場合）

 　　　被相続人甲は、コンビニエンスストアの経営を始めるため、自己所有の土地に店舗兼事務所の建築中に急逝した。コンビニエンスストアは同居の長男乙が引き継ぎ相続税の申告期限までに店舗兼事務所の建物が完成してコンビニエンスストアを開店した。

　　この場合、相続税の小規模宅地の特例は適用できるか？

A 　この事例を図解すると以下のようになります。

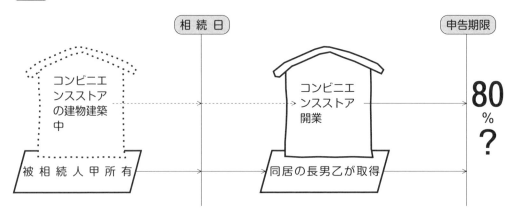

　そもそも小規模宅地の特例は、相続開始直前において事業の用に供していることが適用の大前提であります。その限りにおいてこのケースでは相続開始の直前において事業の用に供していないので小規模宅地の特例を受けることができないことになります。

　ただし、相続開始の直前において事業の用に供していない場合であっても、被相続人等の事業の用に供されている建物等の移転又は建替えのため当該建物等を取り壊し、又は譲渡し、これらの建物等に代わるべき建物等（被相続人又は被相続人の親族の所有に係るものに限る。）の建築中に、又は当該建物等の取得後被相続人等が事業の用に供する前に被相続人について相続が開始した場合で、当該相続開始直前において当該被相続人等の当該建物等に係る事業の準備行為の状況からみて当該建物等を速やかにその事業の用に供することが確実であったと認められるときは、当該建物等の敷地の用に供されていた宅地等は、事業用宅地等に該当するものとして取り扱っています（措通69の4－5）。

　しかるにこの事例では、新たにコンビニエンスストアの経営をするための建物を建築中となりますので、上記通達でいう事業の用に供されている建物等の移転又は建替えのための建築中に該当しないことになります。

　したがって、この事例においては小規模宅地の特例を適用することはできないことになります。

　もし、下記のようにこれが居住用建物の建築中であれば、新たな居住用建物の建築中であったとしても事業用と取扱いが異なって特定居住用として小規模宅地の特例を適用することができます。

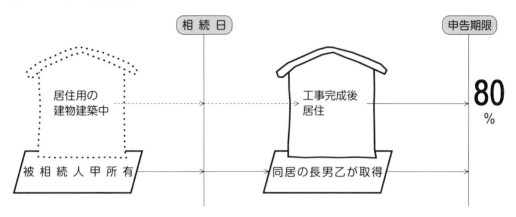

〈事例　36〉（駐車場の事業性）

　　被相続人Aは駐車場経営をしていた。1か所は砂利敷き駐車場で10台の契約があり、もう1か所はアスファルト敷き駐車場で長女Bに貸し、契約書も作らず通常賃料の3割程度で貸していた。この度の相続でこれらの駐車場を長男Cが相続した。

　この場合、事業用の宅地として相続税の小規模宅地の特例は適用できるか？

　　事業用宅地として相続税の小規模宅地の特例を受けるには次の2つの条件が必要です。

1　事業であること。事業とは本来の事業のほか、事業と称するに至らない不動産の貸付その他これに類する行為で、相当の対価を得て継続的に行うものをいいます（措令40の2①）。

2　一定の建物又は構築物の敷地の用に供されていること。

　すなわち、宅地の上に一定の建物又は構築物があることをいいます。

　さて、本件のうち1か所は砂利敷きとのことですが、この砂利敷きが構築物に当たるかどうかということが問題になります。単に土をならしただけとか、砂利を敷いたとしても凹んだ所に入れた程度又は砂利を敷いて相当の年数が経過した等のため、ほとんど砂利敷きと見られないような状態の場合は構築物とみなされません。

　構築物とされるためにはしっかりと砂利を敷き、駐車スペースの縄じるし等があることが必要でしょう（裁決事例H17.12.16参照）。構築物と認められれば、事業用として50％の減額が受けられます。

　もう1か所の長女Bに貸している駐車場敷地ですが、アスファルト敷きということで構築物に該当します。しかし、賃料が通常の3割とのことですから「相当の対価」に当たりません。継続的であってもこのように相当の対価を得ない貸付は事業と認められませんので、相続税の小規模宅地の特例を受けることはできません。

　なお平成22年4月1日以後相続開始から、上記の場合は貸付事業用宅地等に該当して、小規模宅地の特例を受けるためには貸付事業を引き継ぎ、申告期限まで引き続き当該宅地等を有し、かつ当該貸付事業の用に供する必要があります。

〈事例　37〉（被相続人所有の宅地上で事業を営んでいた別居の親族が取得した宅地に小規模宅地等特例の適用の可否について）

Q　被相続人Ａ（母）の子である相続人Ｂは、被相続人Ａが所有する宅地を使用貸借して大工業を営んでいた。相続人Ｂは被相続人Ａと別居していたが、被相続人Ａが老年期認知症に罹患したことに伴い成年後見人として財産の管理を行うなど生前から日常の世話をしていた。

相続人Ｂは大工業に使用していた被相続人Ａの宅地を相続により取得した。

被相続人Ａの日常の生計費等はすべて被相続人Ａの銀行口座から賄われており、その財産管理を相続人Ｂが成年後見人として行っており、一方Ｂの生計費等は大工業によって自ら賄っていた。

この大工事業用に供していた宅地について小規模宅地等の特例を受けることができるか？

（令和３年９月４日東京高裁判決（令和３年（行コ）第１号）をもとに作成）

A　相続により取得した被相続人Ａの大工事業用宅地は相続人Ｂが営んでいた大工事業により被相続人Ａの生計が支えられていたとはいえないことなどから、相続人Ｂが相続により取得した大工事業用に供していた宅地は、特定事業用宅地等の小規模宅地等の適用の対象となる「被相続人と生計を一にしていた相続人の事業の用に供されていた宅地等」に該当しないので特定事業用宅地等の小規模宅地等の適用が受けることができないと思われます。

ここでの問題点は、相続人Ｂが取得した大工事業用宅地に小規模宅地等の特例が適用できるか否かであり、具体的にはこの大工事業用宅地が「被相続人と生計を一にしていた相続人の事業の用に供されていた宅地等（特定事業用宅地等）」に該当するか否かにかかっています。

小規模宅地等の特例の趣旨は「被相続人の事業に供されていた宅地等」は、被相続人の生前から一般にそれが事業の維持のために欠くことのできないものであって、その処分について相当の制約を受けることが通常であることを踏まえて、相続財産としての担税力の有無に着目し、相続税の負担の軽減を図ることとしたものであるとし、被相続人

から「被相続人と生計を一にしていた相続人の事業の用に供されていた宅地等」を相続した場合も、その宅地等には担税力がないため、相続税の軽減を図る必要があるものとしています。

　本事例での認定事実は次の通りです。

①　後見の開始から相続の開始までの間において、被相続人Ａの食費、光熱費等の支出は、被相続人Ａの金銭出納帳と被相続人Ａ名義の口座で管理されていたこと。

②　金銭出納帳で管理されていた現金は、被相続人Ａの収入（駐車場の賃料収入、有価証券の配当金など）や被相続人Ａの亡夫から相続した預金が入金された口座からのものであり、被相続人Ａ名義の口座に相続人Ｂとの間での入出金は見当たらず、相続人Ｂから拠出された現金があることも窺われないこと。

③　相続人Ｂは、大工業を営んでいて、相応の収入があり、被相続人Ａから経済的な援助をうけていたことは窺われないこと。

④　相続人Ｂと被相続人Ａは、同居していたわけではないこと。

⑤　相続人Ｂは、所得税の確定申告で被相続人Ａを扶養家族としていなかったこと。

　以上のように、このケースのポイントは「生計一」か否かであります。小規模宅地等の特例の趣旨からして、このケースでは相続人Ｂの大工事業により被相続人Ａの生計も賄われている関係がなければならないところ、被相続人Ａの食費、光熱費等の支出は、すべて被相続人Ａの金銭出納帳や被相続人Ａ名義の口座で管理支出されていたことから被相続人の生計の主要な部分を自ら賄っているばかりでなく、相続人Ｂも自らの生活費を大工業などで自ら賄っていた状況は、小規模宅地等の特例の規定する「生計一」とは認められないものと思われます。

　したがって、小規模宅地等の特例の趣旨からする「生計を一にする」意義は所得税法第56条（事業から対価を受ける親族がある場合の必要経費の特例）に規定する「生計一」の意義と同様でなく、この事例で被相続人Ａと「生計を一にする」とは、少なくとも相続人Ｂの大工事業の収入によって被相続人Ａの生計も賄っていなければならないことになります。

　なお、この事例は東京高等裁判所において相続人Ｂの主張が認められず棄却されたものであり、相続人Ｂは最高裁に上告及び上告受理の申し立てをしています。

〈事例 38〉（特定事業用宅地等の事業性についての取扱いの場合）

 甲は、農業を営んでいたが、寄る年波には勝てず最近はめっきり体力が落ちて農業経営の継続が非常に厳しい状況となってきた。

そこで畑1,000平方メートルを宅地に変更して、野立ての太陽光発電設備を設置して電力会社に電力を販売する事業を開始しようと考えている。

こうした状況で甲に相続が開始された場合、小規模宅地の特例を受けることができるか？

 特定事業用宅地等については、被相続人等の事業用宅地等として次のすべての要件に該当するものをいいます（措法69の4③一）。

1 被相続人又はその被相続人と生計を一にしている被相続人の親族の事業用の宅地であること。

2 被相続人又はその被相続人と生計を一にしている被相続人の親族は相続開始前から一定の事業を営んでいること（相続開始3年以内の事業開始（減価償却資産の価額が当該宅地価額の15％以上を除く）は除外）。

3 一定の事業とは、不動産貸付業、駐車場業、駐輪場業及び準事業以外の事業であること。

4 宅地上に建物又は構築物があること。

5 相続又は遺贈によって被相続人の事業を相続税の申告期限までに被相続人の親族が引き継ぎ、かつその事業を継続すること。

6 その宅地を相続税の申告期限まで保有すること。

そこでこの事例が小規模宅地等の特例を受けることができるか否かを検討すると次の問題点があります。

(1) 太陽光発電設備が建物又は構築物に該当するか否か（税務上太陽光発電設備は機械装置に該当して、建物や構築物には該当しない）。

(2) 売電事業が一定の規模で行われている相当の収益事業であるかどうか。

まず、第一の問題は基本的な問題で、宅地上に建物又は構築物が存在しない以上小規模宅地等の特例の適用はありません。

　したがって、この事例が小規模宅地等の特例の適用を受けるには宅地上に建物又は構築物を設置する必要があります。なお、構築物の定義については相続税法には規定がありませんが法人税法では「ドック、橋、岸壁、桟橋、軌道、貯水池、坑道、煙突その他土地に定着する土木設備又は工作物をいう。」（法令13ニ）とされています。

　よって、太陽光発電設備が構築物にならない以上、その宅地全体にアスファルト等で整地した上に太陽光発電設備を設置するなど明らかに構築物の施行をすることが条件となると思います。

　次に第二の問題の事業性ですが、出力50kw以上の売電収入が事業所得に該当するといわれています。通常出力50kw未満は雑所得になりますが、①設備の周囲にフェンス等を設置し、②設備の除草や設備に係る除雪等を行っている等、一定の管理をしている場合には一般的に事業所得に該当するでしょう。

　以上の状況を充分考慮した上で太陽光発電設備を設置しての事業であれば特定事業用宅地等に該当し他の条件が具備されれば小規模宅地等の特例の適用は受けられるものと思われます。

〈事例 39〉(特定事業用宅地等の相続が短期取得の場合)

Q 　長男甲は、母乙から事業を承継して事業用建物とその敷地を相続により取得し引き続き事業を継続している。母乙は、相続開始2年前に父丙から相続によりこの事業を承継して事業用建物とその敷地を取得して事業を継続してきた。

　このように、母乙が事業として営んできた期間は3年以下(2年)となるが、この場合特定事業用宅地等として小規模宅地等の特例を受けることができるか?

A 　特定事業用宅地等として小規模宅地等の特例を受けることができます。

　母乙が相続開始前3年以内に開始した父丙からの相続遺贈により事業を承継して特定事業用に供していた宅地等を取得し、かつ、その取得日以降その宅地等を引き続き事業の用に供していればその宅地等については、被相続人が相続等により取得した事業用宅地等を事業に供していた期間の長短に関係なく特定事業用宅地等として小規模宅地等の特例を受けることができます(措令40の2⑨)。

　したがって母乙が相続等により取得して2年で長男甲が相続等により取得していますが、平成31年4月1日より施行の3年縛りの改正法により除外されず特定事業用宅地等として小規模宅地等の特例を受けることができます。

　なお、父丙の事業を通算しても3年以下となっても同様となります。

　┌〈参考1:租税特別措置法施行令第40条の2第9項〉
　│9　被相続人が相続開始前3年以内に開始した相続又はその相続に係る遺贈により法第69
　│　条の4第3項第1号に規定する事業の用に供されていた宅地等を取得し、かつ、その取

得の日以後当該宅地等を引き続き同号に規定する事業の用に供していた場合における当
該宅地等は、同号の新たに事業の用に供された宅地等に該当しないものとする。

〈参考２：貸付事業用宅地等の場合〉

　　貸付事業用宅地等については、平成30年４月１日以降の相続等について、３年以下
の貸付事業開始が上記の特定事業宅地等と同様に原則として小規模宅等の特例の適用
から除外されております。

　　しかし、貸付事業用宅地等についても、上記の特定事業宅地等（措令40の２⑨）の
規定が準用されています（措令40の２⑳）ので、条件を満たす場合は小規模宅地等の
特例を受けることができます。

〈事例 40〉（個人の事業用資産の納税猶予等について、小規模宅地等の特例との選択適用のポイント）

Q 私（甲）は都内の高層マンションの１階のオフィススペースを所有して歯科医を開業している。妻は昨年死亡して相続人は歯科医として一緒にやっている長男乙と商社に勤めている同居の次男丙である。

還暦を過ぎて仕事以外の時間を持ちたいことから、歯科医の事業を乙に承継しようと考えている。ただ、乙はまだ経験が浅く早期の事業承継に不安も感じていることから、こうした状況の中で事業承継税制の活用も含めて相続税対策を検討している。

主な財産は債務も含めて下記のとおりであるが、個人の事業用資産についての納税猶予及び免除の規定の適用と相続税の小規模宅地等の課税価格の特例の適用で納付する相続税がどのようになるのか心配している。

〈主な財産の内容〉

1. 資　産　400,000千円

　① 事業用資産　　　　　宅　地　10,000千円　乙　10,000千円

　　　　　　　　　　　　その他 190,000千円　乙 190,000千円

　② 自　宅　　　　　　　宅　地 100,000千円　　　　　　　　丙 100,000千円

　③ そ　の　他　　　　　　　　 100,000千円　乙　50,000千円　丙　50,000千円

2. 負　債　100,000千円　事業用 100,000千円　乙 100,000千円

　　（注）②自宅の丙は特定居住用宅地として、20,000千円で課税価格に算入する。

A 個人の事業用資産についての納税猶予及び免除の規定（措法70の6の10）の適用を受けると、事業用資産の宅地に小規模宅地等特例の特定事業用宅地等の適用を受けることができなくなります。すなわち個人の事業用資産についての納税猶予及び免除の規定と小規模宅地等特例の特定事業用宅地等の規定は選択適用となります。

したがって、どちらの規定の適用を受けるかによって、相続税の納付金額が異なります。

以下に、税額を計算してみます。

1. 基本計算

{220,000千円（乙250,000千円－100,000千円＋丙70,000千円）－（30,000千円＋6,000千円×2）＝178,000千円}÷2＝89,000千円

（89,000千円×0.3－7,000千円＝19,700千円）×2＝39,400千円

乙：39,400千円×150,000千円÷220,000千円＝26,864千円

丙：39,400千円×70,000千円÷220,000千円＝12,536千円

2. 納税猶予税額の計算

{170,000千円（乙200,000千円－100,000千円＋丙70,000千円）－（30,000千円＋6,000千円×2）＝128,000千円}÷2＝64,000千円

（64,000千円×0.3－7,000千円＝12,200千円）×2＝24,400千円

乙：24,400千円×100,000千円÷170,000千円＝14,353千円（納税猶予税額）

したがって、各人の納付税額は

乙　26,864千円－14,353千円＝12,511千円

丙　12,536千円（基本計算と同額）

3. 特定事業用宅地等を選択した場合の計算

　～乙の事業用宅地は2,000千円（10,000千円×0.2）として課税価格に算入する～

{212,000千円（乙242,000千円－100,000千円＋丙70,000千円）－（30,000千円＋6,000千円×2）＝170,000千円}÷2＝85,000千円

（85,000千円×0.3－7,000千円＝18,500千円）×2＝37,000千円

乙：37,000千円×142,000千円÷212,000千円＝24,783千円

丙：37,000千円×　70,000千円÷212,000千円＝12,217千円

以上を比較すると次のようになります。

	乙（承継者）	丙	計
個人の事業用資産の相続税の納税猶予	12,511千円	12,536千円	25,047千円
小規模宅地等の特定事業用宅地の特例	24,783千円	12,217千円	37,000千円

　よって、この事例では納税額で比較すると個人の事業用資産の相続税の納税猶予を選択した方が納税額は少なくなり、有利であることが分かります。

　つまり、個人の事業用資産（事例では2億円）の内、宅地（事例では1千万円）の割合が少ない場合には個人の事業用資産の納税猶予を選択した方が有利であり、逆に宅地の割合が多くなればなるほど小規模宅地等の特定事業用宅地の特例を適用した方が納税額は少なくなります。

　この事例は個人の事業用資産の相続税の納税猶予の選択をした方が納税額が少なくなることを示すとともに、小規模宅地等の特定居住用宅地の特例も併せて適用できることを示したものであります（159頁「個人版事業承継（納税猶予制度）との関係」を参照）。

〈事例　41〉（特定同族会社の事業承継の場合）

Q　Aが株式を100％所有する甲株式会社（建物所有）は30年以上にわたり事務用ＯＡ機器の販売を営んでいる。事業はまずまず順調であるが70歳の古希を期して遺言書を作成することにした。Aには子供がいないので甲社は専務取締役をしているＢ（従妹の夫）に承継させる内容の遺言を書こうと思っている。

　そこでAが死亡した場合には遺言書によって甲社株式とその敷地をＢに遺贈し、甲社の経営を承継させようと考えている。

　この場合、相続税の小規模宅地の特例は適用できるか？

A　甲株式会社は被相続人となるAによって100％所有されているので特定同族会社となり、事務用ＯＡ機器の販売を営んでいるので不動産貸付業にも該当しません。また承継者は特定同族会社の役員としての要件も備えています。

　したがって、相続税の小規模宅地の特例の適用ができるように思われます。

　しかしながら、従妹の夫はAにとって親族（姻族）に当たらないため、相続税の小規模宅地の特例の適用を受けることができません。

　平成22年３月31日以前の相続であれば、200平方メートルまで50％減額の適用が受けられましたが平成22年４月１日以降の相続開始からはこの特例も受けることができなくなりました。

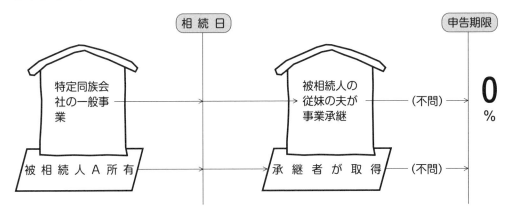

　こうした状況のなかで相続税の小規模宅地の特例の適用を受けられるようにするためには、従妹の夫を予め養子縁組して養子としておくことが必要でしょう。

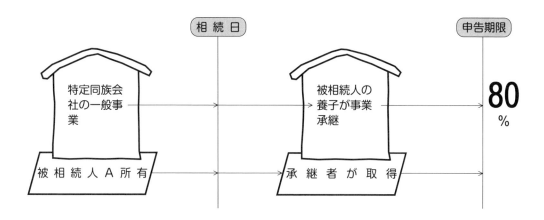

〈事例 42〉（同族会社用敷地の共有取得の場合）

> **Q** 同族会社Ａ社は父Ｂから所有地を賃借して電気製品小売業を営んでいる。Ａ社の株式は、父Ｂ（同社社長）40％、母Ｃ20％、独立生計の長男Ｄ（同社専務）と父母と同居の次男（同社常務）Ｅが各20％所有していた。
>
> 父Ｂの死亡により長男Ｄが社長を引き継ぎ、次男Ｅは専務になってＡ社に貸していた土地とＡ社株式をそれぞれ２分の１ずつ相続することになった。
>
> 長男Ｄ及び次男Ｅ共に相続税の小規模宅地の特例は適用できるか？

A 特定同族会社事業用宅地等に該当するものと思われますので、400平方メートルまで80％の減額が受けられます。

被相続人所有の土地は賃貸借であるので事業用となり、父Ｂと同居する母Ｃと次男Ｅとで A社株式の80％を所有するため特定同族会社となります。

さらに親族たるＤとＥは役員ですから、相続した土地を相続税の申告期限まで保有すれば、特定同族会社事業用宅地等として400平方メートルまで80％減の特例の適用を受けることができます（本文119頁⑥②参照）。

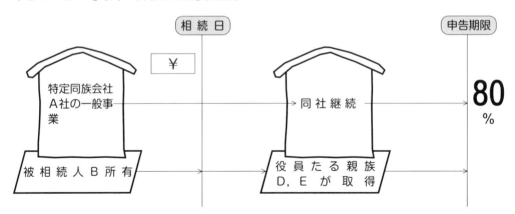

〈事例　43〉（同族会社の使用貸借建物の場合）

Q　同族会社A社は、父Bから店舗建物を賃貸して不動産の仲介及び販売業を営んでいた。バブルが弾けて、建て売りの取引等で大幅な赤字が出たためここ数年家賃を支払っていない（父Bも不動産所得の申告をしていない）。

A社の株式は、父B（同社社長）40％、母C40％，独立生計の長男D（同社専務）が20％所有していた。父Bの死亡により母Cと長男DはA社に貸していた店舗建物とその土地及びA社株式をそれぞれ2分の1ずつ相続することになった。

母Cと長男D共に相続税の小規模宅地の特例は適用できるか？

A　被相続人Bと母Cで80％の株式を保有しているので特定同族会社となり、土地を相続したDが役員たる親族（長男）であるので、本来、特定同族会社事業用宅地等となって80％の減額を受けることができるはずです（本文119頁⑫参照）。

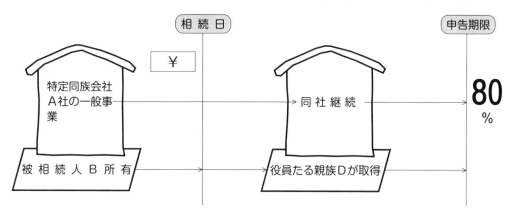

　しかしながら、貸している建物を以前は賃貸していたとのことですが、ここ数年の間、無償使用であるため残念ながら事業用とはみなされないことになります。したがってこのケースの場合は、お気の毒ですが小規模宅地の特例が受けられないことになります（本文121頁㊺参照）（措通69の 4 － 23(2)）。

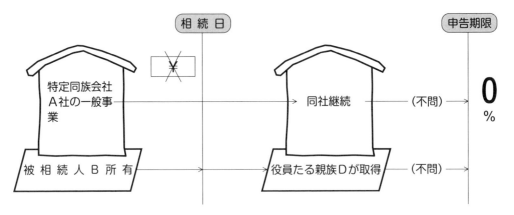

　このようなケースは同族会社であるがゆえによく発生しますが、相続税の計算では非常に不利となりますのでくれぐれも気をつけることが肝要です。

〈事例　44〉（特定同族会社の建物を建替え中の場合）

 被相続人Ａが株式の100％を所有する特定同族会社甲社は、ビジネスホテル業を営んでいたが建物が老朽化して地震に対して危険となったので建て替えることとした。

　相続開始の時は、従来の建物を取り壊して建築会社との建築工事契約の打ち合わせを行っており、すでに更地の状況であった。その後建物は相続税の申告期限までには完成して事業に供している。

　なお、被相続人には相続開始の前（３年超）から地代を支払っており今後も支払を続けて行く予定である。

　この場合、相続税の小規模宅地の特例は適用できるか？

　また、建物が建築中であった場合は相続税の小規模宅地の特例は適用に違いがあるか？

A この事例を図解すると以下のようになります。

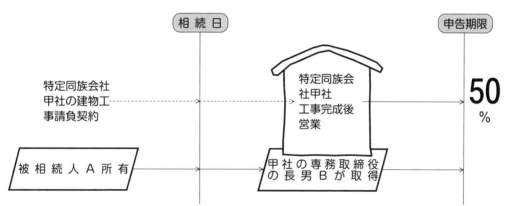

　小規模宅地の特例の適用を受けるためには、その条件として、対象の宅地等の上に建物又は構築物がなければなりません。

　この事例では、更地の状態で相続が開始されていますので、小規模宅地の特例の条件を満たしていないため、この適用を受けることができないことになります。

　しかしながらこの事例では、もともと特定同族会社との間で土地の賃貸借契約を締結し、引き続き賃料の支払をしているので、以下に私見を申し述べますので参考にしてく

ださい。

　この事例では相続開始の時点で事業を営んでいないため、特定同族会社事業用宅地に該当しないと思います。

　しかし、被相続人は地代を収受しておりますので貸付事業用宅地となると考えられますので相続税の小規模宅地の特例は適用できると思います。

　一方、建物が建築中であった場合、相続税の小規模宅地特例の適用については、上記と同様に事業用には供していませんが事業用建物の建替え建築中であり、申告期限までに完成してホテル事業に供していますので、次のように特定同族会社事業用宅地として相続税の小規模宅地の特例を受けることができると思います。

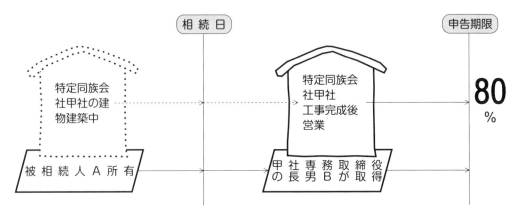

　以上はあくまでも著者の私見でありますので、適用に当たっては事実認定に基づいて適用の可否をご検討ください。

〈事例　45〉（同族会社の使用貸借敷地の事業性）

> **Q** 被相続人甲は同族会社に土地を賃貸している。建物は、昭和40年頃同族会社が建築し、昭和60年頃無償返還の届出書を提出している。平成6年以前は地代が固定資産税を上回っていたが、相続発生時には地代が固定資産税を若干下回っていた。なお、同族会社は不動産賃貸業である。
>
> 甲が貸している土地は相続税の小規模宅地の特例が適用できるか？

A 無償返還の届出がされ、借地権の発生がないことを以って相続税の小規模宅地の特例適用に直接的に影響するものではありません。しかし、規模の大小を問わず「事業」でなければなりません。事業とは「相当の対価を得て、継続的に行うもの」をいいます（措令40の2①）。

平成6年に固定資産税の評価の見直しがあったとは言いながら、固定資産税を下回っている賃貸料がはたして相当の対価といえるかどうかが問題です。事業である以上通常の状態で赤字の出る対価は、相当の対価とはいえないでしょう。したがって、次のようにこの事例では相続税の小規模宅地の特例を受けることはできません（本文131頁⑲参照）。

〈地代無償のケース〉

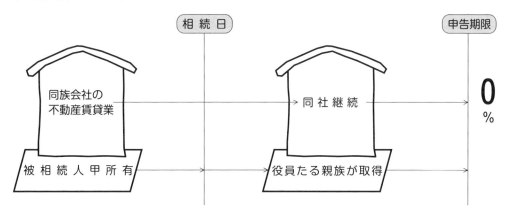

〈事例　46〉（特定同族会社の不動産賃貸業の場合）

　私が社長を務める会社は、私と父とで100％株式を保有する同族会社である。土地は父から賃借して所轄税務署へ無償返還の届出をしている。建物は4階建てで会社が所有して10年来貸ビル業を営んでいるが、2フロアーは借り手が無く空室状態が続いている。

　この度父が死亡したが、父の所有する宅地について小規模宅地の特例を受けることができるか？

　できるとした場合、賃貸部分について50％減額の適用を受けることができるか？

A　被相続人たる父が所有し賃貸していた宅地全部について、200平方メートルを限度として小規模宅地の特例を受けることができます。

図1

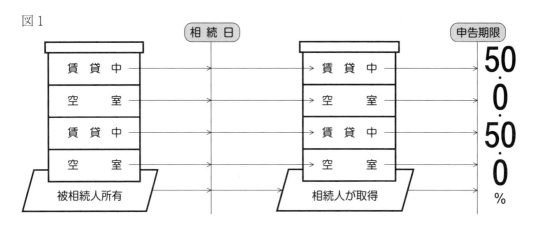

　したがって、図1のように賃貸部分のみが小規模宅地の特例の対象で、空室の部分がその対象外となることはありません。

　そもそもこのケースのように特定同族会社に該当するとしても、貸付事業には特定事業用等宅地等の特例（400平方メートルまで80％減額）を適用することはできません。

　しかしながら被相続人である父がこの同族会社に土地を賃貸しており、図2のようにこの状態で貸付事業に該当しますので、賃借している会社の貸付状況に影響しないことになります。

図2

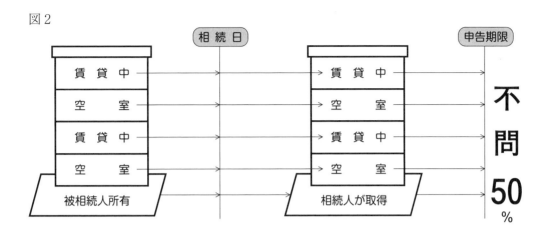

〈事例　47〉（特定同族会社事業用宅地等における事業の継続の取扱いの場合）

 甲社（同族会社）は、5年前から被相続人所有の建物（2階建て）を賃借して、1階で日用品雑貨の小売業を営み、2階は他に賃貸していた。

相続人乙は、甲社の代表取締役社長をしており、この度の相続でこの被相続人所有の土地と建物を相続により取得した。

甲社経営の1階で営む日用品雑貨業は近くに大型のショッピングセンターができたこともあり、売り上げが激減したので相続税の申告期限前に廃業して現在空室になっている（なお、2階は引き続き賃貸している）。

甲社は特定同族会社としての適用要件を満たしている。

こうした状況で、小規模宅地の特例の適用はどうなるか？

 特定同族会社事業用宅地等については、被相続人等の事業用宅地等のうち、次のすべての要件に該当するものをいいます（措法69の4③三）。

1　特定同族会社の要件

イ　相続開始直前から相続税の申告期限までにおいて、

ロ　特定同族会社の事業の用に供されていた宅地等であること。

ハ　「特定同族会社の事業」には貸付事業は含まれない。

2　取得者の要件

その宅地等を取得した人のうちに、次の要件のすべてに該当する被相続人の親族が取得した部分に限られます。

イ　特定同族会社の役員の要件

相続税の申告期限において特定同族会社の役員（清算人を除く。）であること。

ロ　保有継続の要件

その宅地等を相続税の申告期限まで保有していること。

この事例では特定同族会社としての要件を満たしているとのことですが、日用雑貨の事業について相続税の申告期限までその事業を継続する要件を満たしていないので措置法第69条の4第3項第3号に規定する特定同族会社事業用宅地等としての適用を受ける

ことができません。

　したがって、次のように措置法第69条の4第3項第4号に規定する貸付事業用宅地等に該当するので200平方メートルまで50％の減額ができます。

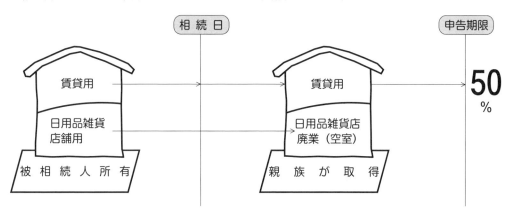

　なお、この事例で甲社が日用品雑貨業を申告期限まで継続して営んでいれば、次のように取得した宅地のうち、この日用品雑貨業に供している部分については特定同族会社事業用宅地等として400平方メートルまで80％の減額ができ、貸付用の部分については200平方メートルまで50％の減額ができます。

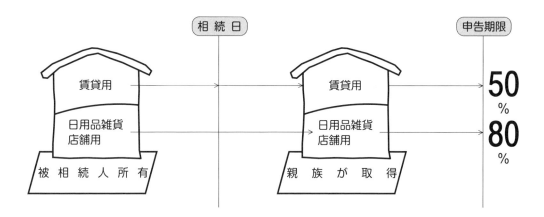

〈事例　48〉（相続開始前 3 年以内に特定同族会社の事業に供した宅地等の小規模宅地等特例の適用の可否について）

　　　被相続人甲はその所有する宅地を、甲が代表取締役の同族会社（A 社）に賃貸し、A 社はその宅地上に建物を建設した 2 年後に死亡し相続が開始した。

　A 社は長男の乙が承継し引き続き同族会社として事業を継続している。

　なお、甲はこの宅地の賃貸借契約後、所轄の税務署に「土地の無償返還に関する届出書」を提出している。

　被相続人甲死亡の相続により、この賃貸している宅地について特定同族会社事業用宅地として小規模宅地等の特例を受けることができるか。

　　　相続開始 3 年以内に事業用に供した宅地が小規模宅地等の特例の対象となるか否かの問題であります。

　特定事業用宅地等の小規模宅地等にはこの 3 年以内の問題が生じますが、特定同族会社事業用宅地等の小規模宅地等についてはこの問題となる規定がありませんので、このケースでは特定同族会社事業用宅地として小規模宅地等の特例を受けることができると思われます。

　平成31年度（令和元年度）税制改正において、相続開始前 3 年以内に新たに事業の用に供された宅地等（一定規模以上の事業を行っていた被相続人等のその事業の用に供されたものを除く。）が特定事業用宅地等の範囲から除外されました（措法69の4③一）。

　すなわち、相続開始前 3 年以内に事業に供された事業用宅地等には小規模宅地の適用が受けられなくなりました。ただし、「一定規模以上の事業」を行っていれば小規模宅地の適用が受けられ、その「一定規模以上の事業」とは次の算式を満たす事業をいいます（措令40の2⑧）。

（算式）

$$\frac{事業の用に供していた建物、構築物、その他減価償却資産の内被相続人等が有していたものの相続開始時の価額の合計額}{新たに事業の用に供された宅地等の相続開始時の価額} \geqq 15\%$$

なお、上記の価額はいずれも相続開始時の価額で計算されます。

　しかしながら、上記の特定事業用宅地等の規定は特定同族会社事業用宅地等の小規模

宅地等には規定されておりません（措法69の4③三）。

　したがって、相続開始前 3 年以内に新たに事業の用に供された宅地等であっても特定同族会社事業用宅地等については小規模宅地等の特例を適用できることになります。

　これは、個人の事業と違って法人の事業は、より継続性を前提に営まれていることからのものと思われます（事例31参照）。

〈事例　49〉（１棟の中に特定居住用と特定事業用がある場合）

Q 被相続人甲は、５年前より所有する300平方メートルの敷地の上に４階建てのビルを建て、最上階の４階は自らの住居として使用し、１階で不動産の仲介、斡旋及び管理の事業をしていた。２、３階は賃貸していたが、うち２階は３ヵ月位前から空室となっている。この度の相続で、この土地及び建物は配偶者の乙が取得し、事業も引き続き行っていく予定である。

相続税の小規模宅地の特例は適用はどのようになるか？

A 配偶者乙が住居のある１棟の建物を相続したということですが、平成22年４月１日以降の相続開始分からは建物全体が特定居住用宅地とはならず、居住用に相当な部分（４階）について330平方メートル（平成26年12月31日以前の相続開始分までは240平方メートル）を限度として80％の減額の適用が受けられることになりました。

一方、１階部分の特定事業用等宅地等については、400平方メートルを限度として特例の適用が受けられ、３階部分は貸付事業用宅地等として200平方メートルを限度として小規模宅地の特例を受けることができます。したがって２階部分は空室のために小規模宅地の特例を受けることはできません。故に小規模宅地の特例の適用を受けられる面積は次のとおりとなります（本文14頁以下参照）。

平成27年１月１日以後相続開始分からは、特定居住用宅地の適用対象面積が330平方メートルに拡大され、特定事業用宅地部分と特定居住用宅地部分とが完全併用となりましたので、次のとおりとなります。

① 特定事業用宅地分＝300㎡ ÷ 4 階＝75㎡

② 特定居住用宅地分＝300㎡ ÷ 4 階＝75㎡

③ 貸付事業用宅地分＝300㎡ ÷ 4 階＝75㎡ $\left\{ < 200㎡ × \left(1 - \left(\dfrac{75㎡}{400㎡} + \dfrac{75㎡}{330㎡} \right) \right) = 117㎡ \right\}$
したがって、①＋②＋③＝225㎡

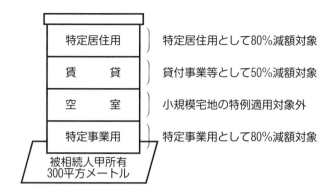

なお、平成26年12月31日以前の相続開始分は次のとおりとなります。

①　特定事業用宅地分＝300㎡÷４階＝75㎡

②　特定居住用宅地分＝300㎡÷４階＝75㎡$\left\{ < 240㎡ \times \left(1 - \dfrac{75㎡}{400㎡} \right) = 195㎡ \right\}$

③　貸付事業用宅地分＝300㎡÷４階＝75㎡$\left\{ < 200㎡ \times \left(1 - \left(\dfrac{75㎡}{400㎡} + \dfrac{75㎡}{240㎡} \right) \right) = 100㎡ \right\}$

したがって①＋②＋③＝225㎡

この事例では改正によって適用面積は変わりません。

〈事例 50〉（共有建物の事業者の選択）

Q 私たち夫婦は下図のような3階建てのアパートを所有して5年以上賃貸している。敷地の全部は私（甲）が所有しているが、建物は私が60％、妻の乙が40％所有しています。敷地の通常の評価額は1平方メートル当たり20万円である。

私に相続が開始し乙がこの敷地を相続した時、小規模宅地の特例はどのように適用されるか。

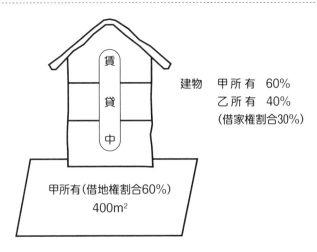

建物　甲所有　60％
　　　乙所有　40％
　　　（借家権割合30％）

甲所有（借地権割合60％）
400㎡

A 小規模宅地の特例の適用としては次の2通りの方法があります。

1　甲の事業として適用を受ける場合の減額できる金額（本文59頁③参照）

400㎡×60％＝240㎡＞200㎡

20万円×200㎡×（1－60％×30％）＝3,280万円

3,280万円×50％＝1,640万円

2　乙の事業（生計一親族の事業）として適用を受ける場合の減額できる金額（本文67頁⑪参照）

400㎡×40％＝160㎡

20万円×160㎡＝3,200万円

3,200万円×50％＝1,600万円①

甲の部分

200㎡－160㎡＝40㎡

20万円×40㎡×（1 −60％×30％）＝656万円

656万円×50％＝328万円②

1,600万円①＋328万円②＝1,928万円

　したがって減額される金額は生計−親族の事業を優先して適用した方が多くなります。

〈事例　51〉（法人建物の使用貸借と事業性）

 　私は30年前に父から相続により取得した400平方メートルの宅地を所有している。この敷地の上に私が代表取締役をしている有限会社（出資持分90％）が15年前に3階建てのビルを建築した。私は有限会社との間で使用貸借契約を締結して、土地の固定資産税相当額を受け取っている。

　また私と有限会社は連名で所轄の税務署へ土地の無償返還の届けを提出している。有限会社はこのビルの1、2階を貸店舗とし、3階は私と妻が有限会社に賃料（通常賃料の2割程度）を支払って居住している。

　なお、私はこの場所に生まれ育ちおよそ65年になる。私が万一のとき、妻がこの宅地と有限会社の持ち分を相続したとき、小規模宅地の特例を受けることができるか？

　もし適用されないとしたらどのようにすれば受けられるか？

A 　居住用として小規模宅地の特例を受けるためには、建物の所有者がその敷地の所有者（被相続人）であるか、又はその親族である必要があります（措通69の4－7）。

　このケースでは法人の所有ということですので居住用としての特例の適用を受けることができません。一方事業用としては、その賃料が固定資産税相当額ということですので「相当の対価」を得ているとは言えませんので事業用の適用も受けることができないでしょう（措令40の2①）。

　したがって、このケースは残念ながら、小規模宅地の特例を受けることができません。永い間居住していた建物が老朽化して建て替える際、時々このケースのように法人で建築するのを見受けますが注意しなければいけません。

　(1)こうしたケースで小規模宅地の特例を受けるためには「使用貸借」でなく、少なくとも「相当の対価」の授受がある賃貸借である必要がありますから有限会社は社会通念上妥当と思われる地代を支払う必要があります。

　そうすることによって、貸付事業等となって200平方メートルの範囲で50％の減額の特例適用を受けることができます（本文88頁㉚参照）。

　(2)また建物のうち、居住用部分（3階）を被相続人等の所有とすることで、特定居住

用となり３階部分に相当する面積（330平方メートル（平成26年12月31日以前の相続等による取得の場合は240平方メートル）が限度）につき小規模宅地の適用を受けることができます。

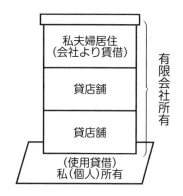

◎　地代が有償である場合

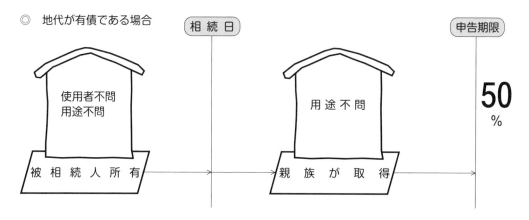

（本文88頁ⓑ地代が有償の場合㉚参照）

〈事例 52〉(相続取得後の貸付事業の場合)

 被相続人Aは1人住まいの状態で相続開始となった。被相続人が所有していた居住用不動産を取得した長女の私は、その空家となった建物について賃借したいという方があったのでこの建物を申告期限現在まで賃貸している。

長女の私は夫の所有する家屋に居住していて被相続人とは生計を別にしている。

被相続人の居住用不動産を長女の私が相続で取得した場合、相続税の小規模宅地の特例は適用できるか?

A この事例を図解すると以下のようになります。

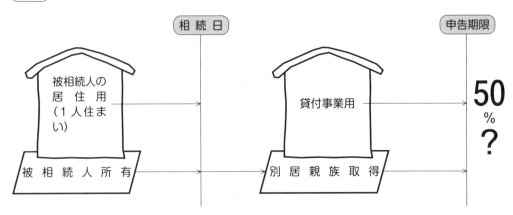

まず、貸付事業用宅地として、200平方メートルまで50%の減額を受けるための要件は、下図のように相続開始前から貸付事業用宅地であったことが必要です。

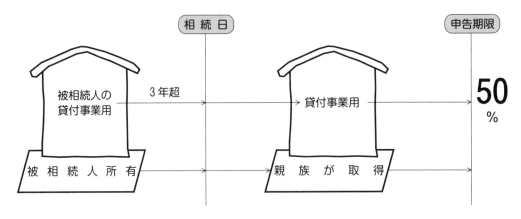

したがって、事例の場合に相続税の小規模宅地の特例を受けるためには上記のように

相続開始前に3年超の貸付事業用であったことが要件となります。

　一方特定居住用宅地等の適用を受けるためには、長女夫婦が居住用家屋を保有していない場合（いわゆる家なき子）でなければなりません。長女が家なき子に該当すれば空家を貸付事業用にしていても下図のように特定居住用宅地としての小規模宅地の特例を受けることができます。

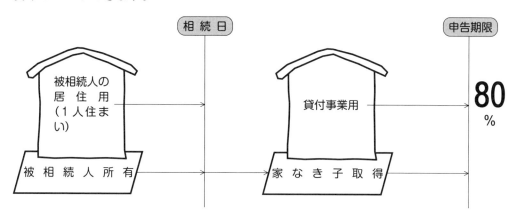

〈事例　53〉（老人ホームに入所した被相続人の生計一親族の貸付事業の可否）

　甲はその母乙と同居していましたが、乙について日常の介護が必要となって、乙は有料老人ホームに入所しました。

　乙は近所に所有する土地の上に甲と共有で貸家建物を保有（持分2分の1）しています。

　この度、甲は母乙の相続開始に伴い、乙の所有する貸家の土地建物を相続により取得して引き続き貸家の事業を継続しています。

　この場合、この貸家の土地について小規模宅地等の特例の適用を受けることができますか。

　母乙は老人ホームへの入所時について、入所金をはじめ施設利用費及び管理共益費に充当される前払金を支払い、その後死亡するまでの毎月の利用料一切の費用を自ら支払っていました。一方甲は母乙にかかる日常必要となる用事を行うほか、貸家の管理や乙の衣類等その他生活に係る身の回りの備品代を負担していました。

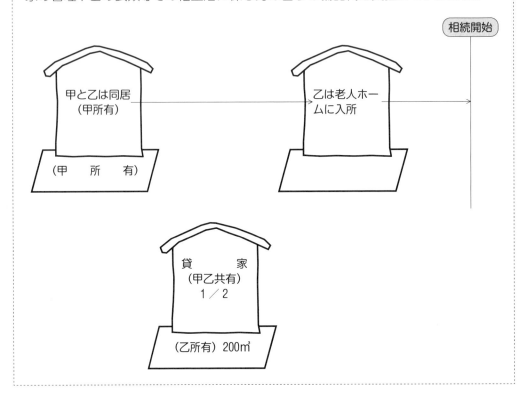

A 　1　貸付事業用宅地等の要件

　　　貸付事業用宅地等として200平方メートルまで50％減額の適用が受けられる
か否かの問題です。まず、乙持分に相当する宅地等については、甲が相続により取得し
て宅地の保有、事業の継続をしているので貸付事業用宅地等の適用はできるでしょう。

　一方、甲の貸付事業については、甲が乙と生計を一にしているか否かでその適用の可
否が異なります。甲が乙と生計を一にしている場合は、生計一親族の事業用として小規
模宅地等の適用がうけられると思いますが、生計一とみなされない場合はこの特例の適
用を受けることはできないものと思われます。

2　甲の生計一親族の判定

　甲と乙は同居していた実績はありますが、乙が老人ホームへ入所して以来別居となっ
ています。そこで、甲と乙との生計状況を見ると、乙は老人ホームに入所する時の一切
の費用を自ら負担しているほか、日常の費用も自ら支弁いております。一方甲は乙の日
常の世話や衣類など身の回りの費用について負担している状況があります。

　こうした生計状況が甲、乙について生計を一にしていると言えるか否かとなります。

　生計一の意義については、小規模宅地等の特例規定では明文化されていません。
したがって、一般的には所得税の取扱いを参考に検討することになります。

　所得税の取扱いは次のようになっています（所得税基本通達2−47）。

（生計を一にするの意義）

2−47　法に規定する「生計を一にする」とは、必ずしも同一の家屋に起居していること
　をいうものではないから、次のような場合には、それぞれ次による。
　(1)　勤務、修学、療養等の都合上他の親族と日常の起居を共にしていない親族がいる場
　　合であっても、次に掲げる場合に該当するときは、これらの親族は生計を一にするも
　　のとする。
　　イ　当該他の親族と日常の起居を共にしていない親族が、勤務、修学等の余暇には当
　　　該他の親族のもとで起居を共にすることを常例としている場合
　　ロ　これらの親族間において、常に生活費、学資金、療養費等の送金が行われている
　　　場合
　(2)　親族が同一の家屋に起居している場合には、明らかに互いに独立した生活を営んで
　　いると認められる場合を除き、これらの親族は生計を一にするものとする。

　事例の場合は、上記通達の(1)ロに該当するものと思われます。

　すなわち、甲及び乙との間で、日常的な生活費、学資金、療養費等の生計費が同一とみなされるか否かとなります。

　乙は日常的な老人ホームの利用費用を自ら負担しており、乙の生活費必要な費用のほとんどを自ら賄っています。甲の負担は貸家の管理や乙の用事を行っていますが、生計費面では衣類等乙の生活の一部を支弁しているにすぎないと思われる状況からすると生計を一にしていたとみなすことはできないと思われます（平成31年4月8日東裁（諸）平30第123号参照）。

3　結論

　貸付事業用宅地等の適用対象は、被相続人の事業を引き継ぐか、被相続人と生計一親族の事業の場合で、申告期限までの事業と宅地等の保有の継続が必要です（措法69の4③四）。

　しかるに事例の場合は上記のように甲は乙と生計を一にしていたとみなされない以上、甲の貸付事業は貸付事業用宅地等の適用対象事業者とはならず、特例の適用は受けられません。

　もし仮に、乙の老人ホームへの入所がなく、甲と乙が同居の状態である場合は、以上のような生計の状況であっても甲は生計一親族とみなされて貸付事業用宅地等の適用対象となると思われます。

　また、特定居住用宅地等の適用では、乙が老人ホームへ入所した場合であっても甲と1棟の建物に居住しているので同居親族とみなされて小規模宅地等の適用ができる規定がありますが（措法69の4③二イ）、事業用宅地にはこの取扱いがありません。

〈事例 54〉（貸家（共同住宅）の一部について空室がありインターネットサイトで貸家募集をしていた場合の小規模宅地等特例の適用の可否について）

 被相続人甲は自ら所有する宅地に木造2階建共同住宅を建て貸家事業をして、令和元年10月に死亡し相続人（子）乙がこれを相続して引き続き貸家事業を継承した。

この共同住宅は全部で8部屋あるが、うち3部屋はおよそ4年半以上前に退室し、他の2部屋も令和元年春ごろ退室し、合計5部屋が空室となっていた。甲は複数のインターネットサイトに入居者募集掲載をしていたが、一般媒介契約を締結していた不動産業者への相談はしていなかった。

この場合、貸付事業用宅地として小規模宅地等の特例を受けることができるか。

（令和5年4月12日裁決）

A 本事例は、共同住宅の貸室のうち、相続開始の時に5部屋が空室であったところ、うち3部屋は、その状態が長期にわたっており、残る2部屋についても積極的に新たな入居者を募集していたとはいえないことなどから、賃貸されていたのと同視し得る状況にはなく、一時的に賃貸されていなかったものとは認められないと判断され、その敷地の当該空室に対応する部分は、貸付事業用宅地等に該当せず、小規模宅地等の特例の適用はないとされました。

乙は、相続開始の直前において、被相続人甲が所有していた建物（本件共同住宅）の8部屋あるうち5部屋が空室（本件各空室部分）であったが、被相続人甲は、本件共同住宅を貸付事業以外の用に供さず維持管理を行い、複数のインターネットサイトで本件各空室部分の入居者の募集をしていたことから、その敷地（本件宅地）の全てが貸付事業の用に供されていたとして、本件宅地の全てに租税特別措置法第69条の4《小規模宅地等についての相続税の課税価格の計算の特例》第1項に規定する特例（本件特例）の適用がある旨主張した。

しかしながら、措置法通達69の4-24の2の定める「一時的に賃貸されていなかったと認められる」場合とは、賃貸借契約が相続開始の時に終了していたものの引き続き賃

貸される具体的な見込みが客観的に存在し、現に賃貸借契約終了から近接した時期に新たな賃貸借契約が締結されたなど、相続開始の時の前後の賃貸状況等に照らし、実質的に見て相続開始の時に賃貸されていたのと同視し得るものでなければならない。

　しかるに、本件各空室部分のうち3部屋については、相続開始の時に4年半以上の長期にわたって空室の状態が続き、客観的に空室であった期間だけみても、相続開始の時に賃貸されていたのと同視し得る状況になく、一時的に賃貸されていなかったものとは認められない。

　また、本件各空室部分のうち残る2部屋については、相続開始の時に空室であった期間は長期にわたるものではなく、インターネットサイトに入居者を募集する旨の広告が掲載されていたものの、

①　その問合せ先である被相続人甲と一般媒介契約を締結していた不動産業者は本件共同住宅に関して入居者を仲介した実績がないこと

②　当該不動産業者は被相続人甲と連絡が取れなかったことにより平成27年以降の本件共同住宅の空室の状況を把握していなかったこと

③　当該不動産業者ではオーナーから広告の掲載を取りやめたい旨の申出がない限りその掲載を継続する扱いをしていたこと

④　4年半以上にわたる空室状況はインターネットサイトの広告を放置していたにすぎないと思われ積極的に入居者募集をしていたとは言えないこと

　このことからすれば、被相続人甲が上記一般媒介契約及び上記広告を放置していたにすぎず、積極的に新たな入居者を募集していたとはいえないし、現に相続税の申告期限までの期間をみても、新たな入居者はなく、空室のままだったものである。

　したがって、当該2部屋についても、相続開始の時に賃貸されていたのと同視し得る状況になく、一時的に賃貸されていなかったものとは認められない。

　以上のとおり、本件各空室部分は、被相続人甲の貸付事業の用に供されていたとは認められないから、本件宅地のうち、本件各空室部分に対応する部分に本件特例の適用はない、として小規模宅地等の特例の適用を認めなかった。

《参照条文等》租税特別措置法第69条の4第1項、第3項第4号イ

　　　　　　　租税特別措置法施行令第40条の2第4項

　　　　　　　租税特別措置法通達69の4－24の2

《参考判決》　東京地裁平成6年7月22日判決（税資205号209頁）

　　　　　　　大阪地裁平成28年10月26日判決（税資266号順号12923）

〈事例　55〉（郵政民営化法施行日前から相続開始までの状況による小規模宅地等の特例の適用の可否）

Q1

郵政民営化法の施行日前に旧日本郵政公社との賃貸借契約を締結した契約当事者（建物所有者）は、その時点において被相続人の推定相続人であったが、郵政民営化法の施行日から相続の開始の直前までの間において相続人の民法の欠格事由（民法891）に該当し、その相続において相続人でなくなった場合、小規模宅地等の課税の特例を受けることができるか？

Q2

郵政民営化法の施行日前に旧日本郵政公社との賃貸借契約を締結した契約当事者（建物所有者）は、その時点において被相続人の孫であったが、郵政民営化法の施行日から相続の開始の直前までの間において被相続人の子が亡くなったため、被相続人に係る相続において代襲相続により被相続人の相続人となった場合、小規模宅地等の課税の特例を受けることができるか？

Q3

郵政民営化法の施行日前に旧日本郵政公社との賃貸借契約を締結した契約当事者（建物所有者）は、その時点において被相続人の子であったが、郵政民営化法の施行日から相続の開始の直前までの間において被相続人の推定相続人が死亡したため、その推定相続人の相続において推定相続人の相続人（被相続人の孫）が賃貸借契約に係る建物（郵便局舎）を相続し、郵便局株式会社との契約当事者となり、その後被相続人に係る相続において代襲相続により被相続人の相続人となった場合、小規模宅地等の課税の特例を受けることができるか？

A1

郵政民営化法による相続税に係る課税の特例の規定により相続人でなくなった場合は、小規模宅地等の特例の適用を受けることはできません。

A2

他の要件を満たせば郵政民営化法による相続税に係る課税の特例の規定により小規模宅地等の特例の適用を受けることができます。

Ａ３

　郵政民営化法による相続税に係る課税の特例の規定により小規模宅地等の特例の適用を受けることはできません。

（理由）　郵政民営化法による相続税に係る課税の特例の規定の適用は郵政民営化法の施行日前に旧日本郵政公社との賃貸借契約の契約当事者でなくてはなりません。

　代襲相続により相続人となった者は、被相続人に係る相続における相続人であるが、当該相続人は、被相続人の相続開始前に当該被相続人の推定相続人の死亡により賃貸借契約に係る建物（郵便局舎）を取得し、契約当事者となっています。

　したがって、郵政民営化法の施行日前において旧日本郵政公社との賃貸借契約の契約当事者ではなく、また、郵政民営化法施行日以後の契約当事者の変更は、郵政民営化法第180条第１項第１号に規定する契約事項の変更に該当するため、郵政民営化法第180条第１項の規定の適用を受けることはできません。

（以上国税庁資料より）

〈事例　56〉（郵政民営化法の規定による郵便局舎とその敷地の相続の仕方による小規模宅地等の適用）

 Q　郵政民営化法の施行日前より郵便局を経営していた被相続人には、相続人として甲、乙、丙の3人がいる。郵便局舎及びその敷地の相続の仕方として次のケースのそれぞれについて郵政民営化法による相続税に係る課税の特例の規定による小規模宅地等の特例の適用を受けることはできるか？

　いずれの事例も相続の開始以後における建物所有者が日本郵便株式会社との賃貸借契約の当事者となっている。

Q1　甲及び乙が郵便局舎及びその敷地をそれぞれ2分の1ずつ相続した場合

Q2　郵便局舎は甲及び乙が2分の1、その敷地は甲及び丙が2分の1ずつそれぞれ相続した場合

Q3　郵便局舎は甲が相続し、その敷地は甲及び乙が2分の1ずつ相続した場合

Q4　郵便局舎は甲及び乙が2分の1、その敷地は甲が3分の1、乙が3分の2ずつ相続した場合

A　A1　Q1を図解すると次のようになります。

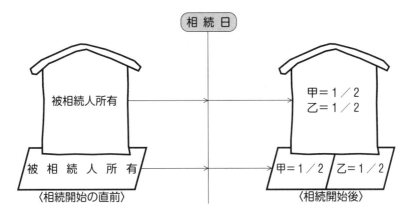

　甲及び乙ともに日本郵便株式会社との契約当事者（建物所有者）であることから、他の要件を満たせば郵政民営化法による相続税に係る課税の特例の適用を受けることができます。

A2 Q2を図解すると次のようになります。

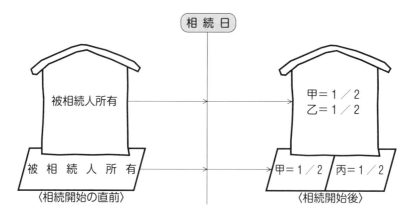

　甲は、日本郵便株式会社との契約当事者（建物所有者）であることから、他の要件を満たせば郵政民営化法による相続税に係る課税の特例の適用を受けることができますが、丙は、日本郵便株式会社との契約当事者（建物所有者）ではないことから同特例の適用を受けることはできません。

A3 Q3を図解すると次のようになります。

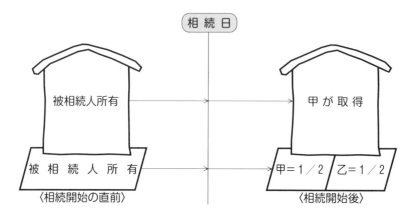

　甲は、日本郵便株式会社との契約当事者（建物所有者）であることから、他の要件を満たせば郵政民営化法による相続税に係る課税の特例の適用を受けることができますが、乙は、日本郵便株式会社との契約当事者（建物所有者）ではないことから同特例の適用を受けることはできません。

A4　Q4を図解すると次のようになります。

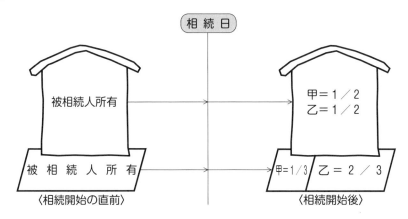

甲、乙ともに日本郵便株式会社との契約当事者（建物所有者）であることから、他の要件を満たせば郵政民営化法による相続税に係る課税の特例の適用を受けることができます。

なお、甲及び乙は建物の共有持分を有していますが、郵政民営化法第180条の規定上、建物に対する持分概念が規定されていないことから、甲及び乙ともに相続等により取得した土地等の全部について特例の適用を受けることができます。

（以上国税庁資料より）

〈事例　57〉（特定居住用と特定事業用の選択①）

> **Q**　被相続人甲は自宅（敷地250平方メートル＝路線価50万円／平方メートル）とK同族会社（甲が100%出資）へ賃貸している工場（敷地400平方メートル＝路線価20万円／平方メートル）を所有し、いずれも生計を一にする長男（K同族会社の社長）が相続し保有及び居住している。
>
> 　相続税の小規模宅地の特例はどのように選択して適用すれば良いのか？

A　1．平成27年1月1日以後の相続等による取得

　　(1)　特定居住用宅地等の適用限度面積が240平方メートルより330平方メートルに拡大され、

(2)　特定居住用宅地等と特定事業用等宅地等が完全併用となります。

　したがって、

　　　①　50万円×250㎡－(50万円×250㎡×80%＝1億円)＝2,500万円

　　　②　20万円×400㎡－(20万円×400㎡×80%＝6,400万円)＝1,600万円

　　　①＋②＝4,100万円

　以上のように特定居住用宅地等と特定事業用等宅地等は完全に併用することができるようになりました。

2．平成26年12月31日までの相続等による取得

　(1)特定居住用宅地の特例を限度いっぱいの240平方メートルまで受けることができますし、又は(2)特定同族会社事業用宅地の特例を限度いっぱいの400平方メートルまで受けることもできます。

(1)　特定居住用宅地の特例を、240平方メートル受けた場合の相続税の課税価額

　　　①　50万円×250㎡－(50万円×240㎡×80%＝9,600万円)＝2,900万円

　　　②　20万円×400㎡＝8,000万円

　　　①＋②＝10,900万円

(2)　特定同族会社事業用宅地の特例を、400平方メートル受けた場合の相続税の課税価額

　　　①　50万円×250㎡＝12,500万円

　　　②　20万円×400㎡－(20万円×400㎡×80%＝6,400万円)＝1,600万円

①＋②＝14,100万円

となりますので(1)の特定居住用宅地の特例を限度いっぱいの240平方メートル選択適用した方が3,200万円（14,100万円－10,900万円）有利になります。

　このように特定居住用宅地等と特定事業用等宅地等とがある場合は、選択の仕方により相続税の金額に影響してきます。

　特定居住用宅地等対特定事業用等宅地等の適用限度面積の比は 1 ：1.66でありますから、金額的には 1 ：0.6、すなわち特定居住用宅地等の路線価等の金額100に対して特定事業用等宅地等の路線価等の金額が60％未満の金額ならば、特定居住用宅地等を選択した方が有利になります（本文20頁参照）。

〈事例　58〉（特定居住用と特定事業用の選択②）

 被相続人甲はS酒店（敷地300平方メートル＝路線価80万円／平方メートル）を営んでいたほか、自宅（敷地150平方メートル＝路線価100万円／平方メートル）を所有していた。

いずれも生計を一にする長男乙が相続し、S酒店はYストアとフランチャイズ契約を締結して、従来どおり酒類も扱うコンビニエンスストアになった。

相続税の小規模宅地の特例はどのように選択して適用すれば良いのか？

 1．平成27年1月1日以後の相続等による取得

(1)　特定居住用宅地等の適用限度面積が240平方メートルより330平方メートルに拡大され、

(2)　特定居住用宅地等と特定事業用等宅地等が完全併用となります。

したがって、

①　80万円×300㎡−（80万円×300㎡×80％＝19,200万円）＝4,800万円

②　100万円×150㎡−（100万円×150㎡×80％＝12,000万円）＝3,000万円

①＋②＝7,800万円

以上のように特定居住用宅地等と特定事業用等宅地等は完全に併用することができるようになりました。

2．平成26年12月31日までの相続等による取得

(1)特定事業用宅地の特例を優先的に適用して、残りの部分について特定居住用宅地の特例を適用する方法と、(2)特定居住用宅地の特例を優先的に適用して、残りの部分について特定事業用宅地の特例を適用する方法とがあります。

(1)　特定事業用宅地の特例を、優先的に適用した場合の相続税の課税価額

①　80万円×300㎡−（80万円×300㎡×80％＝19,200万円）＝4,800万円

②　100万円×150㎡−｛100万円×240㎡×（1−300㎡/400㎡）×80％｝＝10,200万円

①＋②＝15,000万円

(2)　特定居住用宅地の特例を、優先的に適用した場合の相続税の課税価額

①100万円×150㎡−（100万円×150㎡×80％＝12,000万円）＝3,000万円

②80万円×300㎡−｛80万円×400㎡×（1−150㎡/240㎡）×80％｝＝14,400万円

　　　①＋②＝17,400万円

　となりますので(1)の特定事業用宅地の特例を優先的に選択適用した方が2,400万円（17,400万円－15,000万円）有利になります。

　このように特定居住用宅地等と特定事業用等宅地等とがある場合は、選択の仕方により相続税の金額に影響してきます。

　前の事例で説明のとおり、特定居住用宅地等対特定事業用等宅地等の適用限度面積の比は１：1.66で、金額的には１：0.6、すなわち特定居住用宅地等の路線価等の金額100に対して特定事業用等宅地等の路線価等の金額が60％超の金額なら特定事業用宅地等を選択した方が有利になるところ、この事例では80％（80万円／100万円）の金額となるため、特定事業用宅地の特例を優先的に適用した方が有利となります（本文20頁参照）。

〈事例　59〉（特定同族会社事業用宅地と貸付事業用宅地の選択）

 Q 　Ｘ株式会社のＢ社長（100％株主）は業務出張中に脳溢血で倒れ死亡した。後継社長はＢの長男で専務取締役のＣが就任して会社の事業を引き継いだ。Ｘ株式会社はＢから建物を賃借していて、その敷地150平方メートルもＢが所有している。

　Ｂはこの他に駐車場（敷地面積150平方メートル）（アスファルト敷き）を所有していた。

　この駐車場も長男Ｃが相続することにした。

　こうした場合の小規模宅地の特例の適用はどうなるか？

　なお、Ｘ社に賃貸している建物の敷地の路線価格は50万円で、駐車場敷地の路線価格は200万円である。

A 　このケースではＸ社へ賃貸している建物の敷地は特定同族会社事業用宅地等に該当すると思われますので、400平方メートルを限度として80％の減額ができます。

　一方、駐車場の敷地は貸付事業用宅地として200平方メートルを限度に50％の減額の対象となります。

　したがって、このどちらの宅地を優先して適用するかによって課税価額が違ってきます。

　次のように貸付事業用宅地となる駐車場の敷地を優先して適用したほうが課税価額が500万円少なくなります。

(1)　特定同族会社事業用宅地を優先的に適用した場合の減額

　　　（50万円×150㎡×80％＝6,000万円）＋｛200万円×200㎡（1－150㎡／400㎡）×50％＝1億2,500万円｝＝1億8,500万円

(2)　貸付事業用宅地を優先的に適用した場合の減額

　　　（200万円×150㎡×50％＝1億5,000万円）＋｛50万円×400㎡（1－150㎡／200㎡）×80％＝4,000万円｝＝1億9,000万円

　このように、400平方メートルまで80％の減額ができる特定同族会社事業用宅地等を含む特定事業用等宅地等と200平方メートルまで50％の減額ができる貸付事業用宅地等

とがある場合には、通常は特定事業用等宅地等を優先して適用する方が有利となる場合が多いのですが、特定事業用等宅地等の路線価格に対して貸付事業用宅地等の路線価格が3.2倍超である場合は、このケース（200万円／50万円＝4倍）のように貸付事業用宅地等を優先して適用する方が有利になります（本文14頁以下参照）。

〈事例　60〉（特定居住用宅地と貸付事業用宅地の選択）

　　　私は東京都世田谷区に住居を有し、その敷地面積は240平方メートルである。この他に都心に同じく180平方メートルの敷地を有する貸しビルを所有している。

　　世田谷区の路線価格は１平方メートル当たり100万円であり、ビル用地の路線価格は１平方メートル当たり200万円（貸家建付地評価）である。

　　小規模宅地の適用はどうなるのか？

　　　特定居住用宅地等の適用限度面積が平成27年１月１日以後の相続開始分からは330平方メートルに拡大されています。

　したがって、貴方の場合、居住用敷地の240平方メートルすべてに小規模宅地の特例を受けることができます。

　しかし、貸しビル用の敷地を持っていますので、この敷地に小規模宅地の特例を適用することもできます。そこでどちらが有利になるか計算してみましょう。

１．平成27年１月１日以後の相続等による取得

　平成27年１月１日以後の相続等による取得からは、特定居住用宅地等の適用限度面積が240平方メートルから330平方メートルまで拡大されますので次のようになります。

(1)　居住用の宅地を優先して適用した場合の減額

　　（100万円×240㎡×80％＝１億9,200万円）＋（200万円×200㎡×（１－240㎡／330㎡）×50％＝5,454万円）＝２億4,654万円

(2)　貸しビル用宅地を優先して適用した場合の減額

　　（200万円×180㎡×50％＝１億8,000万円）＋（100万円×330㎡×（１－180㎡／200㎡）×80％＝2,640万円）＝２億640万円

　以上のことから特定居住用宅地等の適用限度面積が240平方メートルから330平方メートルに拡大されたことにより居住用宅地を優先して適用した方が4,014万円減額される金額が多くなります。

　これは改正によって適用限度面積が拡大された結果、価格対比が1.92倍から2.64倍に拡大されたことによります。

　このケースでは２倍（200万円／100万円）ですので特定居住用宅地等たる居住用宅地

を優先して適用した方が有利となります（本文14頁以下参照）。

２．平成26年12月31日までの相続等による取得

(1)　居住用の宅地に適用した場合の減額

　　　　100万円×240㎡×80％＝１億9,200万円

　　この場合は、居住用宅地に適用限度面積である240平方メートル適用しましたので、貸しビル用宅地の適用できる面積はありません。

(2)　貸しビル用宅地を優先して適用した場合の減額

　　　　200万円×180㎡×50％＋100万円×240㎡×（１－180㎡／200㎡）×80％

　　　　＝１億9,920万円

　　この場合は貸しビル用宅地の適用限度面積200平方メートルに対して180平方メートル適用しましたので、90％（180㎡／200㎡）適用済みでありますから残り10％分を居住用宅地に適用することができます。

　　すなわち24平方メートル（240㎡×10％）適用できることになります。

　この結果はごらんのとおり(2)の貸しビル用宅地を優先して適用し、残った部分に居住用宅地を適用した方が課税価額が720万円少なくなることが分かります。

　このように特定居住用宅地等と貸付事業用宅地等とがある場合は特定居住用宅地等の価格に対して貸付事業用宅地等の価格が1.92倍超であれば貸付事業用宅地等を優先して適用した方が有利になります。

　このケースでは２倍（200万円／100万円）ありますので特定特例対象宅地等を優先して適用した方が有利となりました。

〈事例　61〉（特定事業用宅地と特定居住用宅地及び貸付事業用宅地の選択）

> **Q**　父は30数年、中華そば屋を営んでいる。店舗建物は２階建てで150平方メートル、その敷地は300平方メートルである。住居は住宅地区にあり敷地の面積は180平方メートル、この他に敷地150平方メートルのアパートの敷地を所有している。中華そば屋は出前を担当している長男が引き継ぐ予定であり、アパートとその敷地も相続し、居住用不動産は母が相続する予定である。
>
> 　中華そば屋の敷地の路線価は１平方メートル当たり100万円、居住用宅地の路線価は１平方メートル当たり150万円、アパート用敷地の路面価は１平方メートル当たり200万円（貸家建付地評価）である。
>
> 　この場合、どのように小規模宅地の特例を適用したらいいのだろうか？

A　1．平成27年１月１日以後の相続等による取得

　平成27年１月１日以後の相続等による取得の場合は平成25年度の改正により、特定居住用宅地等の面積が240平方メートルから330平方メートルに拡大され、特定事業用等宅地等との完全併用となるため、次のように５つのケースになります。

<blockquote>

特定事業用等宅地等 ＝ A （≦400㎡）

特定居住用宅地等　 ＝ B （≦330㎡）

貸付事業用宅地等　 ＝ C （≦200㎡）
</blockquote>

(1)　A＋B→C

(2)　A→C→B

(3)　B→C→A

(4)　C→A→B

(5)　C→B→A

以下にそれぞれの計算をしてみることにしましょう。

(1)　特定事業用宅地等（店舗用敷地）と特定居住用宅地等を優先的に適用して、残りを貸付事業用宅地等（アパート用敷地）とした場合

①　適用できる限度面積

<blockquote>

特定事業用宅地等（店舗用敷地）＝300㎡

特定居住用宅地等＝180㎡
</blockquote>

貸付事業用宅地等（アパート用敷地）＝ 0 ㎡

$$300㎡ \times \frac{200㎡}{400㎡} + 180㎡ \times \frac{200㎡}{330㎡} + 150㎡ = 409㎡ > 200㎡$$

② この場合の課税減額

100万円×300㎡×80％＋150万円×180㎡×80％＝45,600万円

(2) 特定事業用宅地等（店舗用敷地）を優先的に適用して、次に貸付事業用宅地等（アパート用敷地）を適用し、残りを特定居住用宅地等とした場合

① 適用できる限度面積

特定事業用宅地等（店舗用敷地）＝300㎡

貸付事業用宅地等（アパート用敷地）＝ $200㎡ \times \frac{100㎡}{400㎡} = 50㎡ < 150㎡$

特定居住用宅地等＝ 0 ㎡ ＝ $330㎡ \times \left\{ 1 - \left(\frac{300㎡}{400㎡} + \frac{50㎡}{200㎡} \right) \right\}$

② この場合の課税減額

100万円×300㎡×80％＋200万円×50㎡×50％＝29,000万円

(3) 特定居住用宅地等を優先的に適用して、次に貸付事業用宅地等（アパート用敷地）を適用し、残りを特定事業用宅地等（店舗用敷地）とした場合

① 適用できる限度面積

特定居住用宅地等＝180㎡

貸付事業用宅地等（アパート用敷地）＝ $200㎡ \times \frac{150㎡}{330㎡} = 90.9㎡ < 150㎡$

特定事業用宅地等（店舗用敷地）＝ 0 ㎡ ＝ $400㎡ \times \left\{ 1 - \left(\frac{180㎡}{330㎡} + \frac{90.9㎡}{200㎡} \right) \right\}$

② この場合の課税減額

150万円×180㎡×80％＋200万円×90.9㎡×50％＝30,690万円

(4) 貸付事業用宅地等（アパート用敷地）を優先的に適用して次に特定事業用宅地等（店舗用敷地）を適用し、残りを特定居住用宅地等とした場合

① 適用できる限度面積

貸付事業用宅地等（アパート用敷地）＝150㎡

特定事業用宅地等（店舗用敷地）＝ $400㎡ \times \frac{50㎡}{200㎡} = 100㎡ < 300㎡$

特定居住用宅地等＝ 0 ㎡ ＝ $330㎡ \times \left\{ 1 - \left(\frac{150㎡}{200㎡} + \frac{100㎡}{400㎡} \right) \right\}$

② この場合の課税減額

200万円×150㎡×50％＋100万円×100㎡×80％＝23,000万円

(5)　貸付事業用宅地等（アパート用敷地）を優先的に適用して、次に特定居住用宅地等を適用し、残りを特定事業用宅地等（店舗用敷地）とした場合

①　適用できる限度面積

$$貸付事業用宅地等（アパート用敷地）＝150㎡$$

$$特定居住用宅地等＝330㎡×\frac{50㎡}{200㎡}＝82.5㎡＜180㎡$$

$$特定事業用宅地等（店舗用敷地）＝0㎡＝400㎡×\left\{1-\left(\frac{150㎡}{200㎡}+\frac{82.5㎡}{330㎡}\right)\right\}$$

②　この場合の課税減額

$$200万円×150㎡×50\%＋150万円×82.5㎡×80\%＝24,900万円$$

よって、

(1)45,600万円＞(3)30,690万円＞(2)29,000万円＞(5)24,900万円＞

(4)23,000万円

以上から特定事業用宅地等（店舗用敷地）と特定居住用宅地等が完全併用となったため、(1)のケースが最も課税減額が多くなり、特定居住用宅地等の限度面積が330平方メートルに拡大されたことによりこの事例のケースでは改正前より課税減額が相対的に多くなっています。

そこで次に選択する場合の選択分岐点を示しますので参考にしてください。

貸付事業用宅地等を選択した場合の分岐点

貸付事業用宅地等	特定事業用等宅地等	特定居住用宅地等
1.00	3.20	2.64

　例えば、貸付事業用宅地等を選択する場合は、貸付事業用宅地等の評価額が特定事業用等宅地等の評価額の3.2倍を超えている場合、及び特定居住用宅地等の評価額の2.64倍を超えている場合に貸付事業用宅地等を優先して適用すれば、課税価額の減額が最大になることを意味しています。

(1)　貸付事業用宅地等　　　321万円×200㎡×50％＝32,100万円

　　　特定事業用等宅地等　　100万円×400㎡×80％＝32,000万円

(2)　貸付事業用宅地等　　　265万円×200㎡×50％＝26,500万円

　　　特定居住用宅地等　　　100万円×330㎡×80％＝26,400万円

２．平成26年12月31日までの相続等による取得

　ご質問のケースのように、この３つの特例対象宅地がある場合は、どの宅地を優先的に適用していくかによって相続税の課税価額が違ってきます。そして適用する優先順位によって次の６通りの課税価額が計算されます。

特定事業用等宅地等 ＝ A　（≦400㎡）

特定居住用宅地等　 ＝ B　（≦240㎡）

貸付事業用宅地等　 ＝ C　（≦200㎡）

　⑴　A→B→C

　⑵　A→C→B

　⑶　B→C→A

　⑷　B→A→C

　⑸　C→A→B

　⑹　C→B→A

以下にそれぞれの計算をしてみることにしましょう。

⑴　特定事業用宅地等（店舗用敷地）を優先的に適用して、次に特定居住用住宅等を適用し、残りを貸付事業用宅地等（アパート用敷地）とした場合

　①　適用できる限度面積

特定事業用宅地等（店舗用敷地）＝300㎡

特定居住用宅地等＝60㎡＝240㎡×$\left(1 - \dfrac{300㎡}{400㎡} \right)$

貸付事業用宅地等（アパート用敷地）＝ 0 ㎡＝200㎡×$\left\{ 1 - \left(\dfrac{300㎡}{400㎡} + \dfrac{60㎡}{240㎡} \right) \right\}$

　②　この場合の課税減額

100万円×300㎡×80％＋150万円×60㎡×80％＝31,200万円

⑵　特定事業用宅地等（店舗用敷地）を優先的に適用して、次に貸付事業用宅地等（アパート用敷地）を適用し、残りを特定居住用宅地等とした場合

　①　適用できる限度面積

特定事業用宅地等（店舗用敷地）＝300㎡

貸付事業用宅地等（アパート用敷地）＝50㎡＝200㎡×$\left(1 - \dfrac{300㎡}{400㎡} \right)$

特定居住用宅地等＝ 0 ㎡＝240㎡×$\left\{ 1 - \left(\dfrac{300㎡}{400㎡} + \dfrac{50㎡}{200㎡} \right) \right\}$

　②　この場合の課税減額

100万円×300㎡×80％＋200万円×50㎡×50％＝29,000万円

(3)　特定居住用宅地等を優先的に適用して、次に貸付事業用宅地等（アパート用敷地）を適用し、残りを特定事業用宅地等（店舗用敷地）とした場合

①　適用できる限度面積

特定居住用宅地等 = 180㎡

貸付事業用宅地等（アパート用敷地）= 50㎡ = 200㎡ × $\left(1 - \dfrac{180㎡}{240㎡} \right)$

特定事業用宅地等（店舗用敷地）= 0 ㎡ = 400㎡ × $\left\{ 1 - \left(\dfrac{180㎡}{240㎡} + \dfrac{50㎡}{200㎡} \right) \right\}$

②　この場合の課税減額

150万円 × 180㎡ × 80％ + 200万円 × 50㎡ × 50％ = 26,600万円

(4)　特定居住用宅地等を優先的に適用して、次に特定事業用宅地等（店舗用敷地）を適用し、残りを貸付事業用宅地等（アパート用敷地）とした場合

①　適用できる限度面積

特定居住用宅地等 = 180㎡

特定事業用宅地等（店舗用敷地）= 100㎡ = 400㎡ × $\left(1 - \dfrac{180㎡}{240㎡} \right)$

貸付事業用宅地等（アパート用敷地）= 0 ㎡ = 200㎡ × $\left\{ 1 - \left(\dfrac{180㎡}{240㎡} + \dfrac{100㎡}{400㎡} \right) \right\}$

②　この場合の課税減額

150万円 × 180㎡ × 80％ + 100万円 × 100㎡ × 80％ = 29,600万円

(5)　貸付事業用宅地等（アパート用敷地）を優先的に適用して、次に特定事業用宅地等（店舗用敷地）を適用し、残りを特定居住用宅地等とした場合

①　適用できる限度面積

貸付事業用宅地等（アパート用敷地）= 150㎡

特定事業用宅地等（店舗用敷地）= 100㎡ = 400㎡ × $\left(1 - \dfrac{150㎡}{200㎡} \right)$

特定居住用宅地等 = 0 ㎡ = 240㎡ × $\left\{ 1 - \left(\dfrac{150㎡}{200㎡} + \dfrac{100㎡}{400㎡} \right) \right\}$

②　この場合の課税減額

200万円 × 150㎡ × 50％ + 100万円 × 100㎡ × 80％ = 23,000万円

(6)　貸付事業用宅地等（アパート用敷地）を優先的に適用して、次に特定居住用宅地等を適用し、残りを特定事業用宅地等（店舗用敷地）とした場合

①　適用できる限度面積

貸付事業用宅地等（アパート用敷地）= 150㎡

特定居住用宅地等 = 60㎡ = 240㎡ × $\left(1 - \dfrac{150㎡}{200㎡} \right)$

$$特定事業用宅地等（店舗用敷地）= 0 ㎡ = 400㎡×\left\{ 1 -\left(\frac{150㎡}{200㎡}+\frac{60㎡}{240㎡}\right)\right\}$$

②　この場合の課税減額

200万円×150㎡×50％ + 150万円×60㎡×80％ = 22,200万円

よって、

⑴31,200万円＞⑷29,600万円＞⑵29,000万円＞⑶26,600万円＞

⑸23,000万円＞⑹22,200万円

　以上からこのケースの場合は特定事業用宅地等（店舗用敷地）を優先して適用し、次に特定居住用宅地等を適用して、残りに貸付事業用宅地等（アパート用敷地）を適用した場合が最も課税減額が多くなることがわかります。一般的には課税減額を多く計算できることが相続税の課税価額を最も小さくでき、相続税額も少なくなりますが、遺産分割の内容によっても異なりますので充分注意して選択する必要があります。

　このように平成13年より80％減額の対象となる、特定事業用等宅地等が400平方メートルに、特定居住用宅地等が240平方メートルにそれぞれ拡がり、貸付事業用宅地等200平方メートルとなりました。このためそれぞれの対象宅地を有する場合には、どの対象宅地を優先して選択適用するのが良いか判定しなければなりません。そこで次に選択する場合の選択分岐点を示しますので参考にしてください。

小規模宅地等の選択分岐点

特定事業用等宅地等	特定居住用宅地等	貸付事業用宅地等
1.0000	1.6666	3.2000
0.6000	1.0000	1.9200
0.3125	0.5208	1.0000

　例えば、特定事業用等宅地等の評価額を１とした場合、特定居住用宅地等の評価額が1.6666倍未満である場合や貸付事業用宅地等の評価額が3.2倍未満である場合は特定事業用等宅地等を優先して適用すれば、課税価額の減額が最大になることを意味しています。

〈事例　62〉（非上場株式の相続税の納税猶予）

Q 父（甲＝Ａ社社長）が今年の初めに死亡した。
次の資料により、被相続人甲の保有するＡ株式会社（同族会社）の株式
の相続税の納税猶予額の算定を依頼された。

・遺 産 総 額；３億円

・法定相続人；子２人

・遺 産 分 割；子乙1.5億円（うち対象非上場Ａ社株式１億円）

　　　　　　子丙1.5億円

Ａ社株式に対する相続税の納税猶予額はいくらになるか？

なお、納税猶予を受けるための要件は満たしている。

A 非上場株式の相続税の納税猶予を適用するためには一定の要件があり、この
要件を満たしているとのことですが、この一定の要件を箇条書きにしますと次
のようになります（措法70の７の２）。

〈納税猶予特例の内容〉

　1．対象は認定承継会社の非上場株式の相続税であること。

　2．対象会社は次のとおりです。

　　　　製造業等（資本金３億円以下又は従業員300人以下）

　　　　卸売業（資本金１億円以下又は従業員100人以下）

　　　　小売（資本金５千万円以下又は従業員50人以下）

　　　　サービス業（資本金５千万円以下又は従業員100人以下）

　3．内減額対象割合；３分の２以内

　4．相続税の納税猶予割合；80％

　5．５年間の承継会社の経営継続、対象株式の保有等が条件となります。

〈納税猶予額の計算〉

納税猶予額の計算は、次の手順で行います。

　①　相続税の納税猶予の適用がないものとして、通常の相続税額の計算を行い、各
　　相続人の相続税額を算出する（経営承継相続人以外の相続人の相続税額は、この
　　額となります。）。

②　経営承継相続人以外の相続人の取得財産は不変としたうえで、経営承継相続人が、特例適用株式等（100%）のみを相続するものとして計算した場合の経営承継相続人の相続税額と、特例適用株式等（20%）のみを相続するものとして計算した場合の経営承継相続人の相続税額の差額が、経営承継相続人の猶予税額となります。

③　①により算出した経営承継相続人の相続税額から②で計算した猶予税額を控除した額が経営承継相続人の納付税額となります。

以上に従って計算すると次のようになります。

①の計算〜（3億円−7千万円）／2×40%−1,700万円＝2,900万円……

子丙の納付税額はこの金額となります。

②の計算〜｛（1億円＋1.5億円−7千万円）／2×30%−700万円｝×2／2.5

＝1,600万円……α

｛2千万円＋1.5億円−7千万円）／2×20%−200万円｝×2×2／17

＝188万円……β

1,600万円 α −188万円 β ＝1,412万円（子乙の猶予税額）

③の計算〜2,900万円−1,412万円＝1,488万円……子乙の納付税額です。

平成27年1月1日以後の相続等の場合は次のとおりとなります。

①の計算〜（3億円−4,200万円）／2×40%−1,700万円＝3,460万円……

子丙の納付税額はこの金額となります。

②の計算〜｛（1億円＋1.5億円−4,200万円）／2×40%−1,700万円｝×2／2.5

＝1,968万円……α

｛2千万円＋1.5億円−4,200万円）／2×30%−700万円｝×2×2／17

＝287万円……β

1,968万円 α −287万円 β ＝1,681万円（子乙の猶予税額）

③の計算〜3,460万円−1,681万円＝1,779万円……子乙の納付税額です。

ただし、平成30年度税制改正において、平成30年1月から令和9（平成39）年12月31日の10年間の時限措置として「特例」が創設され、100%納税猶予となりました。したがってこの適用を受ける場合は上記の α の1,968万円が子乙の猶予税額となり、3,460万円−1,968万円＝1,492万円が子乙の納付税額となります。

〈事例 63〉（小規模宅地と特定計画山林の選択）

> **Q** 父が死亡し、次のような財産を、長男である私がこれを相続するが、特例を利用して相続財産の課税価額が最も低くなるのはどのように選択すればいいのだろうか。
>
> (1) 自宅用宅地　　180平方メートル　通常の評価額　20万円/㎡
>
> (2) 事業用宅地　　300平方メートル　通常の評価額　10万円/㎡
>
> (3) 父が100%所有する株式　2000株　通常の評価額　60万円/株
>
> (4) 山林およびその土地　　　　　　通常の評価額　5億円
>
> (1)から(4)は全て特定の要件を具備している。

A 1．平成27年1月1日以降の相続等による取得の場合

改正により特定居住用宅地等の面積が240平方メートルから330平方メートルに拡大され、特定事業用等宅地等との完全併用となるため、次のように4つのケースになります。

   1　(1)＋(2)

   2　(1)→(4)

   3　(2)→(4)

   4　(4)

1　(1)の自宅用宅地と(2)の事業用宅地を選択した場合の減額できる金額は次のとおり

 (1)　居住用宅地　　　　　　　　　　　　2,880万円

  （20万円×180㎡＝3,600万円）×80％＝2,880万円

 (2)　事業用宅地　　　　　　　　　　　　2,400万円

  （10万円×300㎡＝3,000万円）×80％＝2,400万円

  合計　　　　　　　　　　　　　　　5,280万円

2　(1)の自宅用宅地を適用した上で、(4)の特定山林を選択した場合の減額できる金額は次のとおり

 (1)　居住用宅地　　　　　　　　　　　　2,880万円

  （20万円×180㎡＝3,600万円）×80％＝2,880万円

 (4)　特定山林　　　　　　　　　　　　　1,136万円

5億円×150㎡÷330㎡×5％＝1,136万円

　　　合計　　　　　　　　　　　　4,016万円

3　(2)の事業用宅地を適用した上で、(4)の特定山林を選択した場合の減額できる金額は
　次のとおり

　(2)　事業用宅地　　　　　　　　　　2,400万円

　　　（10万円×300㎡＝3,000万円）×80％＝2,400万円

　(4)　特定山林　　　　　　　　　　　　625万円

　　　5億円×100㎡÷400㎡×5％＝625万円

　　　合計　　　　　　　　　　　　3,025万円

4　(4)の特定山林を選択適用した場合の減額できる金額

　(4)　特定山林

　　　5億円×5％＝2,500万円

　　　合計　　　　　　　　　　　　2,500万円

以上の結果

（1の5,280万円）＞（2の4,016万円）＞（3の3,025万円）＞（4の2,500万円）

となって、改正により自宅用宅地と事業用宅地の選択が完全併用となったため1のケースが最も減額できることになります。

＜参考＞　特定計画山林と小規模宅地等の選択分岐点表（平成27年1月1日以後）

特定計画山林の 軽減額	特定事業用宅地 400㎡	特定居住用宅地 330㎡	特定特例対象宅地 200㎡
10,000万円	12,500万円 312,500円/㎡	12,500万円 378,787円/㎡	20,000万円 100万円/㎡
9,000万円	11,250万円 281,250円/㎡	11,250万円 340,909円/㎡	18,000万円 90万円/㎡
8,000万円	10,000万円 250,000円/㎡	10,000万円 303,030円/㎡	16,000万円 80万円/㎡
7,000万円	8,750万円 218,750円/㎡	8,750万円 265,151円/㎡	14,000万円 70万円/㎡
6,000万円	7,500万円 187,500円/㎡	7,500万円 227,272円/㎡	12,000万円 60万円/㎡
5,000万円	6,250万円 156,250円/㎡	6,250万円 189,393円/㎡	10,000万円 50万円/㎡
4,000万円	5,000万円 125,000円/㎡	5,000万円 151,515円/㎡	8,000万円 40万円/㎡
3,000万円	3,750万円 93,750円/㎡	3,750万円 113,636円/㎡	6,000万円 30万円/㎡
2,000万円	2,500万円 62,500円/㎡	2,500万円 75,757円/㎡	4,000万円 20万円/㎡
1,000万円	1,250万円 31,250円/㎡	1,250万円 37,878円/㎡	2,000万円 10万円/㎡

2．平成26年12月31日までの相続等による取得

　この事例のうち(3)の株式については、非上場株式等についての相続税の納税猶予制度の創設に伴ない、平成21年3月31日をもって軽減規定が廃止となりました。したがってこの事例の選択は(1)と(2)、(1)と(4)、及び(2)と(4)のほか(4)の単独選択並びに(1)と(2)は優先適用があり5通りの選択が可能となりますので、その計算を以下に示します。

　なお、平成15年より(3)と(4)の併用適用も可能になりましたがこの事例ではそれぞれ限度までの適用を受けていますので対象となりません。

1　(1)の自宅用宅地を適用した上で(2)の事業用宅地を選択した場合の減額できる金額は次のとおり

　(1)　居住用宅地　　　　　　　　　　　2,880万円

　　　（20万円×180㎡＝3,600万円）×80％＝2,880万円

　(2)　事業用宅地　　　　　　　　　　　800万円

　　　（10万円×400㎡×60㎡÷240㎡＝1,000万円）×80％＝800万円

　　　合計　　　　　　　　　　　　　　3,680万円

2　(2)の事業用宅地を適用した上で(1)の自宅用宅地を選択した場合の減額できる金額は次のとおり

　(2)　事業用宅地　　　　　　　　　　　2,400万円

　　　（10万円×300㎡＝3,000万円）×80％＝2,400万円

　(1)　居住用宅地　　　　　　　　　　　960万円

　　　（20万円×240㎡×100㎡÷400㎡＝1,200万円）×80％＝960万円

　　　合計　　　　　　　　　　　　　　3,360万円

3　(1)の自宅用宅地を適用した上で(4)の特定山林を選択した場合の減額できる金額は次のとおり

　(1)　居住用宅地　　　　　　　　　　　2,880万円

　　　（20万円×180㎡＝3,600万円）×80％＝2,880万円

　(4)　特定山林　　　　　　　　　　　　625万円

　　　5億円×60㎡÷240㎡×5％＝625万円

　　　合計　　　　　　　　　　　　　　3,505万円

4　(2)の事業用宅地を適用した上で(4)の特定山林を選択した場合の減額できる金額は次のとおり

(2) 事業用宅地　　　　　　　　　　　2,400万円

　　　（10万円×300㎡＝3,000万円）×80％＝2,400万円

(4) 特定山林　　　　　　　　　　　　625万円

　　　5億円×100㎡÷400㎡×5％＝625万円

　　　合計　　　　　　　　　　　　　3,025万円

5　(4)の特定山林を選択適用した場合の減額できる金額は次のとおり

(4) 特定山林　　　　　　　　　　　　2,500万円

　　　5億円×5％＝2,500万円

　　　合計　　　　　　　　　　　　　2,500万円

以上の結果

（1の3,680万円）＞（3の3,505万円）＞（2の3,360万円）＞（4の3,025万円）＞（5の2,500万円）

となって1の自宅用宅地を適用した上で事業用宅地を選択した場合の減額できる金額が3,680万円となって最も大きいことになります。

＜参考＞　特定計画山林と小規模宅地等の選択分岐点表

特定計画山林の軽減額	特定事業用宅地 400㎡	特定居住用宅地 240㎡	特定特例対象宅地 200㎡
10,000万円	12,500万円 312,500円/㎡	12,500万円 520,833円/㎡	20,000万円 100万円/㎡
9,000万円	11,250万円 281,250円/㎡	11,250万円 468,750円/㎡	18,000万円 90万円/㎡
8,000万円	10,000万円 250,000円/㎡	10,000万円 416,666円/㎡	16,000万円 80万円/㎡
7,000万円	8,750万円 218,750円/㎡	8,750万円 364,583円/㎡	14,000万円 70万円/㎡
6,000万円	7,500万円 187,500円/㎡	7,500万円 312,500円/㎡	12,000万円 60万円/㎡
5,000万円	6,250万円 156,250円/㎡	6,250万円 260,416円/㎡	10,000万円 50万円/㎡
4,000万円	5,000万円 125,000円/㎡	5,000万円 208,333円/㎡	8,000万円 40万円/㎡
3,000万円	3,750万円 93,750円/㎡	3,750万円 156,250円/㎡	6,000万円 30万円/㎡
2,000万円	2,500万円 62,500円/㎡	2,500万円 104,166円/㎡	4,000万円 20万円/㎡
1,000万円	1,250万円 31,250円/㎡	1,250万円 52,083円/㎡	2,000万円 10万円/㎡

〈事例　64〉（相続税の小規模宅地の特例の有効な活用の仕方）

Q　私は一人子で、妻と子供（1人＝大学2年の男子）がおり、私と妻は仕事の都合で福岡に自宅を持って生活している。子供は東京の田園調布の私の実家に住んでおり、大学に通い時々小遣いを貰いながら実家の母（90歳）の身の回りの世話をしている。父は元公務員であったが10年前に死亡したため、今は母と子供で住んでいる。母は現在元気でいるが、高齢でもあり何時どうなるかわからないし、万一の場合父から相続した財産等に係る相続税がどの位になるか計算してもらいたい。

主な財産はおおよそ次のとおりである。

居住用土地（約200㎡）	2億円（路線価）
居住用家屋	1千万円（固定資産税評価額）
A上場株式	5千万円
預貯金	1億円
計	3億6千万円

A　1．平成27年1月1日以後の相続等による取得

相続人はあなた1人ですので、相続税はおよそ1億2,000万円になり改正前より1,700万円増税になります。その計算内容を示すと次のようになります。

居住用土地に対する小規模宅地の減額は、生計別親族が自宅を所有しているので適用されないため

360,000千円が課税される金額です。

これから基礎控除（遺産にかかる基礎控除）を引きますと

360,000千円 − （30,000千円 ＋ 6,000千円 × 1人 ＝ 36,000千円）＝ 324,000千円となり

これに相続税の税率を掛けると

324,000千円 × 50％ − 42,000千円 ＝ 1億2,000万円となります。

仮にあなたのお子さん（お母さんからは孫）をお母さんの養子として、そのお子さんが居住用の不動産を相続したとすると、相続人は2人となりますから、次のように相続税は3,507万円となり8,493万円も少なくなります。

　この場合の居住用土地に対する小規模宅地の減額は

　200,000千円×80％＝160,000千円となりますから

　360,000千円－160,000千円＝200,000千円が課税される金額です。

　これから基礎控除（遺産にかかる基礎控除）を引きますと

　200,000千円－（30,000千円＋6,000千円×2人＝42,000千円）＝158,000千円となり

　これの法定相続分（2分の1）に相続税の税率を掛けると

　79,000千円×30％－7,000千円×2人＝33,400千円

　子の分　33,400千円×（150,000千円／200,000千円）＝25,050千円

　孫の分　33,400千円×（50,000千円／200,000千円）×1.2＝10,020千円

　したがって25,050千円＋10,020千円＝35,070千円となります。

　しかし、養子縁組までするということには一寸抵抗がある場合には、お母さんが遺言を書いて今お住まいの田園調布の不動産をお孫さんに遺贈する方法もあります。

　この場合も居住用土地に対する小規模宅地評価減額は

　200,000千円×80％＝160,000千円となりますから

　360,000千円－160,000千円＝200,000千円が課税される金額です。

　これから基礎控除（遺産に係る基礎控除）を引きますと

　200,000千円－（30,000千円＋6,000千円×1人＝36,000千円）＝164,000千円となり

　これに相続税の税率を掛けると

　164,000千円×40％－17,000千円＝48,600千円

　子の分　48,600千円×（150,000千円／200,000千円）＝36,450千円

　孫の分　48,600千円×（50,000千円／200,000千円）×1.2＝14,580千円

　したがって36,450千円＋14,580千円＝51,030千円となります。

　これでも現状よりは6,897万円も相続税が少なくなります。

2．平成26年12月31日までの相続等による取得

　相続税はおよそ1億300万円になります。その計算内容を示すと次のようになります。

　居住用土地に対する小規模宅地の減額は、生計別親族が自宅を所有しているので適用されないため

　360,000千円が課税される金額です。

これから基礎控除（遺産にかかる基礎控除）を引きますと

360,000千円 − (50,000千円 + 10,000千円 × 1 人 = 60,000千円) = 300,000千円となり

これに相続税の税率を掛けると

300,000千円 × 40% − 17,000千円 = 1 億300万円となります。

仮にあなたのお子さん（お母さんからは孫）をお母さんの養子として、そのお子さんが居住用の不動産を相続したとすると、相続人は 2 人となりますから、次のように相続税は2,625万円となり7,675万円も少なくなります。

この場合の居住用土地に対する小規模宅地の減額は

200,000千円 × 80% = 160,000千円となりますから

360,000千円 − 160,000千円 = 200,000千円が課税される金額です。

これから基礎控除（遺産にかかる基礎控除）を引きますと

200,000千円 − (50,000千円 + 10,000千円 × 2 人 = 70,000千円) = 130,000千円となり

これの法定相続分（ 2 分の 1 ）に相続税の税率を掛けると

65,000千円 × 30% − 7,000千円 × 2 人 = 25,000千円

子の分　25,000千円 × (150,000千円／200,000千円) = 18,750千円

孫の分　25,000千円 × (50,000千円／200,000千円) × 1.2 = 7,500千円

したがって18,750千円 + 7,500千円 = 26,250千円となります。

しかし、養子縁組までするということには一寸抵抗がある場合には、お母さんが遺言を書いて今お住まいの田園調布の不動産をお孫さんに遺贈する方法もあります。

この場合も居住用土地に対する小規模宅地評価減額は

200,000千円 × 80% = 160,000千円となりますから

360,000千円 − 160,000千円 = 200,000千円が課税される金額です。

これから基礎控除（遺産に係る基礎控除）を引きますと

200,000千円 − (50,000千円 + 10,000千円 × 1 人 = 60,000千円) = 140,000千円となり

これに相続税の税率を掛けると

140,000千円 × 40% − 17,000千円 = 39,000千円

子の分　39,000千円 × (150,000千円／200,000千円) = 29,250千円

孫の分　39,000千円 × (50,000千円／200,000千円) × 1.2 = 11,700千円

　したがって29,250千円＋11,700千円＝40,950千円となります。

　これでも現状よりは6,205万円も相続税が少なくなります。

　このように小規模宅地の特例は、相続税の規定の中では大変重要でこの規定の活用い
かんでその相続税も大幅に違ってきます。相続に詳しい専門家とよく相談して上手に相
続しましょう。

〈事例　65〉（未分割の特例対象宅地等も選択同意書が必要か）

> **Q**　死亡した被相続人である母と生計を一にしていた長男は、相続財産（Ａ土地相続分、Ｂ土地相続分「被相続人である母」）のうち遺言により取得したＡ土地相続分について、自らが事業の用に供している宅地等であるとして、小規模宅地等の特例を適用する旨の申告を行った（共同相続人である長女、二女、三女はＡ土地相続分を選択特例対象宅地等とすることに同意していなかった）。一方、Ｂ土地相続分については、共同相続人（長男、長女、二女、三女）において遺産分割が行われていなかった。
>
> このように遺言により相続したＡ土地相続分に小規模宅地等の特例を適用する場合、未分割のＢ土地相続分の共同相続人である長女、二女、三女の選択同意書を申告書に添付する必要があるか？

A　相続した宅地等のうち遺言対象の宅地に小規模宅地等の特例を適用するためには、共同相続人がいる場合は選択同意書の添付が必要です（東京地裁平成28年7月22日（平成27年(行ウ)第57号）判決、東京高裁平成29年1月26日判決・確定）。

1　同意書の添付について法令での規定

　小規模宅地等の特例は、個人が相続又は遺贈により取得した財産のうちに特例対象宅地等がある場合、その相続人に係る全ての特例対象宅地等のうち、一定の選択特例対象宅地等については相続税の課税価格に算入すべき価額の算定にあたり、一定割合を減額する制度です（措法69の4①）。

　特例対象宅地等の選択については、相続人が1人である場合を除き、特例対象宅地等を取得した全ての相続人の選択同意書を相続税の申告書に添付することが必要になっています（措令40の2⑤三）。

2　未分割財産の相続人からも同意書が必要

　相続税の計算に当たっては、全ての相続人等に係る相続税の課税価格の算定の基礎となる「相続又は遺贈により取得した財産」（相法11の2）には未分割財産も含まれることから、小規模宅地等の特例で規定する「相続又は遺贈により取得した財産」（措法69の4①）にはこの未分割財産も含まれることになります。

　さらに、小規模宅地等の特例の規定上、選択特例対象宅地等は特例を受けようとする

個人の取得に係る特例対象宅地等の中から選択したものだけでなく、同一の被相続人に係る全ての相続人等に係る全ての特例対象宅地等の中から選択したものとされています。これは同一人の被相続人等に係る相続人等が特例対象宅地等のうちそれぞれ異なるものを選択して、相続税の課税価格を確定できないという結果にならないよう、全ての相続人等の間において選択特例対象宅地等が同一のものとなることを前提としているためです。

　このように、小規模宅地等の特例の前提として要求される「選択」は、全ての相続人等の間で統一されて選択することが当然に要求されていることから、相続人が1人である場合を除き、全ての相続人の選択同意書を申告書に添付する必要があります（措令40の2⑤三）。

　したがって、本事例においても、未分割財産であるB土地相続分も特例対象宅地等に含まれるので、A土地相続分及びB土地相続分からなる特例対象宅地等を取得したのは本件相続人ら全員ということになります。故に、特例対象宅地等の選択をして小規模宅地等の特例の適用を受けるには、特例対象宅地等を取得した全ての相続人、つまり、長男のほか長女、二女、三女の選択同意書を相続税の申告書に添付していなければならないことになります。

〈事例　66〉（遺留分減殺の民法改正に伴う小規模宅地等の選択換えの可否）

 被相続人甲（平成31年３月10日相続開始）の相続人は、長男乙と長女丙の２名である。

乙は甲の遺産のうちＡ宅地（特定居住用宅地等）及びＢ宅地（特定事業用宅地等）を遺贈により取得し、相続税の申告に当たってＢ宅地について小規模宅地等の特例を適用して期限内に申告した。

１．その後、丙から遺留分減殺請求がなされ、家庭裁判所の調停の結果Ｂ宅地は丙が取得することになった。

　　この場合、小規模宅地等の対象地を、乙は更正の請求においてＡ宅地と、丙は修正申告においてＢ宅地とすることができるか（限度面積要件は満たしている。）。

　　なお、甲の遺産のうち小規模宅地等の特例の対象となる宅地等は、Ａ宅地及びＢ宅地のみである。

２．被相続人甲の相続開始が令和元年10月10日で、丙の遺留分減殺請求がなされ、乙は金銭の支払いに代えてＢ宅地を丙に移転した。

　　この場合に小規模宅地等の対象地を、乙は更正の請求においてＡ宅地と、丙は修正申告においてＢ宅地とすることができるか（限度面積要件は満たしている。）。

（国税庁　質疑応答事例をもとに作成）

A 当初申告におけるその宅地に係る小規模宅地等の特例の適用について何らかの瑕疵がない場合には、その後、その適用対象宅地の選択換えをすることは許されないこととされています。

しかし、平成31年３月10日相続開始分の照会の場合は遺留分減殺請求という相続固有の後発的事由に基づいて、当初申告に係る土地を遺贈により取得できなかったものですから、更正の請求においてＡ宅地について同条を適用することを、いわゆる選択換えというのは相当ではないとしています。

したがって、乙の小規模宅地等の対象地をＡ宅地とする変更は、更正の請求において添付書類等の要件を満たす限り認められると考えられます。

また、当初申告において小規模宅地等の対象地を選択しなかった丙についても同様に

取り扱って差し支えないと考えられます（国税庁　質疑応答事例集より）。

　遺留分の減殺請求制度については民法の改正が行われて、従来の遺産全体に対して遺留分の減殺請求ができる制度から、金銭での遺留分の侵害額請求権に変わり令和元年7月1日以降の相続遺贈から施行されています。

　令和元年10月10日に相続開始の場合に、従来通り遺留分減殺請求による小規模宅地の選択替えができるかどうかですが、改正後の民法では遺留分侵害額についての金銭の支払い請求となりますので、事例のように金銭の支払いに代えてB宅地を交付した場合には、A宅地への小規模宅地の選択換えはできないと考えられます。

　また、丙についてもB宅地は相続遺贈により取得したものでなく「譲渡」により取得したものとなって小規模宅地特例を適用することができない、と考えられます（週刊税務通信№3599号、下図も同誌より）。

●遺留分減殺請求（令和元年6月30日までの相続）

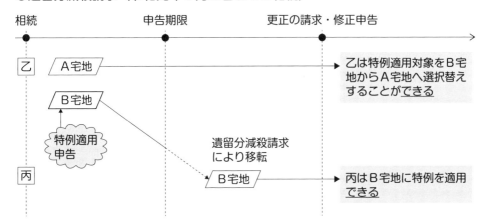

●遺留分侵害額請求（令和元年7月1日以後の相続）

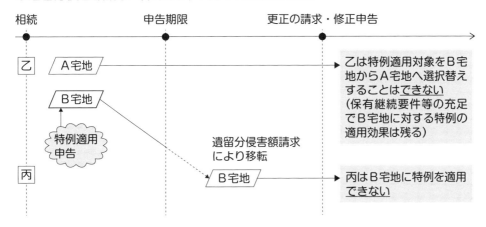

第10

法令・通達集

※　この法令・通達集は令和6年4月1日現在のものに基づきます。

○　小規模宅地特例規定の構成

1．租税特別措置法第69条の4

規 定 条 項	事業用	特定同族会社事業用	居住用	郵便局舎用	共通
措法69の4①（小規模宅地等の本文）					○
一（特定宅地＝20％価額分）	○	○	○	○	
二（貸付事業用宅地＝50％価額分）	○				
②（限度面積要件）					○
一（特定事業用等宅地等＝400平方メートル以下）	○	○			
二（特定居住用宅地等＝330平方メートル以下）			○		
三（貸付事業用宅地等＝イ、ロ、ハ合計＝200平方メートル以下）	○	○	○	○	
③（特定宅地等の用語の意義）					○
一（特定事業用宅地等）	○				
イ（被相続人の事業承継）	○				
ロ（生計一親族の事業）	○				
二（特定居住用宅地等）			○		
イ（同居親族等）			○		
ロ（別居親族等）			○		
⑴（自己、配偶者、3親等内親族、特別法人の所有家屋に居住なし）			○		
⑵（居住用家屋の過去所有なし）			○		
⑶（申告期限まで保有）			○		
ハ（生計一親族等）			○		
三（特定同族会社事業用宅地等）		○			
四（貸付事業用宅地等）	○				
④（分割の要件）					○
⑤（期限後分割の更正の請求）					○
⑥（個人の事業用資産の適用との選択）	○				
⑦（添付書類の要件）					○

⑧（申告要件の宥恕規定）					○
⑨（特定物納対象からの除外規定）					○
⑩（政令委任事項）					○
郵政民営化法180①一、二、三②（特定事業用宅地等とみなす）				○	

２．租税特別措置法施行令第40条の２

規　定　条　項	事業用	特定同族会社事業用	居住用	郵便局舎用	共通
措令40の２①（69の４①；準事業の意義）	○	○			
②（69の４①；居住の用に供することができない事由）			○		
一（介護保険法の認定者で次の施設等の入居等）			○		
イ（老人福祉法に定める施設等）			○		
ロ（介護保険法に定める施設等）			○		
ハ（高齢者の居住の安定確保に関する法律に定める住宅）			○		
二（障害者総合支援の法律に定める障害者支援施設等）			○		
③（69の４①；除外される用途の内容）			○		
④（69の４①；宅地等の意義）					○
⑤（69の４①；宅地等の選択と添付書類）					○
一（選択した宅地等の区分に係る書類）					○
二（面積要件に係る書類）					○
三（選択同意に係る書類）					○
⑥（69の４①；配偶者居住権の対象面積の意義）			○		
⑦（69の４③一、四；特定事業用等から除かれる事業）	○	○			
⑧（69の４③一；規模以上の事業の意義）	○				
⑨（相続開始前３年以内事業開始の除外）	○				
⑩（69の４③一；特定事業用宅地等の意義）	○				
⑪（69の４③二；居住用宅地が二以上ある場合）			○		
一（被相続人の居住用宅地が二以上ある場合）			○		
二（生計一親族の居住用宅地が二以上ある場合）			○		
三（被相続及生計一親族の居住用宅地が二以上ある場合）			○		
イ（被相続人及生計一親族の居住用宅地が同一である場合）			○		
ロ（イ以外の場合）			○		
⑫（69の４③二；特定居住用宅地の該当部分）			○		
⑬（69の４③二イ；一棟の建物の居住部分）			○		
一（区分所有の建物の場合）			○		
二（その他の場合）			○		

⑭（69の4③二ロ；同居相続人の意義）			○		
⑮（69の4③二ロ(1)；特別関係ある法人の意義）			○		
⑯（69の4③三；特定同族会社の特別関係者の意義）		○			
⑰（69の4③三；同上の無議決権株主の除外）		○			
⑱（69の4③三；特定同族会社事業用宅地等の意義）		○			
⑲（69の4③四；準事業以外（特定貸付事業））	○				
⑳（⑨の貸付事業用宅地の準用）	○				
㉑（69の4③四；第一次相続人の特定貸付事業）	○				
㉒（69の4③四；措令40の2⑩の準用）	○				
㉓（相令4の2①；期限後分割の準用）					○
㉔（69の4⑤；未分割の場合の分割取扱い）					○
㉕（相令4の2①；②〜④の準用）					○
㉖（69の4⑤；相法32①等の読替え）					○
㉗（69の4；相法9の2⑥の準用と読替え）					○
郵政民営化法施行令20①一、二②③一〜四④（土地等の意義）				○	

３．租税特別措置法施行規則第23条の２

規　定　条　項	事業用	特定同族会社事業用	居住用	郵便局舎用	共通
措規23の２①（69の４①：建物等の意義）	○	○	○		
一（温室建物等耕作用除外）	○	○	○		
二（暗渠構築物等耕作用等除外）	○	○	○		
②（令40の２②：介護保険法第一号被保険者の被相続人）			○		
③（令40の２④：準棚卸資産の意義）					○
④（69の４③ニロ：納税義務者でない者）			○		
⑤（69の４③三：法人税法の役員）		○			
⑥（令40の２⑰：議決権に制限ある株式の意義）		○			
⑦（議決権に制限ある出資に準用）		○			
⑧（69の４⑦：添付書類）					○
一（69の４①一：特定事業用宅地等の場合）	○				
イ（課税価額計算明細書）	○				
ロ（選択適用書類）	○				
ハ（分割書類と印鑑証明）	○				
ニ（３年以内事業に供された減価償却資産の明細）	○				
二（69の４①一：特定居住用宅地等の場合）			○		
イ（一のイ～ハ）			○		
ロ（個人番号なしの場合の居住証明）			○		
ハ（69の４③ニロの居住証明）			○		
ニ（69の４③ニロの居住家屋の証明）			○		
ホ（69の４③ニロ：過去に所有ない証明）			○		
三（令40の２②：特定居住用宅地等の場合）			○		
イ（二のイ～ホ）			○		
ロ（被相続人の戸籍の附票の写し）			○		
ハ（介護保険者証の写し等）			○		
ニ（老人福祉法に定める施設等の名称、所在地等の書類）			○		
四（69の４①一：特定同族会社の場合）		○			
イ（一のイ～ハ）		○			
ロ（対象法人の定款）		○			
ハ（発行済株式数等の記載書類）		○			
五（69の４①一以外の場合）					○

イ（一のイ～ハ）					○
ロ（特定貸付事業示す書類）					○
六（69の4④；宅地等の期限後分割の書類）					○
七（令40の2⑤；特例対象山林の期限後分割の書類）					○
⑨（令40の2㉓㉕；配偶者軽減特例手続の準用）					○
郵政民営化に関する相続税の省令2①一、二②（総務大臣の証明）				○	

4．租税特別措置法第69条の4関連通達

規　定　条　項	事業用	特定同族会社事業用	居住用	郵便局舎用	共通
措通69の4－1　(69の4①：加算対象贈与財産及び相続時精算課税適用財産)					○
69の4－1の2　(令40の2⑥；配偶者居住権等)			○		
2　(69の4①；信託に関する権利)					○
3　(69の4①；公共事業の施行による使用収益が禁止されている場合)	○	○	○		
4　(69の4①；事業用宅地等の範囲)	○	○			
4の2　(69の4①；配偶者居住権敷地内事業用宅地等の範囲)	○	○			
5　(69の4①；事業用建物等の建築中等)	○	○			
6　(69の4①；使用人寄宿舎等の敷地)	○	○			
7　(69の4①；居住用宅地等の範囲)			○		
7の2　(69の4①；配偶者居住権敷地内居住用宅地等の範囲)			○		
7の3　(令40の2②一、二；要介護認定等の判定時期)			○		
7の4　(令40の2④⑬；建物区分所有法に規定する建物)			○		
8　(69の4①；居住用建物等の建築中等)			○		
9　(69の4①；店舗兼住宅敷地の配偶者贈与分の取扱い)			○		
10　(69の4②三；貸付事業用宅地の面積調整計算式)	○	○	○	○	
11　(69の4②；限度面積要件を満たさない場合)	○	○	○	○	
12　(69の4①；特定計画山林・個人事業用資産との重複適用時の限度額要件不備)					○
13　(69の4③一、四等；不動産貸付業等の範囲)	○	○			
14　(69の4③一、四；下宿等)	○				
15　(69の4③一イ、四イ；親族の申告期限前の死亡)	○				
16　(69の4③一、三、四；申告期限前の転・廃業)	○	○			
17　(69の4③一；申告期限前の災害による休業)	○	○	○		
18　(69の4③一；申告期限前の一部譲渡・貸付)	○	○			
19　(69の4③一～四；申告期限前の事業用建物の建替え)	○		○		
20　(69の4③一；取得親族以外が事業主の場合)	○				
20の2　(69の4③一；新たに事業用に供する判定)	○				
20の3　(令40の2⑧；規模以上の事業の意義)	○				
20の4　(69の4③一；相続開始前3年超の事業用宅地)	○				
20の5　(69の4③一；特定事業用宅地等の経過措置)	○				
21　(69の4③二ロ；居住していた親族の範囲)			○		

	1	2	3	4	5
22（69の4③二ロ；「その者の配偶者」の意義）			○		
22の2（H30年改正附則による特定居住用宅地等の経過措置）			○		
23（69の4③三；法人の事業用宅地等の範囲）		○			
24（69の4③三；法人の社宅等の敷地）		○			
24の2（69の4③四；被相続人等の貸付事業用宅地等）	○				
24の3（69の4③四；新たに貸付事業用に供されたの判定）	○				
24の4（令40の2⑲；特定貸付事業の意義）	○				
24の5（69の4③四；特定貸付事業が引き続き行われていない場合）	○				
24の6（69の4③四；特定貸付事業の「被相続人等の当該貸付事業の用に供された」の意義）	○				
24の7（69の4③四；相続開始前3年超貸付事業用宅地等の取扱い）	○				
24の8（H30年改正附則による貸付事業用宅地等の経過措置）	○				
25（69の4①；分割前死亡の場合）					○
26（69の4⑤；申告期限後分割の更正の請求）					○
26の2（69の4⑥；個人の事業用資産との選択適用）	○				
27（郵政民営化法180①；郵便局舎用敷地の適用）				○	
28（郵政民営化法180①；郵便局舎用敷地の適用を受けている場合）				○	
29（郵政民営化法180①；相続人の意義）				○	
30（郵政民営化法180①；特定宅地等の範囲）				○	
31（郵政民営化法180①；建物の所有者の範囲）				○	
32（郵政民営化法180①；特定宅地等とならない部分の範囲）				○	
33（69の4①二；無償により借り受けている場合）				○	
34（郵政民営化法180①；賃貸借契約の変更に該当しない事項）				○	
35（郵政民営化法180①；相続開始以後の貸付）				○	
36（郵政民営化法180①二；災害の為休業された場合）				○	
37（郵政民営化法180①二；一部譲渡、契約解除等の場合）				○	
38（平成21年改正前措置法第69条の4の取扱い）					○
39（特定同族株式等の相続時精算課税適用の場合の不適用）					○

○租税特別措置法（抄）（昭和32年 3 月31日法律第26号／最終改正令和 6 年 3 月30日法律第 8 号）

（小規模宅地等についての相続税の課税価格の計算の特例）

第69条の 4　個人が相続又は遺贈により取得した財産のうちに、当該相続の開始の直前において、当該相続若しくは遺贈に係る被相続人又は当該被相続人と生計を一にしていた当該被相続人の親族（第 3 項において「被相続人等」という。）の事業（事業に準ずるものとして政令で定めるものを含む。同項において同じ。）の用又は居住の用（居住の用に供することができない事由として政令で定める事由により相続の開始の直前において当該被相続人の居住の用に供されていなかつた場合（政令で定める用途に供されている場合を除く。）における当該事由により居住の用に供されなくなる直前の当該被相続人の居住の用を含む。同項第 2 号において同じ。）に供されていた宅地等（土地又は土地の上に存する権利をいう。同項及び次条第 5 項において同じ。）で財務省令で定める建物又は構築物の敷地の用に供されているもののうち政令で定めるもの（特定事業用宅地等、特定居住用宅地等、特定同族会社事業用宅地等及び貸付事業用宅地等に限る。以下この条において「特例対象宅地等」という。）がある場合には、当該相続又は遺贈により財産を取得した者に係る全ての特例対象宅地等のうち、当該個人が取得をした特例対象宅地等又はその一部でこの項の規定の適用を受けるものとして政令で定めるところにより選択をしたもの（以下この項及び次項において「選択特例対象宅地等」という。）については、限度面積要件を満たす場合の当該選択特例対象宅地等（以下この項において「小規模宅地等」という。）に限り、相続税法第11条の 2 に規定する相続税の課税価格に算入すべき価額は、当該小規模宅地等の価額に次の各号に掲げる小規模宅地等の区分に応じ当該各号に定める割合を乗じて計算した金額とする。

一　特定事業用宅地等である小規模宅地等、特定居住用宅地等である小規模宅地等及び特定同族会社事業用宅地等である小規模宅地等　100分の20

二　貸付事業用宅地等である小規模宅地等　100分の50

2　前項に規定する限度面積要件は、当該相続又は遺贈により特例対象宅地等を取得した者に係る次の各号に掲げる選択特例対象宅地等の区分に応じ、当該各号に定める要件とする。

一　特定事業用宅地等又は特定同族会社事業用宅地等（第 3 号イにおいて「特定事業用等宅地等」という。）である選択特例対象宅地等　当該選択特例対象宅地等の面積の合計が400平方メートル以下であること。

二　特定居住用宅地等である選択特例対象宅地等　当該選択特例対象宅地等の面積の合計が330平方メートル以下であること。

三　貸付事業用宅地等である選択特例対象宅地等　次のイ、ロ及びハの規定により計算した面積の合計が200平方メートル以下であること。

イ　特定事業用等宅地等である選択特例対象宅地等がある場合の当該選択特例対象宅地等の面積を合計した面積に400分の200を乗じて得た面積

ロ　特定居住用宅地等である選択特例対象宅地等がある場合の当該選択特例対象宅地等の面積を合計した面積に330分の200を乗じて得た面積

ハ　貸付事業用宅地等である選択特例対象宅地等の面積を合計した面積

3　この条において、次の各号に掲げる用語の意義は、当該各号に定めるところによる。

一　特定事業用宅地等　被相続人等の事業（不動産貸付業その他政令で定めるものを除く。以下この号及び第 3 号において同じ。）の用に供されていた宅地等で、次に掲げる要件のいずれかを満たす当該被相続人の親族（当該親族から相続又は遺贈により当該宅地等を取得した当該親族の相続人を含む。イ及び第 4 号（ロを

除く。）において同じ。）が相続又は遺贈により取得したもの（相続開始前３年以内に新たに事業の用に供された宅地等（政令で定める規模以上の事業を行つていた被相続人等の当該事業の用に供されたものを除く。）を除き、政令で定める部分に限る。）をいう。

イ　当該親族が、相続開始時から相続税法第27条、第29条又は第31条第２項の規定による申告書の提出期限（以下この項において「申告期限」という。）までの間に当該宅地等の上で営まれていた被相続人の事業を引き継ぎ、申告期限まで引き続き当該宅地等を有し、かつ、当該事業を営んでいること。

ロ　当該被相続人の親族が当該被相続人と生計を一にしていた者であつて、相続開始時から申告期限（当該親族が申告期限前に死亡した場合には、その死亡の日。第４号イを除き、以下この項において同じ。）まで引き続き当該宅地等を有し、かつ、相続開始前から申告期限まで引き続き当該宅地等を自己の事業の用に供していること。

二　特定居住用宅地等　被相続人等の居住の用に供されていた宅地等（当該宅地等が二以上ある場合には、政令で定める宅地等に限る。）で、当該被相続人の配偶者又は次に掲げる要件のいずれかを満たす当該被相続人の親族（当該被相続人の配偶者を除く。以下この号において同じ。）が相続又は遺贈により取得したもの（政令で定める部分に限る。）をいう。

イ　当該親族が相続開始の直前において当該宅地等の上に存する当該被相続人の居住の用に供されていた一棟の建物（当該被相続人、当該被相続人の配偶者又は当該親族の居住の用に供されていた部分として政令で定める部分に限る。）に居住していた者であつて、相続開始時から申告期限まで引き続き当該宅地等を有し、かつ、当該建物に居住していること。

ロ　当該親族（当該被相続人の居住の用に供されていた宅地等を取得した者であつて財務省令で定めるものに限る。）が次に掲げる要件の全てを満たすこと（当該被相続人の配偶者又は相続開始の直前において当該被相続人の居住の用に供されていた家屋に居住していた親族で政令で定める者がいない場合に限る。）。

(1)　相続開始前３年以内に相続税法の施行地内にある当該親族、当該親族の配偶者、当該親族の３親等内の親族又は当該親族と特別の関係がある法人として政令で定める法人が所有する家屋（相続開始の直前において当該被相続人の居住の用に供されていた家屋を除く。）に居住したことがないこと。

(2)　当該被相続人の相続開始時に当該親族が居住している家屋を相続開始前のいずれの時においても所有していたことがないこと。

(3)　相続開始時から申告期限まで引き続き当該宅地等を有していること。

ハ　当該親族が当該被相続人と生計を一にしていた者であつて、相続開始時から申告期限まで引き続き当該宅地等を有し、かつ、相続開始前から申告期限まで引き続き当該宅地等を自己の居住の用に供していること。

三　特定同族会社事業用宅地等　相続開始の直前に被相続人及び当該被相続人の親族その他当該被相続人と政令で定める特別の関係がある者が有する株式の総数又は出資の総額が当該株式又は出資に係る法人の発行済株式の総数又は出資の総額の10分の５を超える法人の事業の用に供されていた宅地等で、当該宅地等を相続又は遺贈により取得した当該被相続人の親族（財務省令で定める者に限る。）が相続開始時から申告期限まで引き続き有し、かつ、申告期限まで引き続き当該法人の事業の用に供されているもの（政令で定める部分に限る。）をいう。

四　貸付事業用宅地等　被相続人等の事業（不動産貸付業その他政令で定めるものに限る。以下この号において「貸付事業」という。）の用に供されていた宅地等で、次に掲げる要件のいずれかを満たす当該被相続人の親族が相続又は遺贈により取得したもの（特定同族会社事業用宅地等及び相続開始前３年以内に新たに貸

付事業の用に供された宅地等（相続開始の日まで3年を超えて引き続き政令で定める貸付事業を行つていた被相続人等の当該貸付事業の用に供されたものを除く。）を除き、政令で定める部分に限る。）をいう。

　イ　当該親族が、相続開始時から申告期限までの間に当該宅地等に係る被相続人の貸付事業を引き継ぎ、申告期限まで引き続き当該宅地等を有し、かつ、当該貸付事業の用に供していること。

　ロ　当該被相続人の親族が当該被相続人と生計を一にしていた者であつて、相続開始時から申告期限まで引き続き当該宅地等を有し、かつ、相続開始前から申告期限まで引き続き当該宅地等を自己の貸付事業の用に供していること。

4　第1項の規定は、同項の相続又は遺贈に係る相続税法第27条の規定による申告書の提出期限（以下この項において「申告期限」という。）までに共同相続人又は包括受遺者によつて分割されていない特例対象宅地等については、適用しない。ただし、その分割されていない特例対象宅地等が申告期限から3年以内（当該期間が経過するまでの間に当該特例対象宅地等が分割されなかつたことにつき、当該相続又は遺贈に関し訴えの提起がされたことその他の政令で定めるやむを得ない事情がある場合において、政令で定めるところにより納税地の所轄税務署長の承認を受けたときは、当該特例対象宅地等の分割ができることとなつた日として政令で定める日の翌日から4月以内）に分割された場合（当該相続又は遺贈により財産を取得した者が次条第1項の規定の適用を受けている場合を除く。）には、その分割された当該特例対象宅地等については、この限りでない。

5　相続税法第32条第1項の規定は、前項ただし書の場合その他既に分割された当該特例対象宅地等について第1項の規定の適用を受けていなかつた場合として政令で定める場合について準用する。この場合において、必要な技術的読替えは、政令で定める。

6　第1項の規定は、第70条の6の8第1項の規定の適用を受けた同条第2項第2号に規定する特例事業受贈者に係る同条第1項に規定する贈与者から相続又は遺贈により取得（第70条の6の9第1項（同条第2項の規定により読み替えて適用する場合を含む。）の規定により相続又は遺贈により取得をしたものとみなされる場合における当該取得を含む。）をした特定事業用宅地等及び第70条の6の10第1項の規定の適用を受ける同条第2項第2号に規定する特例事業相続人等に係る同条第1項に規定する被相続人から相続又は遺贈により取得をした特定事業用宅地等については、適用しない。

7　第1項の規定は、同項の規定の適用を受けようとする者の当該相続又は遺贈に係る相続税法第27条又は第29条の規定による申告書（これらの申告書に係る期限後申告書及びこれらの申告書に係る修正申告書を含む。次項において「相続税の申告書」という。）に第1項の規定の適用を受けようとする旨を記載し、同項の規定による計算に関する明細書その他の財務省令で定める書類の添付がある場合に限り、適用する。

8　税務署長は、相続税の申告書の提出がなかつた場合又は前項の記載若しくは添付がない相続税の申告書の提出があつた場合においても、その提出又は記載若しくは添付がなかつたことについてやむを得ない事情があると認めるときは、当該記載をした書類及び同項の財務省令で定める書類の提出があつた場合に限り、第1項の規定を適用することができる。

9　第1項に規定する小規模宅地等について、同項の規定の適用を受ける場合における相続税法第48条の2第6項において準用する同法第41条第2項の規定の適用については、同項中「財産を除く」とあるのは、「財産及び租税特別措置法（昭和32年法律第26号）第69条の4第1項（小規模宅地等についての相続税の課税価格の計算の特例）の規定の適用を受けた同項に規定する小規模宅地等を除く」とする。

10　第4項から前項までに定めるもののほか、第1項の規定の適用に関し必要な事項は、政令で定める。

○租税特別措置法施行令（抄）<small>（昭和32年3月31日政令43号）
（最終改正令和6年3月30日政令第151号）</small>

（小規模宅地等についての相続税の課税価格の計算の特例）

第40条の2　法第69条の4第1項に規定する事業に準ずるものとして政令で定めるものは、事業と称するに至らない不動産の貸付けその他これに類する行為で相当の対価を得て継続的に行うもの（第7項及び第19項において「準事業」という。）とする。

2　法第69条の4第1項に規定する居住の用に供することができない事由として政令で定める事由は、次に掲げる事由とする。

　一　介護保険法第19条第1項に規定する要介護認定又は同条第2項に規定する要支援認定を受けていた被相続人その他これに類する被相続人として財務省令で定めるものが次に掲げる住居又は施設に入居又は入所をしていたこと。

　　イ　老人福祉法第5条の2第6項に規定する認知症対応型老人共同生活援助事業が行われる住居、同法第20条の4に規定する養護老人ホーム、同法第20条の5に規定する特別養護老人ホーム、同法第20条の6に規定する軽費老人ホーム又は同法第29条第1項に規定する有料老人ホーム

　　ロ　介護保険法第8条第28項に規定する介護老人保健施設又は同条第29項に規定する介護医療院

　　ハ　高齢者の居住の安定確保に関する法律第5条第1項に規定するサービス付き高齢者向け住宅（イに規定する有料老人ホームを除く。）

　二　障害者の日常生活及び社会生活を総合的に支援するための法律第21条第1項に規定する障害支援区分の認定を受けていた被相続人が同法第5条第11項に規定する障害者支援施設（同条第10項に規定する施設入所支援が行われるものに限る。）又は同条第17項に規定する共同生活援助を行う住居に入所又は入居をしていたこと。

3　法第69条の4第1項に規定する政令で定める用途は、同項に規定する事業の用又は同項に規定する被相続人等（被相続人と前項各号の入居又は入所の直前において生計を一にし、かつ、同条第1項の建物に引き続き居住している当該被相続人の親族を含む。）以外の者の居住の用とする。

4　法第69条の4第1項に規定する被相続人等の事業の用又は居住の用に供されていた宅地等のうち政令で定めるものは、相続の開始の直前において、当該被相続人等の同項に規定する事業の用又は居住の用（同項に規定する居住の用をいう。以下この条において同じ。）に供されていた宅地等（土地又は土地の上に存する権利をいう。以下この条において同じ。）のうち所得税法第2条第1項第16号に規定する棚卸資産（これに準ずるものとして財務省令で定めるものを含む。）に該当しない宅地等とし、これらの宅地等のうちに当該被相続人等の法第69条の4第1項に規定する事業の用及び居住の用以外の用に供されていた部分があるときは、当該被相続人等の同項に規定する事業の用又は居住の用に供されていた部分（当該居住の用に供されていた部分が被相続人の居住の用に供されていた一棟の建物（建物の区分所有等に関する法律第1条の規定に該当する建物を除く。）に係るものである場合には、当該一棟の建物の敷地の用に供されていた宅地等のうち当該被相続人の親族の居住の用に供されていた部分を含む。）に限るものとする。

5　法第69条の4第1項に規定する個人が相続又は遺贈（贈与をした者の死亡により効力を生ずる贈与を含む。以下この条及び次条において同じ。）により取得した同項に規定する特例対象宅地等（以下この項、次項及び第24項において「特例対象宅地等」という。）のうち、法第69条の4第1項の規定の適用を受けるものの選択は、次に掲げる書類の全てを同条第7項に規定する相続税の申告書に添付してするものとする。ただし、当該

相続若しくは遺贈又は贈与（当該相続に係る被相続人からの贈与（贈与をした者の死亡により効力を生ずる贈与を除く。）であつて当該贈与により取得した財産につき相続税法第21条の９第３項の規定の適用を受けるものに係る贈与に限る。第24項及び次条（第９項を除く。）において同じ。）により特例対象宅地等、法第69条の５第２項第４号に規定する特定計画山林のうち同号イに掲げるもの（以下この項及び第24項において「特例対象山林」という。）及び当該特定計画山林のうち同号ロに掲げるもの（以下この項において「特例対象受贈山林」という。）並びに法第70条の６の10第２項第１号に規定する特定事業用資産のうち同号イに掲げるもの（以下この項において「猶予対象宅地等」という。）及び法第70条の６の９第１項（同条第２項の規定により読み替えて適用する場合を含む。）の規定により相続又は遺贈により取得したものとみなされた法第70条の６の８第１項に規定する特例受贈事業用資産（以下この項において「特例受贈事業用資産」という。）のうち同条第２項第１号イに掲げるもの（同条第１項の規定の適用に係る贈与により取得をした同号イに規定する宅地等（以下この項において「受贈宅地等」という。）の譲渡につき同条第５項の承認があつた場合における同項第３号の規定により同条第１項の規定の適用を受ける特例受贈事業用資産とみなされた資産及び受贈宅地等又は当該特例受贈事業用資産とみなされた資産の現物出資による移転につき同条第６項の承認があつた場合における同項の規定により特例受贈事業用資産とみなされた株式又は持分を含む。以下この項において「猶予対象受贈宅地等」という。）の全てを取得した個人が一人である場合には、第１号及び第２号に掲げる書類とする。

一　当該特例対象宅地等を取得した個人がそれぞれ法第69条の４第１項の規定の適用を受けるものとして選択をしようとする当該特例対象宅地等又はその一部について同項各号に掲げる小規模宅地等の区分その他の明細を記載した書類

二　当該特例対象宅地等を取得した全ての個人に係る前号の選択をしようとする当該特例対象宅地等又はその一部の全てが法第69条の４第２項に規定する限度面積要件を満たすものである旨を記載した書類

三　当該特例対象宅地等、当該特例対象山林若しくは当該特例対象受贈山林又は当該猶予対象宅地等若しくは当該猶予対象受贈宅地等を取得した全ての個人の第１号の選択についての同意を証する書類

6　法第69条の４第１項の規定の適用を受けるものとしてその全部又は一部の選択をしようとする特例対象宅地等が配偶者居住権の目的となつている建物の敷地の用に供される宅地等又は当該宅地等を配偶者居住権に基づき使用する権利の全部又は一部である場合には、当該特例対象宅地等の面積は、当該面積に、それぞれ当該敷地の用に供される宅地等の価額又は当該権利の価額がこれらの価額の合計額のうちに占める割合を乗じて得た面積であるものとみなして、同項の規定を適用する。

7　法第69条の４第３項第１号及び第４号に規定する政令で定める事業は、駐車場業、自転車駐車場業及び準事業とする。

8　法第69条の４第３項第１号に規定する政令で定める規模以上の事業は、同号に規定する新たに事業の用に供された宅地等の相続の開始の時における価額に対する当該事業の用に供されていた次に掲げる資産（当該資産のうちに当該事業の用以外の用に供されていた部分がある場合には、当該事業の用に供されていた部分に限る。）のうち同条第１項に規定する被相続人等が有していたものの当該相続の開始の時における価額の合計額の割合が100分の15以上である場合における当該事業とする。

一　当該宅地等の上に存する建物（その附属設備を含む。）又は構築物

二　所得税法第２条第１項第19号に規定する減価償却資産で当該宅地等の上で行われる当該事業に係る業務の用に供されていたもの（前号に掲げるものを除く。）

9　被相続人が相続開始前３年以内に開始した相続又はその相続に係る遺贈により法第69条の４第３項第１号に規定する事業の用に供されていた宅地等を取得し、かつ、その取得の日以後当該宅地等を引き続き同号に規定

する事業の用に供していた場合における当該宅地等は、同号の新たに事業の用に供された宅地等に該当しない
ものとする。

10　法第69条の４第３項第１号に規定する政令で定める部分は、同号に規定する被相続人等の事業の用に供され
ていた宅地等のうち同号に定める要件に該当する部分（同号イ又はロに掲げる要件に該当する同号に規定する
被相続人の親族が相続又は遺贈により取得した持分の割合に応ずる部分に限る。）とする。

11　法第69条の４第３項第２号に規定する政令で定める宅地等は、次の各号に掲げる場合の区分に応じ当該各号
に定める宅地等とする。

　一　被相続人の居住の用に供されていた宅地等が二以上ある場合（第３号に掲げる場合を除く。）　当該被相続
　　人が主としてその居住の用に供していた一の宅地等

　二　被相続人と生計を一にしていた当該被相続人の親族の居住の用に供されていた宅地等が二以上ある場合
　　（次号に掲げる場合を除く。）　当該親族が主としてその居住の用に供していた一の宅地等（当該親族が二人
　　以上ある場合には、当該親族ごとにそれぞれ主としてその居住の用に供していた一の宅地等。同号において
　　同じ。）

　三　被相続人及び当該被相続人と生計を一にしていた当該被相続人の親族の居住の用に供されていた宅地等が
　　二以上ある場合　次に掲げる場合の区分に応じそれぞれ次に定める宅地等

　　イ　当該被相続人が主としてその居住の用に供していた一の宅地等と当該親族が主としてその居住の用に供
　　　していた一の宅地等とが同一である場合　当該一の宅地等

　　ロ　イに掲げる場合以外の場合　当該被相続人が主としてその居住の用に供していた一の宅地等及び当該親
　　　族が主としてその居住の用に供していた一の宅地等

12　法第69条の４第３項第２号に規定する政令で定める部分は、同号に規定する被相続人等の居住の用に供され
ていた宅地等のうち、同号の被相続人の配偶者が相続若しくは遺贈により取得した持分の割合に応ずる部分又
は同号に定める要件に該当する部分（同号イからハまでに掲げる要件に該当する同号に規定する被相続人の親
族が相続又は遺贈により取得した持分の割合に応ずる部分に限る。）とする。

13　法第69条の４第３項第２号イに規定する政令で定める部分は、次の各号に掲げる場合の区分に応じ当該各号
に定める部分とする。

　一　被相続人の居住の用に供されていた一棟の建物が建物の区分所有等に関する法律第１条の規定に該当する
　　建物である場合　当該被相続人の居住の用に供されていた部分

　二　前号に掲げる場合以外の場合　被相続人又は当該被相続人の親族の居住の用に供されていた部分

14　法第69条の４第３項第２号ロに規定する政令で定める者は、当該被相続人の民法第５編第２章の規定による
相続人（相続の放棄があつた場合には、その放棄がなかつたものとした場合における相続人）とする。

15　法第69条の４第３項第２号ロ(1)に規定する政令で定める法人は、次に掲げる法人とする。

　一　法第69条の４第３項第２号ロに規定する親族及び次に掲げる者（以下この項において「親族等」という。）
　　が法人の発行済株式又は出資（当該法人が有する自己の株式又は出資を除く。）の総数又は総額（以下この
　　項及び次項第５号において「発行済株式総数等」という。）の10分の５を超える数又は金額の株式又は出資
　　を有する場合における当該法人

　　イ　当該親族の配偶者

　　ロ　当該親族の３親等内の親族

　　ハ　当該親族と婚姻の届出をしていないが事実上婚姻関係と同様の事情にある者

　　ニ　当該親族の使用人

　　ホ　イからニまでに掲げる者以外の者で当該親族から受けた金銭その他の資産によつて生計を維持しているもの

　　ヘ　ハからホまでに掲げる者と生計を一にするこれらの者の配偶者又は３親等内の親族

　二　親族等及びこれと前号の関係がある法人が他の法人の発行済株式総数等の10分の５を超える数又は金額の株式又は出資を有する場合における当該他の法人

　三　親族等及びこれと前二号の関係がある法人が他の法人の発行済株式総数等の10分の５を超える数又は金額の株式又は出資を有する場合における当該他の法人

　四　親族等が理事、監事、評議員その他これらの者に準ずるものとなつている持分の定めのない法人

16　法第69条の４第３項第３号に規定する政令で定める特別の関係がある者は、次に掲げる者とする。

　一　被相続人と婚姻の届出をしていないが事実上婚姻関係と同様の事情にある者

　二　被相続人の使用人

　三　被相続人の親族及び前二号に掲げる者以外の者で被相続人から受けた金銭その他の資産によつて生計を維持しているもの

　四　前三号に掲げる者と生計を一にするこれらの者の親族

　五　次に掲げる法人

　　イ　被相続人（当該被相続人の親族及び当該被相続人に係る前各号に掲げる者を含む。以下この号において同じ。）が法人の発行済株式総数等の10分の５を超える数又は金額の株式又は出資を有する場合における当該法人

　　ロ　被相続人及びこれとイの関係がある法人が他の法人の発行済株式総数等の10分の５を超える数又は金額の株式又は出資を有する場合における当該他の法人

　　ハ　被相続人及びこれとイ又はロの関係がある法人が他の法人の発行済株式総数等の10分の５を超える数又は金額の株式又は出資を有する場合における当該他の法人

17　法第69条の４第３項第３号の規定の適用に当たつては、同号の株式若しくは出資又は発行済株式には、議決権に制限のある株式又は出資として財務省令で定めるものは含まないものとする。

18　法第69条の４第３項第３号に規定する政令で定める部分は、同号に規定する法人（同項第１号イに規定する申告期限において清算中の法人を除く。）の事業の用に供されていた宅地等のうち同項第３号に定める要件に該当する部分（同号に定める要件に該当する同号に規定する被相続人の親族が相続又は遺贈により取得した持分の割合に応ずる部分に限る。）とする。

19　法第69条の４第３項第４号に規定する政令で定める貸付事業は、同号に規定する貸付事業（次項において「貸付事業」という。）のうち準事業以外のもの（第21項において「特定貸付事業」という。）とする。

20　第９項の規定は、被相続人の貸付事業の用に供されていた宅地等について準用する。この場合において、同項中「第69条の４第３項第１号」とあるのは、「第69条の４第３項第４号」と読み替えるものとする。

21　特定貸付事業を行つていた被相続人（以下この項において「第一次相続人」という。）が、当該第一次相続人の死亡に係る相続開始前３年以内に相続又は遺贈（以下この項において「第一次相続」という。）により当該第一次相続に係る被相続人の特定貸付事業の用に供されていた宅地等を取得していた場合には、当該第一次相続人の特定貸付事業の用に供されていた宅地等に係る法第69条の４第３項第４号の規定の適用については、当該第一次相続に係る被相続人が当該第一次相続があつた日まで引き続き特定貸付事業を行つていた期間は、当該第一次相続人が特定貸付事業を行つていた期間に該当するものとみなす。

22　第10項の規定は、法第69条の４第３項第４号に規定する政令で定める部分について準用する。

23　相続税法施行令（昭和25年政令第71号）第４条の２第１項の規定は、法第69条の４第４項ただし書に規定する政令で定めるやむを得ない事情がある場合及び同項ただし書に規定する分割ができることとなつた日として政令で定める日について準用し、相続税法施行令第４条の２第２項から第４項までの規定は、法第69条の４第４項ただし書に規定する政令で定めるところによる納税地の所轄税務署長の承認について準用する。この場合において、相続税法施行令第４条の２第１項第１号中「法第19条の２第２項」とあるのは、「租税特別措置法（昭和32年法律第26号）第69条の４第４項（小規模宅地等についての相続税の課税価格の計算の特例）」と読み替えるものとする。

24　法第69条の４第５項に規定する政令で定める場合は、既に分割された特例対象宅地等について、同条第１項の相続又は遺贈に係る同条第４項に規定する申告期限までに特例対象山林の全部又は一部が分割されなかつたことにより同条第１項の選択がされず同項の規定の適用を受けなかつた場合において、当該申告期限から３年以内（当該期間が経過するまでに当該特例対象山林が分割されなかつたことにつき、やむを得ない事情がある場合において、納税地の所轄税務署長の承認を受けたときは、当該特例対象山林の分割ができることとなつた日の翌日から４月以内）に当該特例対象山林の全部又は一部が分割されたことにより当該選択ができることとなつたとき（当該相続若しくは遺贈又は贈与により財産を取得した個人が同項又は法第69条の５第１項の規定の適用を受けている場合を除く。）とする。

25　相続税法施行令第４条の２第１項の規定は、前項のやむを得ない事情がある場合及び同項の分割ができることとなつた日について準用し、同条第２項から第４項までの規定は、前項の納税地の所轄税務署長の承認について準用する。この場合において、同条第１項第１号中「法第19条の２第２項」とあるのは、「租税特別措置法施行令（昭和32年政令第43号）第40条の２第24項（小規模宅地等についての相続税の課税価格の計算の特例）」と読み替えるものとする。

26　法第69条の４第５項において相続税法第32条第１項の規定を準用する場合には、同項第８号中「第19条の２第２項ただし書」とあるのは「租税特別措置法（昭和32年法律第26号）第69条の４第４項ただし書（小規模宅地等についての相続税の課税価格の計算の特例）又は租税特別措置法施行令（昭和32年政令第43号）第40条の２第24項（小規模宅地等についての相続税の課税価格の計算の特例）」と、「同項の分割」とあるのは「これらの規定に規定する分割」と、「同条第１項」とあるのは「同法第69条の４第１項」と読み替えるものとする。

27　法第69条の４の規定の適用については、相続税法第９条の２第６項の規定を準用する。この場合において、相続税法施行令第１条の10第４項の規定の適用については、同項中「第26条の規定の」とあるのは「第26条並びに租税特別措置法第69条の４（小規模宅地等についての相続税の課税価格の計算の特例）の規定の」と、同項第３号中「第26条」とあるのは「第26条並びに租税特別措置法第69条の４」と読み替えるものとする。

○租税特別措置法施行規則（抄）（昭和32年 3 月31日大蔵省令第15号）（最終改正令和6年3月30日財務省令第24号）

（小規模宅地等についての相続税の課税価格の計算の特例）

第23条の2　法第69条の4第1項に規定する財務省令で定める建物又は構築物は、次に掲げる建物又は構築物以外の建物又は構築物とする。

一　温室その他の建物で、その敷地が耕作（農地法第43条第1項の規定により耕作に該当するものとみなされる農作物の栽培を含む。次号において同じ。）の用に供されるもの

二　暗渠きよその他の構築物で、その敷地が耕作の用又は耕作若しくは養畜のための採草若しくは家畜の放牧の用に供されるもの

2　施行令第40条の2第2項に規定する財務省令で定める被相続人は、相続の開始の直前において、介護保険法施行規則第140条の62の4第2号に該当していた者とする。

3　施行令第40条の2第4項に規定する財務省令で定める棚卸資産に準ずるものは、所得税法第35条第1項に規定する雑所得の基因となる土地又は土地の上に存する権利とする。

4　法第69条の4第3項第2号ロに規定する財務省令で定める者は、相続税法（昭和25年法律第73号）第1条の3第1項第1号若しくは第2号の規定に該当する者又は同項第4号の規定に該当する者のうち日本国籍を有する者とする。

5　法第69条の4第3項第3号に規定する財務省令で定める者は、同号に規定する申告期限において同号に規定する法人の法人税法第2条第15号に規定する役員（清算人を除く。）である者とする。

6　施行令第40条の2第17項に規定する議決権に制限のある株式として財務省令で定めるものは、相続の開始の時において、会社法第108条第1項第3号に掲げる事項の全部について制限のある株式、同法第105条第1項第3号に掲げる議決権の全部について制限のある株主が有する株式、同法第308条第1項又は第2項の規定により議決権を有しないものとされる者が有する株式その他議決権のない株式とする。

7　前項の規定は、施行令第40条の2第17項に規定する議決権に制限のある出資として財務省令で定めるものについて準用する。

8　法第69条の4第7項に規定する財務省令で定める書類は、次の各号に掲げる場合の区分に応じ当該各号に定める書類とする。

一　法第69条の4第1項第1号に規定する特定事業用宅地等である小規模宅地等について同項の規定の適用を受けようとする場合　次に掲げる書類

イ　法第69条の4第1項に規定する小規模宅地等に係る同項の規定による相続税法第11条の2に規定する相続税の課税価格に算入すべき価額の計算に関する明細書

ロ　施行令第40条の2第5項各号に掲げる書類（同項ただし書の場合に該当するときは、同項第1号及び第2号に掲げる書類）

ハ　遺言書の写し、財産の分割の協議に関する書類（当該書類に当該相続に係る全ての共同相続人及び包括受遺者が自署し、自己の印を押しているものに限る。）の写し（当該自己の印に係る印鑑証明書が添付されているものに限る。）その他の財産の取得の状況を証する書類

ニ　当該小規模宅地等が相続開始前3年以内に新たに被相続人等（法第69条の4第1項に規定する被相続人等をいう。第5号ロにおいて同じ。）の事業（同条第3項第1号に規定する事業をいう。）の用に供されたものである場合には、当該事業の用に供されていた施行令第40条の2第8項各号に掲げる資産の当該相続

開始の時における種類、数量、価額及びその所在場所その他の明細を記載した書類で当該事業が同項に規定する規模以上のものであることを明らかにするもの

二　法第69条の４第１項第１号に規定する特定居住用宅地等である小規模宅地等（以下この号及び次号において「特定居住用宅地等である小規模宅地等」という。）について同項の規定の適用を受けようとする場合（次号に掲げる場合を除く。）　次に掲げる書類（当該被相続人の配偶者が同項の規定の適用を受けようとするときはイに掲げる書類とし、同条第３項第２号イ又はハに掲げる要件を満たす同号に規定する被相続人の親族（以下この号及び次号において「親族」という。）が同条第１項の規定の適用を受けようとするときはイ及びロに掲げる書類とし、同条第３項第２号ロに掲げる要件を満たす親族が同条第１項の規定の適用を受けようとするときはイ及びハからホまでに掲げる書類とする。）

イ　前号イからハまでに掲げる書類

ロ　当該親族が個人番号（行政手続における特定の個人を識別するための番号の利用等に関する法律第２条第５項に規定する個人番号をいう。以下この章において同じ。）を有しない場合にあつては、当該親族が当該特定居住用宅地等である小規模宅地等を自己の居住の用に供していることを明らかにする書類

ハ　法第69条の４第３項第２号ロに規定する親族が個人番号を有しない場合にあつては、相続の開始の日の３年前の日から当該相続の開始の日までの間における当該親族の住所又は居所を明らかにする書類

ニ　相続の開始の日の３年前の日から当該相続の開始の直前までの間にハの親族が居住の用に供していた家屋が法第69条の４第３項第２号ロ(1)に規定する家屋以外の家屋である旨を証する書類

ホ　相続の開始の時においてハの親族が居住している家屋を当該親族が相続開始前のいずれの時においても所有していたことがないことを証する書類

三　特定居住用宅地等である小規模宅地等（施行令第40条の２第２項各号に掲げる事由により相続の開始の直前において当該相続に係る被相続人の居住の用に供されていなかつた場合における当該事由により居住の用に供されなくなる直前の当該被相続人の居住の用に供されていた宅地等（土地又は土地の上に存する権利をいう。）に限る。）について法第69条の４第１項の規定の適用を受けようとする場合　次に掲げる書類

イ　前号イからホまでに掲げる書類（当該被相続人の配偶者が法第69条の４第１項の規定の適用を受けようとするときは前号イに掲げる書類とし、同条第３項第２号イ又はハに掲げる要件を満たす親族が同条第１項の規定の適用を受けようとするときは前号イ及びロに掲げる書類とし、同条第３項第２号ロに掲げる要件を満たす親族が同条第１項の規定の適用を受けようとするときは前号イ及びハからホまでに掲げる書類とする。）

ロ　当該相続の開始の日以後に作成された当該被相続人の戸籍の附票の写し

ハ　介護保険の被保険者証の写し又は障害者の日常生活及び社会生活を総合的に支援するための法律第22条第８項に規定する障害福祉サービス受給者証の写しその他の書類で、当該被相続人が当該相続の開始の直前において介護保険法（平成９年法律第123号）第19条第１項に規定する要介護認定若しくは同条第２項に規定する要支援認定を受けていたこと若しくは介護保険法施行規則第140条の62の４第２号に該当していたこと又は障害者の日常生活及び社会生活を総合的に支援するための法律第21条第１項に規定する障害支援区分の認定を受けていたことを明らかにするもの

ニ　当該被相続人が当該相続の開始の直前において入居又は入所していた施行令第40条の２第２項第１号イからハまでに掲げる住居若しくは施設又は同項第２号の施設若しくは住居の名称及び所在地並びにこれらの住居又は施設がこれらの規定のいずれの住居又は施設に該当するかを明らかにする書類

四　法第69条の４第１項第１号に規定する特定同族会社事業用宅地等である小規模宅地等について同項の規定

の適用を受けようとする場合　次に掲げる書類

　イ　第１号イからハまでに掲げる書類

　ロ　法第69条の４第３項第３号に規定する法人の定款（相続の開始の時に効力を有するものに限る。）の写し

　ハ　相続の開始の直前において、ロに規定する法人の発行済株式の総数又は出資の総額並びに法第69条の４第３項第３号の被相続人及び当該被相続人の親族その他当該被相続人と政令で定める特別の関係がある者が有する当該法人の株式の総数又は出資の総額を記した書類（当該法人が証明したものに限る。）

五　法第69条の４第１項第２号に規定する貸付事業用宅地等である小規模宅地等について同項の規定の適用を受けようとする場合　次に掲げる書類

　イ　第１号イからハまでに掲げる書類

　ロ　当該貸付事業用宅地等である小規模宅地等が相続開始前３年以内に新たに被相続人等の貸付事業（法第69条の４第３項第４号に規定する貸付事業をいう。）の用に供されたものである場合には、当該被相続人等（施行令第40条の２第21項に規定する第一次相続に係る被相続人を含む。）が当該相続開始の日まで３年を超えて同条第19項に規定する特定貸付事業を行つていたことを明らかにする書類

六　法第69条の４第４項に規定する申告期限（次号において「申告期限」という。）までに同条第１項に規定する特例対象宅地等（次号において「特例対象宅地等」という。）の全部又は一部が共同相続人又は包括受遺者によつて分割されていない当該特例対象宅地等について当該申告期限後に当該特例対象宅地等の全部又は一部が分割されることにより同項の規定の適用を受けようとする場合　その旨並びに分割されていない事情及び分割の見込みの詳細を明らかにした書類

七　申告期限までに施行令第40条の２第５項に規定する特例対象山林の全部又は一部が共同相続人又は包括受遺者によつて分割されなかつたことにより法第69条の４第１項の選択がされず同項の規定の適用を受けなかつた場合で当該申告期限後に当該特例対象山林の全部又は一部が分割されることにより当該申告期限において既に分割された特例対象宅地等について同項の規定の適用を受けようとするとき　その旨並びに分割されていない事情及び分割の見込みの詳細を明らかにした書類

9　施行令第40条の２第23項又は第25項の規定により相続税法施行令（昭和25年政令第71号）第４条の２の規定を準用する場合における相続税法施行規則（昭和25年大蔵省令第17号）第１条の６第１項及び第２項の規定の適用については、同条第１項第３号中「法第19条の２第３項」とあるのは「租税特別措置法（昭和32年法律第26号）第69条の４第７項（小規模宅地等についての相続税の課税価格の計算の特例）」と、同条第２項中「同項」とあるのは「租税特別措置法第69条の４第４項又は租税特別措置法施行令（昭和32年政令第43号）第40条の２第24項（小規模宅地等についての相続税の課税価格の計算の特例）」とする。

○租税特別措置法（相続税法の特例関係）の取扱いについて（抄）

（昭和50年11月4日　直資2－224・最終改正令和5年12月1日（課資2－21等））

〔措置法第69条の4《小規模宅地等についての相続税の課税価格の計算の特例》関係〕

（加算対象贈与財産及び相続時精算課税の適用を受ける財産）

69の4－1　措置法第69条の4第1項に規定する特例対象宅地等（以下69の5－11までにおいて「特例対象宅地等」という。）には、被相続人から贈与（贈与をした者の死亡により効力を生ずべき贈与（以下「死因贈与」という。）を除く。以下同じ。）により取得したものは含まれないため、相続税法（昭和25年法律第73号）第19条第1項《相続開始前7年以内に贈与があった場合の相続税額》に規定する加算対象贈与財産（以下70－1－5までにおいて「加算対象贈与財産」という。）及び相続時精算課税（同法第21条の9第3項《相続時精算課税の選択》の規定（措置法第70条の2の6第1項、第70条の2の7第1項（第70条の2の8において準用する場合を含む。）又は同法第70条の3第1項において準用する場合を含む。）をいう。以下70の7の2－3までにおいて同じ。）の適用を受ける財産については、措置法第69条の4第1項の規定の適用はないことに留意する。

（配偶者居住権等）

69の4－1の2　特例対象宅地等には、配偶者居住権は含まれないが、個人が相続又は遺贈（死因贈与を含む。以下同じ。）により取得した、配偶者居住権に基づく敷地利用権（配偶者居住権の目的となっている建物等（措置法規則第23条の2第1項（（小規模宅地等についての相続税の課税価格の計算の特例））に規定する建物又は構築物をいう。以下69の4－24の3までにおいて同じ。）の敷地の用に供される宅地等（土地又は土地の上に存する権利で、建物等の敷地の用に供されているものに限る。以下69の4－24の8までにおいて同じ。）を当該配偶者居住権に基づき使用する権利をいう。以下69の4－24の2までにおいて同じ。）及び配偶者居住権の目的となっている建物等の敷地の用に供される宅地等が含まれることに留意する。

　なお、措置法第69条の4第1項の規定の適用を受けるものとしてその全部又は一部の選択をしようとする特例対象宅地等が配偶者居住権に基づく敷地利用権又は当該敷地の用に供される宅地等の全部又は一部である場合の当該特例対象宅地等の面積は、措置法令第40条の2第6項の規定により、それぞれ次の算式により計算された面積であるものとみなして措置法第69条の4第1項の規定が適用されることに留意する。したがって、同条第2項の限度面積要件については、当該算式に基づき計算された面積により判定を行うことに留意する。

　この場合において、配偶者居住権の設定に係る相続又は遺贈により、当該相続に係る被相続人の配偶者が配偶者居住権及び当該敷地の用に供される宅地等（当該被相続人の所有していた宅地等が当該相続又は遺贈により数人の共有に属することとなった場合のその共有持分を除く。）のいずれも取得したときの当該敷地の用に供される宅地等については、措置法令第40条の2第6項の規定の適用はないことに留意する。

（算式）

1　配偶者居住権に基づく敷地利用権の面積

$$特例対象宅地等の面積 \times \frac{当該敷地利用権の価額}{当該敷地利用権の価額及び当該敷地の用に供される宅地等の価額の合計額}$$

2　当該敷地の用に供される宅地等の面積

$$特例対象宅地等の面積 \times \frac{当該敷地の用に供される宅地等の価額}{当該敷地利用権の価額及び当該敷地の用に供される宅地等の価額の合計額}$$

（信託に関する権利）

69の4−2　特例対象宅地等には、個人が相続又は遺贈により取得した信託に関する権利（相続税法第9条の2第6項ただし書に規定する信託に関する権利及び同法第9条の4第1項又は第2項の信託の受託者が、これらの規定により遺贈により取得したものとみなされる信託に関する権利を除く。）で、当該信託の目的となっている信託財産に属する宅地等が、当該相続の開始の直前において当該相続又は遺贈に係る被相続人又は被相続人と生計を一にしていたその被相続人の親族（以下69の4−24の8までにおいて「被相続人等」という。）の措置法第69条の4第1項に規定する事業の用又は居住の用に供されていた宅地等であるものが含まれることに留意する。

（公共事業の施行により従前地及び仮換地について使用収益が禁止されている場合）

69の4−3　特例対象宅地等には、個人が被相続人から相続又は遺贈により取得した被相続人等の居住用等（事業（措置法令第40条の2第1項に規定する事業を含む。以下69の4−5までにおいて同じ。）の用又は居住の用をいう。以下69の4−3において同じ。）に供されていた宅地等（以下69の4−3において「従前地」という。）で、公共事業の施行による土地区画整理法（昭和29年法第119号）第3章第3節《仮換地の指定》に規定する仮換地の指定に伴い、当該相続の開始の直前において従前地及び仮換地の使用収益が共に禁止されている場合で、当該相続の開始の時から相続税の申告書の提出期限（以下69の4−36までにおいて「申告期限」という。）までの間に当該被相続人等が仮換地を居住用等に供する予定がなかったと認めるに足りる特段の事情がなかったものが含まれることに留意する。

（注）　被相続人等が仮換地を居住用等に供する予定がなかったと認めるに足りる特段の事情とは、例えば、次に掲げる事情がある場合をいうことに留意する。

　　(1)　従前地に付いて売買契約を締結していた場合

　　(2)　被相続人等の居住用等に供されていた宅地等に代わる宅地等を取得（売買契約中のものを含む。）していた場合

　　(3)　従前地又は仮換地について相続税法第6章《延納又は物納》に規定する物納の申請をし又は物納の許可を受けていた場合

（被相続人等の事業の用に供されていた宅地等の範囲）

69の4−4　措置法第69条の4第1項に規定する被相続人等の事業の用に供されていた宅地等（以下69の4−18までにおいて「事業用宅地等」という。）とは、次に掲げる宅地等（相続の開始の直前において配偶者居住権に基づき使用又は収益されていた建物等の敷地の用に供されていたものを除く（当該宅地等については69の4−4の2参照）。）をいうものとする。

　　(1)　他に貸し付けられていた宅地等（当該貸付けが事業に該当する場合に限る。）

　　(2)　(1)に掲げる宅地等を除き、被相続人等の事業の用に供されていた建物等で、被相続人等が所有していたもの又は被相続人の親族（被相続人と生計を一にしていたその被相続人の親族を除く。69の4−4の2において「その他親族」という。）が所有していたもの（被相続人等が当該建物等を当該親族から無償（相当の対価に至らない程度の対価の授受がある場合を含む。以下69の4−33までにおいて同じ。）で借り受けていた場合における当該建物等に限る。）の敷地の用に供されていたもの

（宅地等が配偶者居住権の目的となっている建物等の敷地である場合の被相続人等の事業の用に供されていた宅地等の範囲）

69の4−4の2　相続又は遺贈により取得した宅地等が、当該相続の開始の直前において配偶者居住権に基づき使用又は収益されていた建物等の敷地の用に供されていたものである場合には、当該宅地等のうち、次に掲げる宅地等が事業用宅地等に該当するものとする。

⑴　他に貸し付けられていた宅地等（当該貸付けが事業に該当する場合に限る。）

⑵　⑴に掲げる宅地等を除き、被相続人等の事業の用に供されていた建物等（被相続人等又はその他親族が所有していた建物等をいう。以下⑵において同じ。）で、被相続人等が配偶者居住権者（当該配偶者居住権を有する者をいう。以下69の4−23までにおいて同じ。）であるもの又はその他親族が配偶者居住権者であるもの（被相続人等が当該建物等を配偶者居住権者である当該その他親族から無償で借り受けていた場合における当該建物等に限る。）の敷地の用に供されていたもの

（事業用建物等の建築中等に相続が開始した場合）

69の4−5　被相続人等の事業の用に供されている建物等の移転又は建替えのため当該建物等を取り壊し、又は譲渡し、これらの建物等に代わるべき建物等（被相続人又は被相続人の親族の所有に係るものに限る。）の建築中に、又は当該建物等の取得後被相続人等が事業の用に供する前に被相続人について相続が開始した場合で、当該相続開始直前において当該被相続人等の当該建物等に係る事業の準備行為の状況からみて当該建物等を速やかにその事業の用に供することが確実であったと認められるときは、当該建物等の敷地の用に供されていた宅地等は、事業用宅地等に該当するものとして取り扱う。

なお、当該被相続人と生計を一にしていたその被相続人の親族又は当該建物等若しくは当該建物等の敷地の用に供されていた宅地等を相続若しくは遺贈により取得した当該被相続人の親族が、当該建物等を相続税の申告期限までに事業の用に供しているとき（申告期限において当該建物等を事業の用に供していない場合であっても、それが当該建物等の規模等からみて建築に相当の期間を要することによるものであるときは、当該建物等の完成後速やかに事業の用に供することが確実であると認められるときを含む。）は、当該相続開始直前において当該被相続人等が当該建物等を速やかにその事業の用に供することが確実であったものとして差し支えない。

（注）　当該建築中又は取得に係る建物等のうちに被相続人等の事業の用に供されると認められる部分以外の部分があるときは、事業用宅地等の部分は、当該建物等の敷地のうち被相続人等の事業の用に供されると認められる当該建物等の部分に対応する部分に限られる。

（使用人の寄宿舎等の敷地）

69の4−6　被相続人等の営む事業に従事する使用人の寄宿舎等（被相続人等の親族のみが使用していたものを除く。）の敷地の用に供されていた宅地等は、被相続人等の当該事業に係る事業用宅地等に当たるものとする。

（被相続人等の居住の用に供されていた宅地等の範囲）

69の4−7　措置法第69条の4第1項に規定する被相続人等の居住の用に供されていた宅地等（以下69の4−8までにおいて「居住用宅地等」という。）とは、次に掲げる宅地等（相続の開始の直前において配偶者居住権に基づき使用又は収益されていた建物等の敷地の用に供されていたものを除く（当該宅地等については69の4−7の2参照）。）をいうものとする。

(1)　相続の開始の直前において、被相続人等の居住の用に供されていた家屋で、被相続人が所有していたもの（被相続人と生計を一にしていたその被相続人の親族が居住の用に供していたものである場合には、当該親族が被相続人から無償で借り受けていたものに限る。）又は被相続人の親族が所有していたもの（当該家屋を所有していた被相続人の親族が当該家屋の敷地を被相続人から無償で借り受けており、かつ、被相続人等が当該家屋を当該親族から借り受けていた場合には、無償で借り受けていたときにおける当該家屋に限る。）の敷地の用に供されていた宅地等

(2)　措置法令第40条の2第2項に定める事由により被相続人の居住の用に供されなくなる直前まで、被相続人の居住の用に供されていた家屋で、被相続人が所有していたもの又は被相続人の親族が所有していたもの（当該家屋を所有していた被相続人の親族が当該家屋の敷地を被相続人から無償で借り受けており、かつ、被相続人が当該家屋を当該親族から借り受けていた場合には、無償で借り受けていたときにおける当該家屋に限る。）の敷地の用に供されていた宅地等（被相続人の居住の用に供されなくなった後、措置法第69条の4第1項に規定する事業の用又は新たに被相続人等以外の者の居住の用に供された宅地等を除く。）

(注)　上記(1)及び(2)の宅地等のうちに被相続人等の居住の用以外に供されていた部分があるときは、当該被相続人等の居住の用に供されていた部分に限られるのであるが、当該居住の用に供されていた部分が、被相続人の居住の用に供されていた1棟の建物（建物の区分所有等に関する法律（昭和37年法律第69号）第1条の規定に該当する建物を除く。）に係るものである場合には、当該1棟の建物の敷地の用に供されていた宅地等のうち当該被相続人の親族の居住の用に供されていた部分が含まれることに留意する（69の4－7の2(1)及び(2)に掲げる宅地等についても同じ。）。

（宅地等が配偶者居住権の目的となっている家屋の敷地である場合の被相続人等の居住の用に供されていた宅地等の範囲）

69の4－7の2　相続又は遺贈により取得した宅地等が、当該相続の開始の直前において配偶者居住権に基づき使用又は収益されていた家屋の敷地の用に供されていたものである場合には、当該宅地等のうち、次に掲げる宅地等が居住用宅地等に該当するものとする。

(1)　相続の開始の直前において、被相続人等の居住の用に供されていた家屋（被相続人又は被相続人の親族が配偶者居住権者である場合のその配偶者居住権の目的となっている家屋をいう。以下(1)において同じ。）で、被相続人が所有していたもの（当該被相続人等が当該家屋を当該配偶者居住権者から借り受けていた場合には、無償で借り受けていたときにおける当該家屋に限る。）又は被相続人の親族が所有していたもの（当該家屋を所有していた被相続人の親族が当該家屋の敷地を被相続人から無償で借り受けており、かつ、当該被相続人等が当該家屋を当該配偶者居住権者から借り受けていた場合には、無償で借り受けていたときにおける当該家屋に限る。）の敷地の用に供されていた宅地等

(2)　措置法令第40条の2第2項に定める事由により被相続人の居住の用に供されなくなる直前まで、被相続人の居住の用に供されていた家屋（被相続人又は被相続人の親族が配偶者居住権者である場合のその配偶者居住権の目的となっている家屋をいう。以下(2)において同じ。）で、被相続人が所有していたもの（当該被相続人が当該家屋を当該配偶者居住権者から借り受けていた場合には、無償で借り受けていたときにおける当該家屋に限る。）又は被相続人の親族が所有していたもの（当該家屋を所有していた被相続人の親族が当該家屋の敷地を被相続人から無償で借り受けており、かつ、当該被相続人が当該家屋を当該配偶者居住権者から借り受けていた場合には、無償で借り受けていたときにおける当該家屋に限る。）の敷地の用に供されていた宅地等（被相続人の居住の用に供されなくなった後、措置法第69条の4第1項に規定する事業の用又は

新たに被相続人等以外の者の居住の用に供された宅地等を除く。）

（要介護認定等の判定時期）

69の4－7の3　被相続人が、措置法令第40条の2第2項第1号に規定する要介護認定若しくは要支援認定又は同項第2号に規定する障害支援区分の認定を受けていたかどうかは、当該被相続人が、当該被相続人の相続の開始の直前において当該認定を受けていたかにより判定するのであるから留意する。

（建物の区分所有等に関する法律第1条の規定に当該する建物）

69の4－7の4　措置法令第40条の2第4項及び第13項に規定する「建物の区分所有等に関する法律第1条の規定に該当する建物」とは、区分所有建物である旨の登記がされている建物をいうことに留意する。

（注）　上記の区分所有建物とは、被災区分所有建物の再建等に関する特別措置法（平成7年法律第43号）第2条に規定する区分所有建物を言うことに留意する。

（居住用建物の建築中等に相続が開始した場合）

69の4－8　被相続人等の居住の用に供されると認められる建物（被相続人又は被相続人の親族の所有に係るものに限る。）の建築中に、又は当該建物の取得後被相続人等が居住の用に供する前に被相続人について相続が開始した場合には、当該建物の敷地の用に供されていた宅地等が居住用宅地等に当たるかどうか及び居住用宅地等の部分については、69の4－5《事業用建物等の建築中等に相続が開始した場合》に準じて取り扱う。

（注）　上記の取扱いは、相続の開始の直前において被相続人等が自己の居住の用に供している建物（被相続人等の居住の用に供されると認められる建物の建築中等に限り一時的に居住の用に供していたにすぎないと認められる建物を除く。）を所有していなかった場合に限り適用があるのであるから留意する。

（店舗兼住宅等の敷地の持分の贈与について贈与税の配偶者控除等の適用を受けたものの居住の用に供されていた部分の範囲）

69の4－9　措置法第69条の4第1項の規定の適用がある店舗兼住宅等の敷地の用に供されていた宅地等で相続の開始の年の前年以前に被相続人からのその持分の贈与につき相続税法第21条の6第1項《贈与税の配偶者控除》の規定による贈与税の配偶者控除の適用を受けたもの（昭和34年1月28日付直資10「相続税法基本通達の全部改正について」（以下「相続税法基本通達」という。）21の6－3《店舗兼住宅等の持分の贈与があった場合の居住用部分の判定》のただし書の取扱いを適用して贈与税の申告があったものに限る。）又は相続の開始の年に被相続人からのその持分の贈与につき相続税法第19条第2項第2号の規定により特定贈与財産に該当することとなったもの（相続税法基本通達19－10《店舗兼住宅等の持分の贈与を受けた場合の特定贈与財産の判定》の後段の取扱いを適用して相続税の申告があったものに限る。）であっても、措置法令第40条の2第4項《小規模宅地等についての相続税の課税価格の計算の特例》に規定する被相続人等の居住の用に供されていた部分の判定は、当該相続の開始の直前における現況によって行うのであるから留意する。

（選択特例対象宅地等のうちに貸付事業用宅地等がある場合の限度面積要件）

69の4－10　措置法第69条の4第2項第3号の要件に該当する場合を算式で示せば、次のとおりである。

$$A \times \frac{200}{400} + B \times \frac{200}{330} + C \leq 200㎡$$

（注）　算式中の符号は、次のとおりである。

　　　Ａは、当該相続又は遺贈により財産を取得した者に係るすべての措置法第69条の４第１項に規定する選択
　　特例対象宅地等（以下69の４−11において「選択特例対象宅地等」という。）である同条第２項第１号に規
　　定する特定事業用等宅地等の面積の合計

　　　Ｂは、当該相続又は遺贈により財産を取得した者に係るすべての選択特例対象宅地等である同条第３項第
　　２号に規定する特定居住用宅地等の面積の合計

　　　Ｃは、当該相続又は遺贈により財産を取得した者に係るすべての選択特例対象宅地等である同条第３項第
　　４号に規定する貸付事業用宅地等の面積の合計

（限度面積要件を満たさない場合）

69の４−11　選択特例対象宅地等が措置法第69条の４第２項に規定する限度面積要件を満たしていない場合は、
　　その選択特例対象宅地等のすべてについて同条第１項の適用がないことに留意する。

　　　なお、この場合、その後の国税通則法（昭和37年法律第66号）第18条第２項《期限後申告》に規定する期限
　　後申告書及び同法第19条第３項《修正申告》に規定する修正申告書において、その選択特例対象宅地等が限度
　　面積要件を満たすこととなったときは、その選択特例対象宅地等について措置法第69条の４第１項の適用があ
　　る（69の４−12の規定する場合を除く。）ことに留意する。

（小規模宅地等の特例と特定計画山林の特例を重複適用する場合に限度額要件を満たさないとき）

69の４−12　措置法第69条の４第１項に規定する小規模宅地等（以下69の５−13までにおいて「小規模宅地等」
　　という。）、措置法第69条の５第１項《特定計画山林についての相続税の課税価格の計算の特例》に規定する選
　　択特定計画山林（以下69の５−13までにおいて「選択特定計画山林」という。）又は措置法第70条の６の10第
　　１項《個人の事業用資産についての相続税の納税猶予及び免除》に規定する特例事業用資産のうち同条第２項
　　第１号イに掲げるもの（以下69の５−13までにおいて「猶予対象宅地等」という。）について、措置法第69条
　　の４第１項、第69条の５第１項又は第70条の６の10第１項の規定の適用を重複して受けようとする場合におい
　　て、その選択特定計画山林の価額が、措置法第69条の５第５項（措置法令第40条の２の２第９項の規定の適用
　　がある場合を含む。）に規定する限度額（69の５−12参照）を超えるとき又はその猶予対象宅地等の面積が同
　　号イに規定する限度面積（70の６の10−17参照）を超えるときは、その小規模宅地等の全てについて措置法第
　　69条の４第１項の規定の適用はないことに留意する。

　　　なお、この場合、その後の国税通則法第18条第２項に規定する期限後申告書及び同法第19条第３項に規定す
　　る修正申告書において、当該限度額又は当該面積を超えないこととなったときは、その小規模宅地等について
　　措置法第69条の４第１項の規定の適用があることに留意する。

　（注）１　上記の限度額を超える場合における当該選択特定計画山林及び上記の限度面積を超える場合における
　　　　　当該猶予対象宅地等は、その全てについて　措置法第69条の５第１項及び第70条の６の10第１項の規定
　　　　　の適用もないことに留意する（69の５−13及び70の６の10−18参照）。

　　　　２　上記の「猶予対象宅地等」には、措置法令第40条の２第５項に規定する猶予対象受贈宅地等を含むこ
　　　　　とに留意する。

（不動産貸付業等の範囲）

69の４−13　被相続人等の不動産貸付業、駐車場業又は自転車駐車場業については、その規模、設備の状況及び
　　営業形態等を問わず全て措置法第69条の４第３項第１号及び第４号に規定する不動産貸付業又は措置法令第40

条の２第７項に規定する駐車場業若しくは自転車駐車場業に当たるのであるから留意する。

（注）　措置法令第40条の２第１項に規定する準事業は、上記の不動産貸付業、駐車場業又は自転車駐車場業に当たらないことに留意する。

（下宿等）

69の４－14　下宿等のように部屋を使用させるとともに食事を供する事業は、措置法第69条の４第３項第１号及び第４号に規定する「不動産貸付業その他政令で定めるもの」に当たらないものとする。

（宅地等を取得した親族が申告期限までに死亡した場合）

69の４－15　被相続人の事業用宅地等を相続又は遺贈により取得した被相続人の親族が当該相続に係る相続税の申告期限までに死亡した場合には、当該親族から相続又は遺贈により当該宅地等を取得した当該親族の相続人が、措置法第69条の４第３項第１号イ又は第４号イの要件を満たせば、当該宅地等は同項第１号に規定する特定事業用宅地等又は同項第４号に規定する貸付事業用宅地等に当たるのであるから留意する。

（注）　当該相続人について措置法第69条の４第３項第１号イ又は第４号イの要件に該当するかどうかを判定する場合において、同項第１号又は第４号の申告期限は、相続税法第27条第２項《相続税の申告書》の規定による申告期限をいい、また、被相続人の事業（措置令第40条の２第１項に規定する事業を含む。以下69の４－15において同じ。）を引き継ぐとは、当該相続人が被相続人の事業を直接引き継ぐ場合も含まれるのであるから留意する。

（申告期限までに転業又は廃業があった場合）

69の４－16　措置法第69条の４第３項第１号ロの要件の判定については、同号イの申告期限までに、同号イに規定する親族が当該宅地等の上で営まれていた被相続人の事業の一部を他の事業（同号に規定する事業に限る。）に転業しているときであっても、当該親族は当該被相続人の事業を営んでいるものとして取り扱う。

なお、当該宅地等が被相続人の営む２以上の事業の用に供されていた場合において、当該宅地等を取得した同号イに規定する親族が同号イの申告期限までにそれらの事業の一部を廃止したときにおけるその廃止に係る事業以外の事業の用に供されていた当該宅地等の部分については、当該宅地等の部分を取得した当該親族について同号イの要件を満たす限り、同号に規定する特定事業用宅地等に当たるものとする。

（注）１　措置法第69条の４第３項第４号イの要件の判定については、上記に準じて取り扱う。

２　措置法第69条の４第３項第１号ロ、同項第３号及び同項第４号ロの要件の判定については、上記のなお書きに準じて取り扱う。

（災害のため事業が休止された場合）

69の４－17　措置法第69条の４第３項第１号イ又はロの要件の判定において、被相続人等の事業の用に供されていた施設が災害により損害を受けたため、同号イ又はロの申告期限において当該事業が休業中である場合には、同号に規定する親族（同号イの場合にあっては、その親族の相続人を含む。）により当該事業の再開のための準備が進められていると認められるときに限り、当該施設の敷地は、当該申告期限においても当該親族の当該事業の用に供されているものとして取り扱う。

（注）　措置法第69条の４第３項第２号イ及びハ、同項第３号並びに同項第４号イ及びロの要件の判定については、上記に準じて取り扱う。

（申告期限までに宅地等の一部の譲渡又は貸付けがあった場合）

69の4－18　措置法第69条の4第3項第1号イ又はロの要件の判定については、被相続人等の事業用宅地等の一部が同号イ又はロの申告期限までに譲渡され、又は他に貸し付けられ、同号の親族（同号イの場合にあっては、その親族の相続人を含む。）の同号イ又はロに規定する事業の用に供されなくなったときであっても、当該譲渡され、又は貸し付けられた宅地等の部分以外の宅地等の部分については、当該親族について同号イ又はロの要件を満たす限り、同号に規定する特定事業用宅地等に当たるものとして取り扱う。

（注）　措置法第69条の4第3項第3号の要件の判定については、上記に準じて取り扱う。

（申告期限までに事業用建物等を建て替えた場合）

69の4－19　措置法第69条の4第3項第1号イ又はロの要件の判定において、同号に規定する親族（同号イの場合にあっては、その親族の相続人を含む。）の事業の用に供されている建物等が同号イ又はロの申告期限までに建替え工事に着手された場合に、当該宅地等のうち当該親族により当該事業の用に供されると認められる部分については、当該申告期限においても当該親族の当該事業の用に供されているものとして取り扱う。

（注）　措置法第69条の4第3項第2号イ及びハ、同項第3号並びに同項第4号イ及びロの要件の判定については、上記に準じて取り扱う。

（宅地等を取得した親族が事業主となっていない場合）

69の4－20　措置法第69条の4第3項第1号イに規定する事業を営んでいるかどうかは、事業主として当該事業を行っているかどうかにより判定するのであるが、同号イに規定する親族が就学中であることその他当面事業主となれないことについてやむを得ない事情があるため、当該親族の親族が事業主となっている場合には、同号イに規定する親族が当該事業を営んでいるものとして取り扱う。

（注）　事業を営んでいるかどうかは、会社等に勤務するなど他に職を有し、又は当該事業の他に主たる事業を有している場合であっても、その事業の事業主となっている限りこれに当たるのであるから留意する。

（新たに事業の用に供されたか否かの判定）

69の4－20の2　措置法第69条の4第3項第1号の「新たに事業の用に供された宅地等」とは、事業（貸付事業（同項第4号に規定する貸付事業をいう。以下69の4－20の2において同じ。）を除く。以下69の4－20の5までにおいて同じ。）の用以外の用に供されていた宅地等が事業の用に供された場合の当該宅地等又は宅地等若しくはその上にある建物等につき「何らの利用がされていない場合」の宅地等が事業の用に供された場合の当該宅地等をいうことに留意する。

したがって、例えば、居住の用又は貸付事業の用に供されていた宅地等が事業の用に供された場合の当該事業の用に供された部分については、「新たに事業の用に供された宅地等」に該当するが、事業の用に供されていた宅地等が他の事業の用に供された場合の当該他の事業の用に供された部分については、これに該当しないことに留意する。

また、次に掲げる場合のように、事業に係る建物等が一時的に事業の用に供されていなかったと認められるときには、当該建物等に係る宅地等は、上記の「何らの利用がされていない場合」の宅地等に該当しないことに留意する。

(1)　継続的に事業の用に供されていた建物等につき建替えが行われた場合において、建物等の建替え後速やかに事業の用に供されていたとき（当該建替え後の建物等を事業の用以外の用に供していないときに限る。）

(2)　継続的に事業の用に供されていた建物等が災害により損害を受けたため、当該建物等に係る事業を休業した場合において、事業の再開のための当該建物等の修繕その他の準備が行われ、事業が再開されていたとき（休業中に当該建物等を事業の用以外の用に供していないときに限る。）

(注) 1　建替えのための建物等の建築中に相続が開始した場合には69の4-5の取扱いが、また、災害による損害のための休業中に相続が開始した場合には69の4-17の取扱いが、それぞれあることに留意する。

　　　 2　(1)又は(2)に該当する場合には、当該宅地等に係る「新たに事業の用に供された」時は、(1)の建替え前又は(2)の休業前の事業に係る事業の用に供された時となることに留意する。

　　　 3　(1)に該当する場合において、建替え後の建物等の敷地の用に供された宅地等のうちに、建替え前の建物等の敷地の用に供されていなかった宅地等が含まれるときは、当該供されていなかった宅地等については、新たに事業の用に供された宅地等に該当することに留意する。

（政令で定める規模以上の事業の意義等）

69の4-20の3　措置法令第40条の2第8項で定める規模以上の事業は、次に掲げる算式を満たす場合における当該事業（以下69の4-20の3において「特定事業」という。）であることに留意する。

　　なお、特定事業に該当するか否かの判定は、下記の特定宅地等ごとに行うことに留意する。

　　（算式）

$$\frac{\text{事業の用に供されていた減価償却資産（注1）のうち被相続人等が有していたもの（注2）の相続の開始の時における価額の合計額}}{\text{新たに事業の用に供された宅地等（以下69の4-20の3において「特定宅地等」という。）（注3）の相続の開始の時における価額}} \geqq \frac{15}{100}$$

(注) 1　「減価償却資産」とは、特定宅地等に係る被相続人等の事業の用に供されていた次に掲げる資産をいい、当該資産のうちに当該事業の用以外の用に供されていた部分がある場合には、当該事業の用に供されていた部分に限ることに留意する。

①　特定宅地等の上に存する建物（その附属設備を含む。）又は構築物

②　所得税法第2条第1項第19号《定義》に規定する減価償却資産で特定宅地等の上で行われる当該事業に係る業務の用に供されていたもの（①に掲げるものを除く。）

　　なお、当該事業が特定宅地等を含む一の宅地等の上で行われていた場合には、特定宅地等を含む一の宅地等の上に存する建物（その附属設備を含む。）又は構築物のうち当該事業の用に供されていた部分並びに上記②の減価償却資産のうち特定宅地等を含む一の宅地等の上で行われる当該事業に係る業務の用に供されていた部分（当該建物及び当該構築物を除く。）は、上記①又は②に掲げる資産にそれぞれ含まれることに留意する。

　　また、上記②に掲げる資産が、共通して当該業務及び当該業務以外の業務の用に供されていた場合であっても、当該資産の全部が上記②に掲げる資産に該当することに留意する。

　　おって、「事業の用に供されていた減価償却資産」に該当するか否かの判定は、特定宅地等を新たに事業の用に供した時ではなく、相続開始の直前における現況によって行うことに留意する。したがって、例えば、特定宅地等を新たに事業の用に供した後に被相続人等が取得した上記②に掲げる資産も上記算式の分子に含まれることに留意する。

　　　 2　「被相続人等が有していたもの」は、事業を行っていた被相続人又は事業を行っていた生計一親族（被相続人と生計を一にしていたその被相続人の親族をいう。）が、自己の事業の用に供し、所有していた減価償却資産であることに留意する。

3　「特定宅地等」は、相続開始の直前において被相続人が所有していた宅地等であり、当該宅地等が数人の共有に属していた場合には当該被相続人の有していた持分の割合に応ずる部分であることに留意する。

（相続開始前３年を超えて引き続き事業の用に供されていた宅地等の取扱い）

69の４－20の４　相続開始前３年を超えて引き続き被相続人等の事業の用に供されていた宅地等については、「措置法令第40条の２第８項に定める規模以上の事業を行っていた被相続人等の事業」以外の事業に係るものであっても、措置法第69条の４第３項第１号イ又はロに掲げる要件を満たす当該被相続人の親族が取得した場合には、同号に規定する特定事業用宅地等に該当することに留意する。

（注）　被相続人等の事業の用に供されていた宅地等が69の４－20の２に掲げる場合に該当する場合には、当該宅地等は引き続き事業の用に供されていた宅地等に該当することに留意する。

（平成31年改正法附則による特定事業用宅地等に係る経過措置について）

69の４－20の５　所得税法等の一部を改正する法律（平成31年法律第６号）附則第79条第２項の規定により、平成31年４月１日から令和４年３月31日までの間に相続又は遺贈により取得をした宅地等については、平成31年４月１日以後に新たに事業の用に供されたもの（措置法令第40条の２第８項に定める規模以上の事業を行っていた被相続人等の事業の用に供されたものを除く。）が、措置法第69条の４第３項第１号に規定する特定事業用宅地等の対象となる宅地等から除かれることに留意する。

（被相続人の居住用家屋に居住していた親族の範囲）

69の４－21　措置法第69条の４第３項第２号ロに規定する当該被相続人の居住の用に供されていた家屋に居住していた親族とは、当該被相続人に係る相続の開始の直前において当該家屋で被相続人と共に起居していたものをいうのであるから留意する。この場合において、当該被相続人の居住の用に供されていた家屋については、当該被相続人が１棟の建物でその構造上区分された数個の部分の各部分（以下69の４－21において「独立部分」という。）を独立して住居その他の用途に供することができるものの独立部分の一に居住していたときは、当該独立部分をいうものとする。

（「当該親族の配偶者」等の意義）

69の４－22　措置法第69条の４第３項第２号ロに規定する「当該親族の配偶者、当該親族の三親等内の親族又は当該親族と特別の関係がある法人」とは、相続の開始の直前において同号に規定する親族の配偶者、当該親族の三親等内の親族又は当該親族と特別の関係がある法人である者をいうものとする。

（平成30年改正法附則による特定居住用宅地等に係る経過措置について）

69の４－22の２　所得税法等の一部を改正する法律（平成30年法律第７号。以下69の４－22の２及び69の４－24の８において「平成30年改正法」という。）附則第118条第２項《相続税及び贈与税の特例に関する経過措置》に規定する経過措置対象宅地等（以下69の４－22の２において「経過措置対象宅地等」という。）については、次の経過措置が講じられていることに留意する。

（1）　個人が平成30年４月１日から令和２年３月31日までの間に相続又は遺贈により取得をした経過措置対象宅地等については、措置法第69条の４第３項第２号に規定する親族に係る要件は、同号イからハまでに掲げる

要件のいずれか又は平成30年改正法による改正前の措置法第69条の４第３項第２号ロに掲げる要件とする。

(2)　個人が令和２年４月１日以後に相続又は遺贈により取得をした財産のうちに経過措置対象宅地等がある場合において、同年３月31日において当該経過措置対象宅地等の上に存する建物の新築又は増築その他の工事が行われており、かつ、当該工事の完了前に相続又は遺贈があったときは、その相続又は遺贈に係る相続税の申告期限までに当該個人が当該建物を自己の居住の用に供したときは、当該経過措置対象宅地等は相続開始の直前において当該相続又は遺贈に係る被相続人の居住の用に供されていたものと、当該個人は措置法第69条の４第３項第２号イに掲げる要件を満たす親族とそれぞれみなす。

(注)１　経過措置対象宅地等とは、平成30年３月31日に相続又は遺贈があったものとした場合に、平成30年改正法による改正前の措置法第69条の４第１項に規定する特例対象宅地等（同条第３項第２号に規定する特定居住用宅地等のうち同号ロに掲げる要件を満たすものに限る。）に該当することとなる宅地等をいうことに留意する。

　　　２　「工事の完了」とは、新築又は増築その他の工事に係る請負人から新築された建物の引渡しを受けたこと又は増築その他の工事に係る部分につき引渡しを受けたことをいうことに留意する。

（法人の事業の用に供されていた宅地等の範囲）

69の４－23　措置法第69条の４第３項第３号に規定する法人の事業の用に供されていた宅地等とは、次に掲げる宅地等のうち同号に規定する法人（同号に規定する申告期限において清算中の法人を除く。以下69の４－24までにおいて同じ。）の事業の用に供されていたものをいうものとする。

(1)　当該法人に貸し付けられていた宅地等（当該貸付けが同条第１項に規定する事業に該当する場合に限る。）

(2)　当該法人の事業の用に供されていた建物等で、被相続人が所有していたもの又は被相続人と生計を一にしていたその被相続人の親族が所有していたもの（当該親族が当該建物等の敷地を被相続人から無償で借り受けていた場合における当該建物等に限る。）で、当該法人に貸し付けられていたもの（当該貸付けが同項に規定する事業に該当する場合に限る。）の敷地の用に供されていたもの

　(注)１　措置法第69条の４第３項第３号に規定する法人の事業には、不動産貸付業その他措置法令第40条の２第７項に規定する駐車場、自転車駐車場及び準事業が含まれないことに留意する。

　　　２　相続又は遺贈により取得した宅地等が、当該相続の開始の直前において配偶者居住権に基づき使用又は収益されていた建物等の敷地の用に供されていたものである場合には、上記(2)の「被相続人と生計を一にしていたその被相続人の親族」とあるのは「被相続人の親族」と、「で、当該法人に」とあるのは「のうち、配偶者居住権者である被相続人等により当該法人へ」と読み替えるものとする。

（法人の社宅等の敷地）

69の４－24　措置法第69条の４第３項第３号の要件の判定において、同号に規定する法人の社宅等（被相続人等の親族のみが使用していたものを除く。）の敷地の用に供されていた宅地等は、当該法人の事業の用に供されていた宅地等に当たるものとする。

（被相続人等の貸付事業の用に供されていた宅地等）

69の４－24の２　宅地等が措置法第69条の４第３項第４号に規定する被相続人等の貸付事業（以下69の４－24の８までにおいて「貸付事業」という。）の用に供されていた宅地等に該当するかどうかは、当該宅地等が相続開始の時において現実に貸付事業の用に供されていたかどうかで判定するのであるが、貸付事業の用に供され

ていた宅地等には、当該貸付事業に係る建物等のうちに相続開始の時において一時的に賃貸されていなかった
と認められる部分がある場合における当該部分に係る宅地等の部分が含まれることに留意する。

（注）1　69の4－5の取扱いがある場合を除き、新たに貸付事業の用に供する建物等を建築中である場合や、
新たに建築した建物等に係る賃借人の募集その他の貸付事業の準備行為が行われているに過ぎない場合
には、当該宅地等は貸付事業の用に供されていた宅地等に該当しないことに留意する。

2　配偶者居住権の設定に係る相続又は遺贈により当該貸付事業に係る建物等（当該配偶者居住権の目的
とされたものに限る。）の敷地の用に供されていた宅地等を取得した場合には、当該宅地等のうち当該
配偶者居住権に基づく敷地利用権に相当する部分については、当該貸付事業の用に供されていた宅地等
に該当しないことに留意する。

（新たに貸付事業の用に供されたか否かの判定）

69の4－24の3　措置法第69条の4第3項第4号の「新たに貸付事業の用に供された」とは、貸付事業の用以外
の用に供されていた宅地等が貸付事業の用に供された場合又は宅地等若しくはその上にある建物等につき「何
らの利用がされていない場合」の当該宅地等が貸付事業の用に供された場合をいうことに留意する。

したがって、賃貸借契約等につき更新がされた場合は、新たに貸付事業の用に供されたときに該当しないこ
とに留意する。

また、次に掲げる場合のように、建物等が一時的に賃貸されていなかったに過ぎないと認められるときに
は、当該建物等に係る宅地等は、上記の「何らの利用がされていない場合」に該当しないことに留意する。

(1)　継続的に賃貸されていた建物等につき賃借人が退去をした場合において、その退去後速やかに新たな賃借
人の募集が行われ、賃貸されていたとき（新たな賃借人が入居するまでの間、当該建物等を貸付事業の用以
外の用に供していないときに限る。）

(2)　継続的に賃貸されていた建物等につき建替えが行われた場合において、建物等の建替え後速やかに新たな
賃借人の募集が行われ、賃貸されていたとき（当該建替え後の建物等を貸付事業の用以外の用に供していな
いときに限る。）

(3)　継続的に賃貸されていた建物等が災害により損害を受けたため、当該建物等に係る貸付事業を休業した場
合において、当該貸付事業の再開のための当該建物等の修繕その他の準備が行われ、当該貸付事業が再開さ
れていたとき（休業中に当該建物等を貸付事業の用以外の用に供していないときに限る。）

（注）1　建替えのための建物等の建築中に相続が開始した場合には69の4－5の取扱いが、また、災害によ
る損害のための休業中に相続が開始した場合には69の4－17の取扱いが、それぞれあることに留意す
る。

2　(1)、(2)又は(3)に該当する場合には、当該宅地等に係る「新たに貸付事業の用に供された」時は、(1)
の退去前、(2)の建替え前又は(3)の休業前の賃貸に係る貸付事業の用に供された時となることに留意す
る。

3　(2)に該当する場合において、建替え後の建物等の敷地の用に供された宅地等のうちに、建替え前の
建物等の敷地の用に供されていなかった宅地等が含まれるときは、当該供されていなかった宅地等に
ついては、新たに貸付事業の用に供された宅地等に該当することに留意する。

（特定貸付事業の意義）

69の4－24の4　措置法令第40条の2第19項に規定する特定貸付事業（以下69の4－24の8までにおいて「特定

貸付事業」という。）は、貸付事業のうち準事業以外のものをいうのであるが、被相続人等の貸付事業が準事業以外の貸付事業に当たるかどうかについては、社会通念上事業と称するに至る程度の規模で当該貸付事業が行われていたかどうかにより判定することに留意する。

なお、この判定に当たっては、次によることに留意する。

(1)　被相続人等が行う貸付事業が不動産の貸付けである場合において、当該不動産の貸付けが不動産所得（所得税法（昭和40年法律第33号）第26条第1項《不動産所得》に規定する不動産所得をいう。以下(1)において同じ。）を生ずべき事業として行われているときは、当該貸付事業は特定貸付事業に該当し、当該不動産の貸付けが不動産所得を生ずべき事業以外のものとして行われているときは、当該貸付事業は準事業に該当すること。

(2)　被相続人等が行う貸付事業の対象が駐車場又は自転車駐車場であって自己の責任において他人の物を保管するものである場合において、当該貸付事業が同法第27条第1項《事業所得》に規定する事業所得を生ずべきものとして行われているときは、当該貸付事業は特定貸付事業に該当し、当該貸付事業が同法第35条第1項《雑所得》に規定する雑所得を生ずべきものとして行われているときは、当該貸付事業は準事業に該当すること。

(注)　(1)又は(2)の判定を行う場合においては、昭和45年7月1日付直審（所）30「所得税基本通達の制定について」（法令解釈通達）26－9《建物の貸付けが事業として行われているかどうかの判定》及び27－2《有料駐車場等の所得》の取扱いがあることに留意する。

（特定貸付事業が引き続き行われていない場合）

69の4－24の5　相続開始前3年以内に宅地等が新たに被相続人等が行う特定貸付事業の用に供された場合において、その供された時から相続開始の日までの間に当該被相続人等が行う貸付事業が特定貸付事業に該当しないこととなったときは、当該宅地等は、相続開始の日まで3年を超えて引き続き特定貸付事業を行っていた被相続人等の貸付事業の用に供されたものに該当せず、措置法第69条の4第3項第4号に規定する貸付事業用宅地等の対象となる宅地等から除かれることに留意する。

(注)　被相続人等が行っていた特定貸付事業が69の4－24の3に掲げる場合に該当する場合には、当該特定貸付事業は、引き続き行われているものに該当することに留意する。

（特定貸付事業を行っていた「被相続人等の当該貸付事業の用に供された」の意義）

69の4－24の6　措置法第69条の4第3項第4号の特定貸付事業を行っていた「被相続人等の当該貸付事業の用に供された」とは、特定貸付事業を行っていた被相続人等が、宅地等をその自己が行っていた特定貸付事業の用に供した場合をいうのであって、次に掲げる場合はこれに該当しないことに留意する。

(1)　被相続人が特定貸付事業を行っていた場合に、被相続人と生計を一にする親族が宅地等を自己の貸付事業の用に供したとき

(2)　被相続人と生計を一にする親族が特定貸付事業を行っていた場合に、被相続人又は当該親族以外の被相続人と生計を一にする親族が宅地等を自己の貸付事業の用に供したとき

（相続開始前3年を超えて引き続き貸付事業の用に供されていた宅地等の取扱い）

69の4－24の7　相続開始前3年を超えて引き続き被相続人等の貸付事業の用に供されていた宅地等については、措置法令第40条の2第19項に規定する特定貸付事業以外の貸付事業に係るものであっても、措置法第69条

の４第３項第４号イ又はロに掲げる要件を満たす親族が取得した場合には、同号に規定する貸付事業用宅地等に該当することに留意する。

（注） 被相続人等の貸付事業の用に供されていた宅地等が69の４−24の３に掲げる場合に該当する場合には、当該宅地等は引き続き貸付事業の用に供されていた宅地等に該当することに留意する。

（平成30年改正法附則による貸付事業用宅地等に係る経過措置について）

69の４−24の８ 平成30年改正法附則第118条第４項の規定により、平成30年４月１日から令和３年３月31日までの間に相続又は遺贈により取得をした宅地等については、平成30年４月１日以後に新たに貸付事業の用に供されたもの（相続開始の日まで３年を超えて引き続き特定貸付事業を行っていた被相続人等の当該特定貸付事業の用に供されたものを除く。）が、措置法第69条の４第３項第４号に規定する貸付事業用宅地等の対象となる宅地等から除かれることに留意する。

（共同相続人等が特例対象宅地等の分割前に死亡している場合）

69の４−25 相続又は遺贈により取得した特例対象宅地等の全部又は一部が共同相続人又は包括受遺者（以下69の５−11までにおいて「共同相続人等」という。）によって分割される前に、当該相続（以下69の４−25において「第一次相続」という。）に係る共同相続人等のうちいずれかが死亡した場合において、第一次相続により取得した特例対象宅地等の全部又は一部が、当該死亡した者の共同相続人等及び第一次相続に係る当該死亡した者以外の共同相続人等によって分割され、その分割により当該死亡した者の取得した特例対象宅地等として確定させたものがあるときは、措置法第69条の４第１項の規定の適用に当たっては、その特例対象宅地等は分割により当該死亡した者が取得したものとして取り扱うことができる。

（注） 第一次相続に係る共同相続人等のうちいずれかが死亡した後、第一次相続により取得した財産の全部又は一部が家庭裁判所における調停又は審判（以下69の５−９までにおいて「審判等」という。）に基づいて分割されている場合において、当該審判等の中で、当該死亡した者の具体的相続分（民法第900条《法定相続分》から第904条の２《寄与分》まで（第902条の２《相続分の指定がある場合の債権者の権利の行使》を除く。）に規定する相続分をいう。以下69の５−９までにおいて同じ。）のみが金額又は割合によって示されているにすぎないときであっても、当該死亡した者の共同相続人等の全員の合意により、当該死亡した者の具体的相続分に対応する財産として特定させたもののうちに特例対象宅地等があるときは上記の取扱いができることに留意する。

（申告書の提出期限後に分割された特例対象宅地等について特例の適用を受ける場合）

69の４−26 相続税法第27条の規定による申告書の提出期限後に特例対象宅地等の全部又は一部が分割された場合には、当該分割された日において他に分割されていない特例対象宅地等又は措置法令第40条の２第３項に規定する特例対象山林があるときであっても、当該分割された特例対象宅地等の全部又は一部について、措置法第69条の４第１項の規定の適用を受けるために同条第５項において準用する相続税法第32条の規定による更正の請求を行うことができるのは、当該分割された日の翌日から４月以内に限られており、当該期間経過後において当該分割された特例対象宅地等について同条の規定による更正の請求をすることはできないことに留意する。

（個人の事業用資産についての納税猶予及び免除の適用がある場合）

69の4－26の2　被相続人が次に掲げる者のいずれかに該当する場合には、措置法第69条の4第6項の規定により、当該被相続人から相続又は遺贈により取得をした全ての同条第3項第1号に規定する特定事業用宅地等について、同条第1項の規定の適用がないことに留意する。

　1　措置法第70条の6の8第1項の規定の適用を受けた同条第2項第2号に規定する特例事業受贈者に係る同条第1項に規定する贈与者

　2　措置法第70条の6の10第1項の規定の適用を受ける同条第2項第2号に規定する特例事業相続人等に係る同条第1項に規定する被相続人

　(注)1　上記の「取得」には、措置法第70条の6の9第1項（同条第2項の規定により読み替えて適用する場合を含む。）の規定により相続又は遺贈により取得をしたものとみなされる場合における当該取得が含まれることに留意する。

　　　2　当該被相続人から相続又は遺贈により取得をした措置法第69条の4第3項第2号に規定する特定居住用宅地等、同項第3号に規定する特定同族会社事業用宅地等及び同項第4号に規定する貸付事業用宅地等については、同条第6項の規定の適用はないことに留意する。

（郵便局舎の敷地の用に供されている宅地等に係る相続税の課税の特例）

69の4－27　個人が相続又は遺贈により取得した財産のうちに、郵政民営化法（平成17年法律第97号）第180条第1項《相続税に係る課税の特例》に規定する特定宅地等（以下69の4－33までにおいて「特定宅地等」という。）がある場合において、当該特定宅地等は、同項の規定により措置法第69条の4第3項第1号に規定する特定事業用宅地等に該当する同条第1項に規定する特例対象宅地等とみなして、同条及び同法第69条の5の規定を適用することに留意する。

（郵便局舎の敷地の用に供されている宅地等について相続税に係る課税の特例の適用を受けている場合）

69の4－28　郵政民営化法第180条第1項の規定は、同法の施行日（平成19年10月1日）から平成24年改正法（郵政民営化法等の一部を改正する等の法律（平成24年法律第30号）をいう。以下69の4－32までにおいて同じ。）の施行日（平成24年10月1日）の前日（平成24年9月30日）までの間にあっては平成24年改正法第3条《郵便局株式会社法の一部改正》の規定による改正前の郵便局株式会社法（平成17年法律第100号）第2条第2項《定義》に規定する郵便局の用に供するため郵便局株式会社に平成24年10月1日から相続の開始の直前までの間にあっては日本郵便株式会社法（平成17年法律第100号）第2条第4項《定義》に規定する郵便局の用に供するため日本郵便株式会社に対し貸し付けられていた建物（以下69の4－37までにおいて「郵便局舎」という。）の敷地の用に供されていた土地又は土地の上に存する権利（以下69の4－37までにおいて「土地等」という。）について、既に郵政民営化法第180条第1項の規定の適用を受けていない場合に限り適用があることに留意する。

（「相続人」の意義）

69の4－29　郵政民営化法第180条第1項に規定する「相続人」には、相続を放棄した者及び相続権を失った者を含まないことに留意する。

　なお、「相続を放棄した者」及び「相続権を失った者」の意義については、相続税法基本通達3－1《「相続を放棄した者」の意義》及び3－2《「相続権を失った者」の意義》をそれぞれ準用する。

（特定宅地等の範囲）

69の4－30　郵政民営化法第180条第1項の規定は、郵便局舎の敷地の用に供されていた土地等を被相続人が平成19年10月1日前から相続の開始の直前まで引き続き有している場合に限り適用されることに留意する。

（建物の所有者の範囲）

69の4－31　郵政民営化法第180条第1項の規定は、同項第1号に規定する賃貸借契約の当事者である被相続人又は被相続人の相続人が、郵便局舎を平成19年10月1日前から有していた場合に限り適用されることに留意する。

（特定宅地等とならない部分の範囲）

69の4－32　特定宅地等となる土地等とは、当該土地等のうちに平成24年改正法第3条の規定による改正前の郵便局株式会社法第4条第1項《業務の範囲》に規定する業務（同条第2項に規定する業務を併せて行っている場合の当該業務を含む。以下同じ。）の用に供されていた部分以外の部分があるときは、当該業務の用に供されていた部分に限られることに留意する。

（注）　郵便局株式会社に対し貸し付けられていた郵便局舎で、例えば、当該郵便局株式会社から郵政民営化法第176条の3《日本郵便株式会社及び郵便事業株式会社の合併》の規定により吸収合併消滅会社となった平成24年改正法第1条《郵政民営化法の一部改正》の規定による改正前の郵政民営化法第70条《設立》の規定により設立された郵便事業株式会社に転貸されていた部分は、平成24年改正法第3条の規定による改正前の郵便局株式会社法第4条第3項に規定する業務の用に供されていた部分であるため郵政民営化法第180条第1項の規定の適用はないことに留意する。

　　　ただし、当該部分が措置法第69条の4第1項第2号に規定する貸付事業用宅地等である小規模宅地等に該当するときは、同号の規定の適用があることに留意する。

（郵便局舎の敷地を被相続人から無償により借り受けている場合）

69の4－33　被相続人の相続の開始の直前において、当該被相続人と生計を一にしていた当該被相続人の相続人が、当該被相続人から無償により借り受けていた土地等を郵便局舎の敷地の用に供していた場合において、当該土地等が特定宅地等に該当しない場合であっても、当該被相続人と生計を一にしていた当該被相続人の相続人が、相続開始時から申告期限まで引き続き当該土地等を有し、かつ、相続開始前から申告期限まで引き続き当該土地等の上に存する郵便局舎を日本郵便株式会社（平成24年9月30日までの間にあっては郵便局株式会社）に対し相当の対価を得て継続的に貸し付けていた場合には、措置法第69条の4第1項第2号の規定の適用があることに留意する。

（賃貸借契約の変更に該当しない事項）

69の4－34　郵政民営化法第180条第1項第1号に規定する旧公社との間の賃貸借契約においてあらかじめ契約条項として盛り込まれた賃貸借料算出基準に基づく賃貸借料の改定又は賃貸借契約の目的物に変更がないと認められる面積に増減が生じない郵便局舎の修繕、耐震工事若しくは模様替えは、同号に規定する賃貸借契約の契約事項の変更に該当しないことに留意する。

（相続の開始以後の日本郵便株式会社への郵便局舎の貸付）

69の4-35　郵政民営化法第180条第1項の規定は、相続又は遺贈により郵便局舎の敷地の用に供されている土地等を取得した相続人が当該土地等の上に存する郵便局舎である建物の全部又は一部を有し、かつ、日本郵便株式会社（当該相続が平成24年9月30日までに開始した場合には、当該相続の開始の日から平成24年9月30日までの間にあっては郵便局株式会社、平成24年10月1日以後にあっては日本郵便株式会社）との賃貸借契約の当事者として当該郵便局舎を貸し付けている場合に限り適用があることに留意する。

（災害のため業務が休業された場合）

69の4-36　郵政民営化法第180条第1項第2号の要件の判定において、郵便局舎が災害により損害を受けたため、相続税の申告期限において郵便局の業務が休業中である場合には、同号に規定する相続人から日本郵便株式会社（当該相続税の申告期限が平成24年10月1日前の場合には、郵便局株式会社）が郵便局舎を借り受けており、かつ、郵便局の業務の再開のための準備が進められていると認められるとき（同号の証明がされたものに限る。）に限り、当該土地等を相続の開始の日以後5年以上当該郵便局舎の敷地の用に供する見込みであるものとして取り扱う。

（宅地等の一部の譲渡又は日本郵便株式会社との賃貸借契約の解除等があった場合）

69の4-37　郵政民営化法第180条第1項第2号に規定する「当該相続又は遺贈により当該宅地等の取得をした相続人から当該相続の開始の日以後5年以上当該郵便局舎を日本郵便株式会社（当該相続が平成24年改正法施行日前に開始した場合には、当該相続の開始の日から平成24年改正法施行日の前日までの間にあっては郵便局株式会社、平成24年改正法施行日以後にあっては日本郵便株式会社）が引き続き借り受けることにより、当該宅地等を同日以後5年以上当該郵便局舎の敷地の用に供する見込みであること」とは、当該相続又は遺贈により取得した郵便局舎の敷地の用に供されていた土地等の全部について当該郵便局舎の敷地の用に供する見込みである場合をいうのであって、例えば、被相続人に係る相続の開始の日以後から同号に規定する証明がされるまでの間に、当該土地等の一部が譲渡され、又は日本郵便株式会社（当該相続が平成24年9月30日までに開始した場合には、当該相続の開始の日から平成24年9月30日までの間にあっては郵便局株式会社、平成24年10月1日以後にあっては日本郵便株式会社）との賃貸借契約を解除された場合、若しくは、当該土地等の一部を譲渡し、又は当該日本郵便株式会社との賃貸借契約を解除する見込みである場合は同項の規定の適用はないことに留意する。

（平成21年改正前措置法第69条の4の取扱い）

69の4-38　平成21年改正法（所得税法等の一部を改正する法律（平成21年法律第13号）をいう。以下旧70の3の3・70の3の4-4までにおいて同じ。）附則第64条第11項《非上場株式等についての相続税の課税価格の計算の特例等に関する経過措置》の規定によりなお従前の例によるものとされる改正前の措置法（以下旧70の3の3・70の3の4-3までにおいて「平成21年改正前措置法」という。）第69条の4《小規模宅地等についての相続税の課税価格の計算の特例》、平成21年改正措令（租税特別措置法施行令等の一部を改正する政令（平成21年政令第108号）をいう。以下旧70の3の3・70の3の4-1までにおいて同じ。）による改正前の措置法令第40条の2《小規模宅地等についての相続税の課税価格の計算の特例》及び平成21年改正措規（租税特別措置法施行規則の一部を改正する省令（平成21年省令第19号）をいう。以下旧70の3の3・70の3の4-1までにおいて同じ。）による改正前の措置法規則第23条の2《小規模宅地等についての相続税の課税価格の計

算の特例）の規定の適用を受ける場合の取扱いについては、平成21年6月17日付課資2－7ほか2課共同「租税特別措置法（相続税法の特例関係）の取扱いについて」の一部改正について（法令解釈通達）による改正前の「租税特別措置法（相続税法の特例関係）の取扱いについて」の取扱いの例による。

（平成21年改正前措置法第70条の3の3又は第70条の3の4の規定の適用を受けた特定同族株式等について措置法第70条の7の2第1項の規定の適用を受けた場合の小規模宅地等の特例の不適用）

69の4－39　被相続人から相続若しくは遺贈又は相続時精算課税に係る贈与により財産を取得したいずれかの者が、当該被相続人である平成21年改正法附則第64条第7項に規定する特定同族株式等贈与者（以下旧70の3の3・70の3の4－7までにおいて「特定同族株式等贈与者」という。）から平成20年12月31日以前に相続時精算課税に係る贈与により取得した同条第6項に規定する特定同族株式等（以下旧70の3の3・70の3の4－7までにおいて「特定同族株式等」という。）について平成21年改正前措置法第70条の3の3第1項《特定の贈与者から特定同族株式等の贈与を受けた場合の相続時精算課税の特例》又は平成21年改正前措置法第70条の3の4第1項《特定同族株式等の贈与を受けた場合の相続時精算課税に係る贈与税の特別控除の特例》の規定の適用を受けている場合には、平成21年改正法附則第64条第7項の規定の適用の有無にかかわらず、当該被相続人から相続若しくは遺贈又は相続時精算課税に係る贈与により財産を取得したすべての者について平成21年改正前措置法第69条の4第1項及び措置法第69条の4第1項の規定の適用がないことに留意する。

（注）　上記の平成21年改正前措置法第70条の3の3第1項又は平成21年改正前措置法第70条の3の4第1項の規定の適用を受けた特定同族株式等に係る会社と異なる会社に係る平成21年改正前措置法第69条の4第1項及び措置法第69条の4第1項に規定する特例対象宅地等を当該被相続人から相続又は遺贈により取得した場合であっても上記と同様の取扱いとなることに留意する。

あ　と　が　き

　相続税には二つの大きな特例があります。

　1　配偶者控除の特例

　2　小規模宅地の特例

です。

　第一の配偶者控除の特例は、配偶者が相続等で取得した財産の金額が1億6,000万円までについては相続税がかからないという特例です。更に、たとえ1億6,000万円を超えて取得した場合でも、相続財産の取得割合が配偶者の法定相続分以下に相当する金額以下の場合も相続税はかかりません。

　したがって、この範囲内の取得金額であれば、たとえ相続財産が基礎控除の金額（3,000万円＋600万円×法定相続人数）を超えていても配偶者の納める相続税はないことになります。

　このように、この規定は大変大きな特例ではありますが、当然の事として配偶者が相続等により取得した場合に限られます。

　第二の小規模宅地の特例は本書の解説のとおり、該当する宅地があれば全てに適用されます。特に特定事業用等宅地等については、一般的に居住用の宅地に比べて地価の高い場所にある上に、その適用面積が400平方メートルまで拡がったため、一層大きな特例となっています（ただし、相続開始前3年以内に事業に供した宅地等については第1編第1、3特定事業用宅地宅地等参照）。

　例えば、配偶者が相続した路線価1平方メートル200万円の特定事業用宅地400平方メートルのケースでは次のように8億円の相続財産にも相続税がかからない事になります（54頁他参照）。

特定事業用宅地（200万円×400㎡）	8億円
小規模宅地等の評価減（80％）	6億4,000万円
差引	1億6,000万円
相続税額（相続人は配偶者と子1人）	2,140万円
配偶者控除額	2,140万円
納付すべき相続税額	0万円

被相続人の
一般事業用

被相続人所有
（400㎡）

このように小規模宅地の特例は相続税の金額に大きく影響します。特に平成13年より特定事業用等宅地等の対象面積が400平方メートルまでと拡がり、特定居住用宅地等の対象面積は240平方メートル、平成27年より330平方メートルまでに拡がったことによりその他の小規模適用宅地等（特定特例対象宅地等といいます。）の200平方メートルまでと併わせて３本だてになったほか、平成14年より創設された特定事業用資産の特例が平成15年の改正によって小規模宅地の特例と併用して適用することができるようになったため、選択の仕方により相続税の金額に大きな差がでることになります。

　具体的には事例を参照して下さい。

　以上のように、小規模宅地の適用に当たっては税理士等の専門家とよく相談をして上手に処理することをお勧めいたします。

〔著者紹介〕

赤坂 光則（あかさか みつのり）

税理士 一級ファイナンシャル・プランニング技能士

日本大学経済学部経済学科卒業

中小企業経営者の為の税務会計事務所を主宰する傍ら、適切な企業経営のアドバイスをする目的で自ら企業経営を実践し、40数年の実績と経験を活かして中小企業経営者の相談に応じている。

他方、相続対策でも相続税ドック『にほんばし倶楽部』の会員を組織して事業承継、相続の相談にも応じている。

主な著書に、実例で理解する！専門家のための事業承継対策ガイドブック（2009年ぎょうせい：共著）、税金と節税の基本と仕組みがよ～くわかる本（2006年秀和システム）、わかりやすい消費税のあらまし（平成元年・NBD協会）、改正商法に対応して賢く増資する方法（中経出版）、どうする相続税対策「税額の計算法から節税対策まで詳細解説」（中経出版）、相続税を極限まで減らす土地活用のノウハウ（共同出版；明日香出版社）などがある。

　本書の内容に関するご質問は、税務研究会ホームページのお問い合わせフォーム（https://www.zeiken.co.jp/contact/request/）よりお願いいたします。

　なお、個別のご相談は受け付けておりません。

　本書刊行後に追加・修正事項がある場合は、随時、当社のホームページ（https://www.zeiken.co.jp/）にてお知らせいたします。

〈一目でわかる〉小規模宅地特例100

（著者承認検印省略）

平成 7 年 5 月25日　　初　　　版第 1 刷発行

平成11年 8 月30日　　改訂増補版第 1 刷発行

令和 6 年 6 月14日　　2024年度版第 1 刷発行

ⓒ著者　　赤　坂　光　則

発行所　　税 務 研 究 会 出 版 局

週刊「税務通信」「経営財務」発行所

代表者　　山　根　　　毅

郵便番号100-0005

東京都千代田区丸の内 1 － 8 － 2 　鉄鋼ビルディング

https://www.zeiken.co.jp/

乱丁・落丁の場合は、お取替えします。　印刷・製本　文唱堂印刷

ISBN978－4－7931－2824－0

資産税関係

《2024年5月1日現在》

変わる贈与税
令和6年1月以降の留意事項

与良 秀雄 著／A5判／180頁　　　定価 **2,310** 円

令和5年度改正及び令和6年度税制改正大綱に基づき、令和6年1月から変わる贈与税、特に相続時精算課税を中心として、改正のあらましや概要、課税・非課税財産、税額の計算、申告と納税、特例制度などを図表や計算例を用いてわかりやすく解説！相続対策を検討する方、税理士などに最適の一冊です。　**2024年2月刊行**

相続税の重要テーマ解説

武田 秀和 著／A5判／396頁　　　定価 **2,750** 円

相続税を扱う上でよく問題となる事柄を、筆者の国税等での経験を基に、税理士や会計事務所の方々の便を図るべく実務的に解説！民法、相続税法だけでなく「手持現金」「名義預金」「名義株」等の取扱いや判断に苦慮する事項や、2023年の税制改正において導入された「資産移転の時期の選択により中立的な税制」も加えています。　**2024年2月刊行**

〔六訂版〕完全ガイド
事業承継・相続対策の法律と税務

PwC税理士法人・PwC弁護士法人 共編／A5判／752頁　定価 **6,050** 円

事業承継・相続対策について、具体的な手続き、計算例を示すことにより、実務的な観点からわかりやすく解説。令和6年1月から施行される暦年課税、相続時精算課税の改正などを反映した最新版です。企業オーナー、あるいは企業オーナーを顧客とする税理士等の専門家に最適の一冊です。　**2023年12月刊行**

税理士が直面する
新たな不動産登記法・共有関係等の実務

遠藤 常二郎・大畑 智宏 共著／A5判／280頁　　定価 **3,080** 円

不動産登記制度の見直し、相続土地国庫帰属制度の創設、土地・建物等の利用に関する民法の規律の見直しの改正等のうち、税理士が特に必要と思われる部分等について解説。相続実務に携わる税理士はもちろん、地主と接する機会の多い地域金融機関の担当者にも有益な一冊です。　**2023年11月刊行**

税務研究会出版局 https://www.zeiken.co.jp/

※ 定価は10%の消費税込みの表示となっております。